LE BOBOLOGUE

www.editionspetrelle.fr

LUC PERINO

LE BOBOLOGUE

EDITIONS PETRELLE

24, rue Pétrelle 75009 Paris

ISBN 2-84440-027-2

NOTE HISTORIQUE

Bien qu'appartenant à la grande famille des sciences humaines, la bobologie est une science exacte. Elle procède de la fusion de sciences approximatives telles que l'anthropologie, la chirurgie, l'obstétrique et la psychiatrie, enrichies des apports de la technologie moderne et de l'argent du marché de la santé. Les prémices de cette science apparaissent au siècle des Lumières avec Voltaire qui écrit : « J'ai décidé d'être heureux parce que c'est bon pour la santé. » Le terme a été remis à la mode à la fin du vingtième siècle par Claire Bretécher dans une fiction dessinée.

AVERTISSEMENT

Par essence, un traité de bobologie ne raconte que des histoires vraies de patients réels, toute ressemblance avec des héros de romans serait donc pure coïncidence.

I – De Kalumba à Mégane

Kalumba a reçu la corne du zébu en plein milieu du ventre. A l'approche de la rivière, il y a eu un mouvement de panique dans le troupeau à cause d'un jeune mâle excité. Kalumba était distraite, elle n'a pas vu le zébu tourner brutalement la tête dans sa direction. Elle réalise vite que ce qui vient de lui arriver est très grave. Déjà le sang coule à travers son pagne déchiré, déjà la force lui manque dans les jambes. Elle sent bien qu'elle va tomber par terre et glisser vers quelque chose d'inconnu. C'est peut-être le début de la mort. Oui ça doit être ça. C'est quelque chose qui fait vraiment très mal.

Les zébus se sont calmés.

Kalumba est couchée sur la latérite rouge, son sang se mêle à la poussière, la douleur est trop vive, la force de crier l'a déjà quittée. Il lui reste encore la force de regarder son ventre. C'est affreux, ça ressemble aux tripes des zébus qui commencent à sortir quand on leur ouvre le ventre à la machette. Kalumba avait peur de voir ça quand elle était petite. Kalumba va peut-être mourir.

Pourtant, dans son esprit qui commence à sommeiller, il vient de se passer quelque chose d'important. Elle vient de décider qu'il fallait essayer de s'approcher de la piste. A chaque mouvement, les intestins sortent un peu plus, mais le sang coule déjà moins fort.

Kalumba vient de décider qu'elle ne mourrait pas.

Elle arrache énergiquement son pagne, elle l'enroule autour du ventre en serrant bien fort, ça fait très mal, mais ça empêche les intestins de sortir davantage. Est-ce qu'elle arrivera à marcher jusqu'à la piste ? Kalumba a vingt ans, elle sait qu'au bout de la piste, il y a l'hôpital avec les médecins blancs dont on dit qu'ils font parfois des miracles. Kalumba ne veut pas mourir.

Lorsqu'elle est arrivée à l'hôpital de Bobo-Dioulasso, tous les intestins étaient hors de son ventre, dans le pagne, qu'elle avait gardé bien serré. Kalumba a pu garder les yeux ouverts quelques instants, juste assez longtemps pour que son regard me demande de ne pas la laisser mourir.

Sache, Kalumba, qu'avec ou sans ton regard, nous ne t'aurions pas laissée mourir. Nous venions de sortir de la faculté de médecine, nous étions jeunes et fiers de notre mission de soignants, nous avions besoin d'action. On nous avait programmés pour le pire. Tu n'avais pas encore le pire, tes intestins n'étaient pas perforés. Après la transfusion, nous n'avons eu aucun mal, avec mon ami chirurgien, à tout remettre en place.

Le lendemain, quand tu as rouvert les yeux, nous étions contents pour tes vingt ans. J'espère que tu es devenue une vraie grand-mère bobo de quarante-cinq ans.

Hier, Mégane, douze ans, est venue en consultation avec sa mère. Le matin même, pendant son cours de danse, elle était retombée un peu trop fort sur son pied et elle avait eu mal. Sa mère n'avait pas attendu pour l'amener en consultation. Les médecins sont là pour ça et les cotisations de Sécurité sociale coûtent bien assez cher.

J'ai encore fait mon métier, comme depuis vingt ans, comme je l'ai appris à la faculté, comme à l'époque de Kalumba. Mégane ne boitait pas, elle ne semblait plus souffrir. J'ai examiné le pied dans tous les sens, je l'ai tordu, pressé. Pas une bosse, pas un hématome, pas un cri, pas une douleur.

Rien. Mégane n'avait rien. Je me suis retenu pour ne pas réprimander la mère, j'ai hésité entre la renvoyer sans payer et lui faire payer le double pour qu'elle ne soit pas remboursée. J'ai un peu taquiné Mégane en lui disant qu'elle faisait du cinéma et j'ai eu un petit coup de blues.

Kalumba m'est revenue en mémoire. J'ai pensé à ses probables petits-enfants courant pieds nus le long de la Volta sans avoir jamais mal aux pieds. Les petits-enfants de Kalumba ne doivent pas faire de danse. Ils doivent danser tout le temps.

Vingt-cinq ans séparent Kalumba de Mégane. La génération des « trente glorieuses » a cédé sa place à celle de la technologie débridée et mal assimilée. Le médecin a survécu, écartelé. Ici il est technicien d'images et de prothèses, là il est marchand pour consommateurs effrénés, ailleurs il est logisticien de catastrophe permanente. Partout, il est le bobologue du mal-être des riches et le savant du corps des pauvres. Le médecin, comme son cousin commerçant ou sa sœur institutrice, s'arrête parfois pour poser un regard sur un système qu'il voit évoluer comme acteur et spectateur sans pouvoir bien le cerner. Alors, un peu triste, il retourne au turbin.

De Kalumba à Mégane, de l'Afrique à Lyon en passant par la Provence, l'Auvergne et la Chine, il rencontre les gens. Les gens lui parlent. Parfois, il les aide juste un peu à franchir le seuil d'une nouvelle journée.

C'est le bonheur.

Les patients dont les histoires suivent existent probablement quelque part, car ils ressemblent à quelqu'un que j'ai connu au début de mes études. J'avais des photos de lui sur tous mes livres, de face, de dos, de profil, de l'intérieur. On l'appelait Homo sapiens. On me parlait de son foie, de son système parasympathique, de ses abcès, de ses globules. J'ai toujours sa photo avec le détail de ses muscles et de ses artères au-dessus de mon bureau. Ceux que je soigne depuis lui ressemblent plus ou moins, mais ils ne me parlent que de ce qu'ils ont de différent. Les livres du modèle devenus ainsi caducs, je les ai jetés et j'ai repris patiemment mes études sur l'homme différent.

Et sur sa femme aussi.

Homme ou femme, je l'appelle Sapiens, c'est plus neutre. J'ai passé ma vie à l'aider à retrouver la clé de son corps et de son esprit, car il la perdait souvent. En s'éloignant chaque jour un peu plus de sa nature, Sapiens perd la clé et les codes d'accès à lui-même. Il faut l'aider, lui expliquer qu'il appartient à cette espèce où rien n'est exclusivement organique ni exclusivement psychique. Tout est toujours fait de l'interaction entre un « soma » et une « psyché » dont on ne connaît pas encore l'intimité. Alors en attendant de découvrir le virus de la schizophrénie ou la clé psychanalytique du cancer de la prostate, j'essaie de recoller les morceaux éparpillés de ses organes et de ses pensées. Dans le calme de mon cabinet, j'y arrive parfois.

C'est encore le bonheur.

Et quand, enfin, presque tous les morceaux sont recollés, il se met brutalement à changer de continent, d'époque ou de paradigme. Au pays de Kalumba, il se soignait pour ne pas mourir, à l'époque de Mégane, il se soigne car il a envie d'être malade.

Mais peu importe, Sapiens est mon héros unique dans ces nouvelles médico-éthologiques. Fasse le ciel que son histoire sanitaire individuelle ne cesse jamais, car le monde deviendrait triste tout d'un coup. Et moi aussi.

Chaque jour, je remercie l'évolution qui m'a permis d'appartenir à cette espèce marginale si propice aux anecdotes racontables.

2 – Autres personnages

Le Cantal était encore plus vert que d'habitude.

Plus tout à fait novice, j'effectuais mon cinquième ou sixième remplacement. Je choisissais souvent des coins de campagne reculés. Soit pour y dissimuler mon art débutant, soit plus sûrement pour y pratiquer la seule médecine que j'aimais, la médecine rurale, celle où l'on est obligé d'apprendre vite, de décider seul, celle qui contraint, non pas à la perfection, mais au meilleur de soi-même. C'était aussi pour le plaisir des visites à domicile dans ces fermes que j'affectionnais par-dessus tout. Je jouissais du bonheur essentiel de constater mes rapides progrès dans un métier d'observation et de relations humaines au cœur d'une Auvergne aimée. On y pratiquait le soin de base où le bon sens était encore partagé par le médecin et le patient.

Aujourd'hui, c'est toujours possible çà et là, mais le marché tentaculaire de la santé individuelle a déjà posé quelques blisters pleins de gélules colorées dans les soucoupes en faïence qui trônent sur les buffets.

En tout cas, le marché n'avait pas encore atteint le buron Bézègues.

Le téléphone me réveille à six heures du matin, un homme, parlant un mélange de patois et de français approximatif, me prie de venir dans la matinée au buron Bézègues :

— C'est pas ben difficile, les gens vous aideront, vous garez la voiture au bout du chemin Mathio-Filla, tout le monde connaît, je me dépêche parce que j'ai pu de pièces pour la cabine.

— C'est urgent ? demandé-je.

— C'est pas pressé, vous passez quand vous pouvez dans la journée.

J'apprécie l'appel à six heures du matin pour une visite non urgente, mais le soleil étant déjà levé, le médecin doit être levé aussi, nous sommes dans une logique rurale, je dois pardonner. En fin de matinée, après quelques visites plus urgentes, je trouve le chemin pour me rendre au buron Bézègues. On ne peut y accéder qu'à pied, il faut dix minutes de marche dans les prés verts entre les taches rouges des vaches de Salers. Une parcelle de paradis.

J'arrive chez notre homme.

— Me voilà, je vous ai enfin trouvé, qu'est-ce qui ne va pas ?

— Rien, docteur, tout va bien, à nos âges, on est encore solide. Vous prendrez bien une petite goutte de poire ?

— Oh là ! Si je commence à boire à midi, ce soir, je ne verrai plus les malades, mais je veux bien un peu d'eau car il fait chaud aujourd'hui.

— Mais c'est du fait maison, ça peut point vous causer du mal.

Après quelques échanges enjoués sur la fabrication de son eau-de-vie de poire et les vertus de l'alcool pour tuer les microbes, il m'est pratiquement impossible de refuser la goutte. Je ne vois pas non plus d'autre moyen d'établir des relations amicales et diplomatiques. Ce serait la pire des goujateries que de refuser l'amitié de cet homme qui se lève et se couche avec le soleil. J'ai aussi d'autres patients à voir et je ne réussirai à obtenir les détails sur le motif de la visite qu'après avoir trinqué. Dont acte.

— Bon et si l'on parlait un peu de ce qui vous arrive, c'est que j'ai d'autres malades à voir.

— Ben voilà, docteur, y a pu grand monde qui monte par ici. A la ferme voisine tous les jeunes y sont partis, y a pu que des vieux qui savent pas lire comme moi. C'est pas qu'on reçoit ben souvent des lettres par ici, mais ça arrive une fois l'an, et c'est embêtant de demander à quelqu'un qu'on connaît pas. C'est pas qu'on a trop de secrets à cacher, mais on peut pas savoir ce qu'y a dans la lettre, si c'est des histoires d'argent, des fois ça fait trop causer. On peut pas dire qu'y a des embrouilles par ici, on se serre les coudes à cause de l'hiver, mais vous savez, les gens parlent des fois, plus qu'ils devraient.

Notre homme était embarrassé, je sentais venir le dénouement, la poire faisait déjà sourdre un sourire intérieur, il allait jaillir avec la suite des explications :

— Hier matin, j'ai reçu une lettre, et comme je sais pas lire, j'ai ben réfléchi pour trouver quelqu'un qu'est allé aux écoles et qu'a une voiture pour monter jusqu'au Mathio-Filla, on peut quand même pas demander à quelqu'un de tout faire à pied. Le curé serait bien venu, mais il a pas de voiture et il est trop vieux maintenant, je m'a dit que le jeune docteur pourrait ben m'aider à la lire c'te foutue lettre.

Je ne pouvais qu'apprécier l'extraordinaire esprit de synthèse de cet homme. Le docteur avait en effet toutes les qualités requises pour la tâche, il était jeune, il avait de bonnes jambes, il savait lire, il était tenu par le secret, il avait une voiture, il était là pour aider les gens.

La lettre émanait du notaire et soldait les comptes de son beau-frère veuf et décédé quelques mois plus tôt, l'homme devait se douter qu'il s'agissait d'argent. Enfin avant de me laisser partir il demande timidement :

— Je vous dois quelque chose, docteur ?

La formulation de la question n'appelant qu'une réponse négative, je m'empresse de lui répondre « non » en lui serrant chaleureusement la main et en le remerciant pour la goutte de poire qui était vraiment excellente.

Il ne pouvait pas savoir que j'avais déjà largement été payé, et que les vaches de Salers, sur le chemin du retour, seraient mon pourboire, ma première récréation entre la faculté et les quarante ans de médecine qui me restaient à faire.

La voisine aux chats est morte.

Quinze félins sournois et puants rôdaient dans et autour de son appartement au pied de l'HLM d'en face. On pouvait y entrer par le balcon dont elle avait scié deux barreaux, balcon ouvert sur un semblant de liberté. Alors que tous les locataires passaient mesquinement par l'entrée officielle de l'autre côté du bâtiment, elle s'offrait le luxe d'une deuxième entrée, furtive, illégale, porte onirique d'un impossible amant, sans doute un jour attendu.

Les chats utilisaient cette entrée, eux aussi, animant la rue qui nous séparait de leurs allées et venues incessantes et sans objet.

Elle est donc bien morte, on vient de me l'apprendre par téléphone. J'ai gardé tant d'amis dans cette commune où j'ai passé dix intenses années de ma vie. J'ai connu presque tout du village et de ses gens, leurs intrigues, leurs passions, l'intimité de leurs maisons. J'en étais le devin qui connaissait les morts prochaines et l'oracle qui annonçait la réussite des fécondations.

Les gestations, les geignements, agonies et dépressions étaient la mie de mon pain quotidien, sa croûte aussi. Les habitants y étaient mon fil des jours. J'ai touché leurs ventres ronds et sonores, mis mes doigts dans leurs rectums et leurs vagins. J'ai tapoté leur main au chevet de leur dernier lit, j'ai tissé le mensonge des paroles en essayant de maintenir la vérité du non-dit, la vérité du regard. Je n'aime pas le mensonge médical, il est dédaigneux.

Souvent hélas, je n'ai pas trouvé mieux.

J'ai fait de vrais câlins sans fard à leurs enfants nouveau-nés et j'ai vautré mon nez dans leur odeur de lait. J'ai écouté la plus importante des histoires, celle de leurs vies quotidiennes, celle de leur couple difficile, de leur patron tyran, de leurs corps non maîtrisés.

J'ai chaque fois aimé sincèrement cette histoire dont les héros savaient comment gagner mon amour, subrepticement, en ouvrant l'intimité de leur maison, en montrant leur âme et découvrant leur flanc.

Ils m'ont posé l'énigme de leur corps méconnu ou désappris. Ils m'ont fait confiance, trop confiance parfois. C'est surprenant de constater à quel point les patients sont attachés à leur médecin en milieu rural et lui accordent une confiance aveugle. Comment peuvent-ils ouvrir leur corps à notre œil voyeur et leur vie à notre oreille critique, sans plus de retenue ? Comment peuvent-ils se jeter sous nos bistouris et nos chimiothérapies sans plus de vérifications et de contrôles ?

N'étant pas préparé à de tels témoignages de confiance, je me suis toujours interrogé sur leurs causes. Etait-ce dû à ma bonne bouille, à mes compétences ou simplement à l'image séculaire du médecin dans l'inconscient collectif.

Oui, je crois vraiment que j'ai fini par les aimer tous.

Pourtant, je n'aimais pas vraiment la voisine aux chats.

Il faut toujours un lien ténu de haine avec nos contemporains, de préférence nos voisins, ça aide à mieux tisser le lien social avec les autres. Il est utile ce voisin haï qui tient en éveil la combativité sans laquelle Homo sapiens n'aurait jamais atteint un tel sommet dans l'échelle de l'évolution. Merci à ce voisin omniprésent qui nous rappelle ce combat pour la vie dont nous sommes sortis vainqueurs. Merci donc, voisine aux chats.

A ceux que, comme cette voisine, j'ai mis plus longtemps à aimer, je demande pardon. C'est moi le « soignant » qui suis seul responsable de ce désamour initial. Pour ceux-là, c'est qu'il m'a fallu trop longtemps pour trouver que leur mal essentiel était la perte de la clé de leur corps ou de leur esprit, donc de leur relation à l'autre. Il ne me reste plus qu'une absolue certitude, c'est leur histoire vraiment vraie.

Alors, c'est certain que tu es morte, voisine aux chats. Même toi, tu as fini par faire vibrer ma corde sensible en utilisant l'ultime stratagème de la mort. Aussi, je ne résiste plus, sorcière, puisque tu as tout tenté, je cède et je t'aime aussi. Même si c'est un peu tard pour te le dire.

J'avais réussi à aimer progressivement les plus réfractaires à l'amour, les plus exclus, les plus déshérités de l'affection, les acariâtres, les hystériques, les agressifs, les revendicateurs, les intolérants, les médisants, les misanthropes, les torves, les morveux, les laids, les aigris, les amers. Mais toi, méchante voisine, toi qui étais parmi les plus exclues de l'amour et les plus déshéritées de l'affection, toi qui étais plus que les autres acariâtre, hystérique, agressive, revendicatrice, intolérante, médisante, misanthrope, torve, morveuse, laide, aigrie, amère — tous défauts qui ne sont que des défauts mineurs —, tu étais en plus intrinsèquement sordide et sale. Et pire que tout, tu étais immortelle.

Voilà que la perte de ce dernier défaut te restitue d'un coup tes qualités natives d'humaine véritable. Tu n'es donc plus sorcière. Tu es morte sans laisser d'âge derrière toi, mais en laissant tous tes chats. L'âge, on ne peut guère en parler, c'était seulement des bribes d'âge, un soupçon de barbe, des rides éparses et parfois très creuses, quelques cheveux encore noirs. Allez savoir avec tout ça. Tu avais bien une fille de trente ans, alcoolique comme toi, tu l'avais prostituée, dès son plus jeune âge, sans doute. Elle t'avait donné un petit-fils que tu pouvais battre et insulter à ta guise, histoire de ne lui laisser aucune chance, comme ça, ni par méchanceté ni par malice, mais par destinée, seulement par destinée.

Tu avais donc au moins l'âge qu'il faut pour avoir eu le temps d'engendrer toutes ces misères. Tu as laissé derrière toi tes chats, dix, douze, quinze ou plus, je ne sais combien il en reste aujourd'hui. Pourquoi diable les chats sont-ils si nombreux dans les demeures d'où les humains sont chassés ? Poussent-ils leur félonie de félin jusqu'à ne pas accepter le partage de l'affection ?

La voisine aux chats ne m'aimait pas non plus. Toutes les haines ont une histoire. J'avais fait intervenir la DDASS pour lui retirer son petit-fils. J'avais forcément tort puisqu'il paraît que l'enfant martyr aime son bourreau. On a toujours tort d'intervenir dans l'intimité biologique d'une destinée. Elle me haïssait parce que j'avais un col blanc, ce qui dans son monde manichéen était un signe d'ordre et d'autorité, donc de mal. Sans doute aussi me méprisait-elle car j'avais l'extrême faiblesse de ne jamais réclamer mes honoraires et j'accourais servilement à ses appels de nocturne détresse.

Je dois dire à ce propos que lors des appels de nuit, je passais moi aussi par le balcon aux deux barreaux sciés. J'ai longtemps pensé que c'était une basse manœuvre pour m'humilier en m'imposant des contorsions de simple mortel. Aujourd'hui, avec du recul, je dois avouer que j'étais trop pris dans les soucis quotidiens et dans le feu de l'action pour avoir su déceler dans ce désagrément passager un grand honneur qu'elle me faisait. Me laissant, pendant un bref instant, devenir le complice de son monde non conventionnel. Peut-être, bien pire, étais-je assimilé secrètement à l'impossible amant, sans doute un jour attendu.

Elle méprisait aussi ma vie lisse aux plaisirs ternes et minutés, ma vie dépourvue d'alcool et de prostitution avec tout leur cortège coloré de vie relationnelle. Elle n'aimait pas non plus mes enfants qui n'étaient que des gosses de riche. D'ailleurs, dans mon état de notable, étais-je seulement capable d'engendrer une autre espèce que celle de gosses de riche ?

Sa fille, après tant de liaisons professionnelles et lucratives, alors que son corps, amaigri par la polynévrite alcoolique, ne tentait même plus les clients gavés de testostérone, sa fille donc s'était liée à un clochard de ma connaissance. Un brave gars que j'aimais bien, amoureux de Brassens, survivant en vendant ses bras pour de menus travaux. Cela lui permettait d'acheter son vin. Les quelques calories non viniques qui manquaient à sa ration quotidienne de survie étaient généralement fournies gracieusement par les employeurs occasionnels.

Cette liaison avait les apparences d'une liaison amoureuse. Mieux, c'était une liaison amoureuse. Les clients hormonaux avaient disparu, le couple avait un pied-à-terre. J'y ai fait deux ou trois visites. J'avais espéré un instant que ce couple prendrait l'enfant pour l'enlever à la grand-mère. Chose étrange, c'est la mère elle-même qui fit pression pour accélérer les formalités à la DDASS.

Cette mère, fille de la voisine aux chats, est morte peu de temps après, n'ayant pas survécu soit à l'abandon de son enfant, soit à la découverte de l'amour, soit encore à sa polynévrite alcoolique, soit à tout cela et à ses trente ans.

Sa « voisine aux chats » de mère lui a survécu plus de cinq ans, je n'ai pas eu de nouvelles de l'enfant. Les quelques lignes de cette histoire sont l'unique lien qui relie cet enfant à cette voisine que j'ai, elle aussi, fini par aimer.

Il ne reste plus que les chats qui vont s'éparpiller.

Au début du vingtième siècle, le spectacle du pétomane faisait fureur à Paris, tous les grands de la terre venaient y assister. Cet homme avait réussi à faire rire le monde entier en pétant sur scène. Il fallait oser le faire. J'ai eu l'insigne honneur de soigner son petit-fils qui évoquait avec fierté cet illustre aïeul au fort tempérament. Il m'avait prêté le livre relatant les exploits et les caractéristiques anatomiques de son grand-père péteur. Le pétomane avait la possibilité d'aspirer de l'air par l'anus et de le rejeter à loisir ; certains médecins de l'époque avaient confirmé l'exploit physiologique et avaient témoigné dans l'opuscule. J'ignore s'il y avait eu des pressions sur ces médecins, mais ils avaient apporté leur caution scientifique au spectacle. Ainsi, pour justifier leur présence gouailleuse, les spectateurs mondains pouvaient arguer de cette curiosité scientifique. La seule certitude était la forte santé dont jouissait le pétomane, santé physique pour ses clowneries sur scène, santé mentale pour se concentrer sur son rectum ou pour dissimuler l'éventuelle tricherie, santé sociale pour avoir été le seul à imposer un tel numéro. Il a bien eu de pâles imitateurs dont la supercherie de mécanismes souffleurs a été vite détectée.

Son petit-fils, mon patient, puisque c'est de lui qu'il est ici question, avait hérité du fort tempérament de son grand péteur d'ancêtre. Sa santé était si bonne que ses appels étaient une énigme médicale. C'est sa femme qui m'en donna un jour la clé. A plus de soixante-quinze ans, notre homme honorait sa femme avec une régularité quasi quotidienne. Il devait cette vigueur copulative à son excellent état général, mais aussi et surtout à l'amour immodéré et sincère qu'il portait à son épouse. Elle aussi, très amoureuse, bénéficiait d'une belle santé, mais elle s'octroyait quelques périodes de répit pendant lesquelles elle repoussait gentiment les avances de son amant permanent. Celui-ci réagissait assez mal et intériorisait sa déception par des coups de blues passagers avec gêne respiratoire et fatigue générale. Il en arrivait même à soupçonner malicieusement sa femme d'avoir un amant, ce qu'il redoutait vraiment, car il la trouvait toujours séduisante, donc potentiellement séductrice. Le plus beau cas de jalousie que j'aie connu, digne d'un petit-fils d'artiste.

Un jour que j'étais entré chez eux sans qu'ils m'aient entendu frapper, j'ai eu la preuve de cet amour immodéré en surprenant ce dialogue livré ici en texte intégral et en exclusivité :

— Je ne veux pas que tu ailles te promener toute seule.

— Mais enfin, pourquoi donc ? J'ai besoin de marcher, c'est bon pour ma respiration, tu devrais faire comme moi, tu serais moins fatigué.

— Oui, mais j'ai peur que tu fasses de mauvaises rencontres.

— Tu dis vraiment des bêtises. Les obsédés ne recherchent pas de vieilles peaux de soixante-quinze ans comme moi, mais seulement des jeunes.

— Oui, mais tu vaux bien mieux que beaucoup de jeunes...

Quand je suis rentré dans la pièce en frappant à nouveau, l'épouse, séduite et vaincue, passait la main dans les cheveux de son amoureux fougueux. Elle m'avait pourtant fait venir en prévision d'un possible petit coup de blues. C'est émouvant l'amour d'un petit Homo pétomanus.

Raoul Destournes était le forgeron du village, ventru, virtuose du marteau, visage souvent rayé de noir, il avait bu et fumé plus que de raison. Son corps avait supporté les excès de la forge et du tabac jusqu'à cinquante-cinq ans, ce n'était déjà pas si mal. Et puis l'artérite insidieuse avait fini par se manifester méchamment, il avait fallu l'amputer de la jambe gauche à mi-cuisse.

On ne dira jamais assez les méfaits du tabac sur les artères. Le public vit avec l'idée très médiatique du risque de cancer du poumon. Beaucoup de fumeurs n'ayant jamais de cancer, on a pris l'habitude franchouillarde de glorifier les fumeurs téméraires ayant échappé à la malédiction du crabe. C'est oublier tous les paralysés par leurs artères sylviennes bouchées, les amputés pour leurs artères fémorales bouchées, les impuissants pour leurs artères « honteuses » bouchées, les séniles pour leurs carotides bouchées, les essoufflés pour leurs coronaires bouchées. Diminuer, ne serait-ce que de vingt pour cent, la consommation de tabac ferait cent fois mieux pour la santé publique que les milliers de tonnes d'hypocholestérolémiants inutiles consommés et remboursés chaque année.

Notre forgeron, lui, avait deux fois tout faux.

Comme beaucoup d'autres, il avait payé pour fumer, et payé sa contribution sociale pour rembourser d'inutiles hypocholestérolémiants. Après l'amputation, il aurait pu s'arrêter de travailler, mais l'identité d'un artisan rural est son artisanat. Il continuait donc à travailler et à payer des cotisations sociales pour ceux qui n'ont plus d'identité.

Il était mon client, j'étais le sien, je lui avais commandé un portail qu'il tardait à me faire. Quand je passais devant son atelier, je m'arrêtais parfois pour le lui rappeler, nous en profitions pour échanger quelques mots sur la vie du village. Il finissait invariablement par me dire :

— Je ne vous oublie pas pour le portail, ça ne va plus tarder.

Mais ça tardait toujours. Je ne lui en tenais pas vraiment rigueur, les délais des artisans en Provence sont un peu plus longs qu'ailleurs. Je pensais que c'était par laxisme. Ce forgeron m'en a donné une autre raison. La voici.

Un jour, je lui dis avec beaucoup de précautions, évoquant sa maladie :

— Monsieur Destournes, si vous êtes trop fatigué ou débordé de travail, il ne faut pas vous tracasser pour moi, je m'arrangerai pour faire réaliser mon travail ailleurs, ça ne changera rien à nos bonnes relations.

— Mais non, docteur, je vais vous le faire votre portail.

— J'avais cru comprendre que vous étiez peut-être un peu trop débordé depuis votre amputation.

— Mais non, docteur, tout va bien, je travaille autant qu'avant, les clients sont toujours fidèles.

Je ne savais pas si je devais dire tant mieux ou tant pis, j'ai opté pour une boutade :

— Tant mieux, mais sont-ils tous aussi patients que moi ?

— Pas tous, dit-il en me souriant.

Il fit une pause, posa sa cigarette sur le bord de son établi, considéra ma boutade comme une incitation à me donner des explications plus précises, et poursuivit :

— Docteur, en passant devant mon atelier en faisant vos visites, vous vous êtes souvent arrêté pour me demander où en était votre portail.

Je dus reconnaître que oui.

— Si je l'avais fait tout de suite, ce portail, vous ne vous seriez probablement jamais arrêté.

Je dus reconnaître également que oui.

— Comme ça, ça nous a donné l'occasion de discuter un peu de choses et d'autres. J'attends presque toujours que les clients viennent une dizaine de fois pour réclamer leur travail, ça me donne l'occasion de mieux les connaître, de savoir s'ils tiennent à moi, et de bavarder un peu avec eux. Vous comprenez ?

Je comprenais en effet, c'était limpide. J'avais soudain honte de n'avoir pas compris plus tôt. Invalide reconnu, il n'aurait pas eu ce moyen-là d'accéder à la parole.

J'ai longtemps cherché une parcelle d'humanité chez M. Noyelle.

Il avait probablement jadis aimé sa femme et son fils. Adolescent, il avait pu avoir un véritable ami. Mais si une quelconque douceur ou compassion avait un jour éclairé son être, elle s'était éteinte depuis longtemps. Tout, chez cet homme, était détestable. Son amour, si le mot est opportun, n'avait que trois objets : l'argent qu'il n'avait même pas gagné mais touché en héritage, la domination qu'il était trop vil pour transformer en pouvoir ou en autorité, et sa fate personne composée de cent kilos de graisse.

En voilà donc un autre que je n'aimais pas plus que la voisine aux chats. Il était odieux avec son entourage. Il ne regardait plus sa femme. Sa mère sénile l'encombrait, et pour ne pas avoir à croiser son regard, il lui avait flanqué une infirmière permanente à domicile. Un couple assurait l'entretien de sa maison et de ses vignes. J'ai toujours eu la conviction que la jeune femme avait dû céder à des harcèlements pour conserver la place. Le voir m'était odieux.

Je ne soignais que sa mère, car il habitait à Paris où il avait encore des affaires dans la grande distribution. Ses séjours dans son domaine du Beaujolais devenant de plus en plus longs et fréquents, il me consultait de plus en plus souvent pour de petits problèmes.

Je pense aux avocats qui défendent parfois des gens indéfendables. Les avocats ont la possibilité de sélectionner progressivement leur clientèle en fonction de leurs aspirations. Les médecins ne peuvent pas sélectionner leurs clients, mais seulement leurs spécialités. Les généralistes ont donc une plus faible marge de manœuvre. Je me suis souvent demandé comment je pourrais soigner M. Noyelle en cas de grave maladie. Mes réflexes de soignant auraient sans doute pris le dessus, mais j'avoue être soulagé de ne pas avoir eu à le faire.

Mme Noyelle, n'ayant probablement plus d'attrait pour son mari, s'occupait d'un vieil artiste, un sculpteur alcoolique qu'elle avait hébergé dans une des maisons du domaine. Je soignais cet artiste atteint d'une cirrhose en phase préterminale. Les soins étaient lourds, les hospitalisations fréquentes.

M. Noyelle me dit un jour textuellement ceci :

— Ces alcooliques coûtent une fortune à la société, et cela uniquement parce qu'ils n'ont pas eu la volonté de s'arrêter de boire. Trouvez-vous normal, docteur, que l'on dépense tant d'énergie et d'argent pour sauver ces gens-là ?

M. Noyelle, lui, devait s'estimer digne de recevoir des soins coûteux. Je lui souhaite de les recevoir s'il en a besoin un jour. Mais il a répondu en partie à une de mes interrogations sur le choix possible des patients par les médecins. S'il avait été médecin, il aurait, lui, rapidement trouvé la solution finale pour les vieux artistes alcooliques. Dieu merci, il travaillait dans la grande distribution qui ne sélectionne pas ses consommateurs d'alcool. Un jour, M. Noyelle aura disparu sans laisser d'autre trace que ma petite anecdote. Le vieil artiste alcoolique nous aura laissé ses sculptures. La plus belle sera peut-être celle qu'il aura réalisée en phase terminale.

La vie bon enfant au Gabon m'a permis de connaître deux ministres. Le premier est un ami qui m'a beaucoup appris en médecine interne à l'hôpital de Libreville. Il militait dans le mouvement de libération des îles Sao Tomé et Principe. Lors de l'indépendance de son petit pays, il en est devenu ministre de la Santé. C'est le seul ami ministre que j'aie eu. Tout petit ministre certes, mais très grand ami que je salue au passage.

Le second est le ministre de la Santé du Gabon avec lequel j'avais réussi à obtenir un rendez-vous. Notre service de pédiatrie de l'hôpital de Libreville posait problème en raison des interférences entre la section épidémies et l'autre section. Il fallait faire des travaux d'assainissement, séparer les toilettes, interdire l'accès direct entre les deux, prévoir des passages quasi obligatoires de lavage des mains pour le personnel. J'avais estimé les travaux à environ deux cent mille francs. Après avoir convaincu le directeur de l'hôpital, j'ai été surpris d'obtenir, sans trop de difficulté, un rendez-vous avec le ministre en personne. J'ignorais si c'était par un privilège de Blanc ou pour la noblesse de la cause. Merveilleuse Afrique où les ministres sont accessibles. J'étais heureux et excité à l'idée de défendre mon idée. J'avais méticuleusement préparé mon rendez-vous et mes dossiers chiffrés. Les arguments de santé publique avaient été appris presque par cœur. Mes réponses étaient prêtes pour les objections qui ne manqueraient certainement pas.

L'accueil a été chaleureux. L'entretien a été assez bref comme je pouvais m'y attendre. Mais le ministre a écouté attentivement et a bien posé les questions que j'escomptais. Mon cœur battait un peu plus vite, mais il a su me détendre par des propos cordiaux. Je restais cependant très attentif à ne pas me laisser détourner du but de ma visite. Avant de partir je lui demande :

— Monsieur le ministre, quand puis-je espérer une réponse à ma requête ?

Sa réponse déconcertante, leçon d'humilité, résonne encore dans ma tête :

— Il faut que j'en parle d'abord aux autorités supérieures.

Je n'ai pas encore trouvé l'autorité supérieure, mais elle doit exister puisqu'elle a su maintenir ce ministre à son humble place dans le groupe des Sapiens.

La seule puissance de l'homme est celle qu'il s'accorde lui-même.

Les militaires sont des gens qui ne craignent pas le contact physique, c'est le moins que l'on puisse dire. La pudeur n'est pas leur point faible. En médecine ça facilite bien les choses et évite des pertes de temps.

Mais le médecin est parfois pudique pour ses patients, car s'il n'est pas aisé de se mettre en position genupectorale pour se faire examiner l'anus, s'y faire introduire un index ou un rectoscope, il n'est parfois pas aisé non plus de le demander. Bien que plus facile avec les années d'expérience, cela reste toujours délicat quand le patient vous en impose socialement. Il faut parfois un long interrogatoire, une longue joute oratoire déguisée avant que l'homme important pose son masque social qui pesait des tonnes à son entrée. Imaginez l'habileté du médecin qui arrive à demander à une nonne, à un ministre ou à son vieux professeur de thèse de se mettre à poil en position genupectorale.

Je l'ai demandé une fois à un imposant général de l'armée de l'Air. Vingt-cinq mille heures de vol.

Heureusement pour moi, j'avais déjà pas mal d'heures de médecine. Au cours d'une consultation très professionnelle où il m'expose son problème urinaire, je l'écoute attentivement, avec tous les égards dus à son âge et à son rang. J'en arrive à proposer le délicat examen du toucher rectal en expliquant de façon professorale la position à prendre, la raison d'un tel examen et son caractère indispensable.

Examen fait dans le calme et la sérénité. Diagnostic d'adénome bénin de la prostate. Ordonnance. Prochain rendez-vous fixé. Soulagement pour moi, car tout s'était déroulé sans problème dans un profond respect mutuel, entre hommes décidés qui ne s'arrêtent pas à des broutilles de pudibonderie.

Mais nul doute que le grand général espiègle avait décelé quelque hésitation dans mon assurance de médecin quadragénaire, car au moment de la poignée de main finale, il me regarde droit dans les yeux, et me lance sans sourciller !

— Hein ! docteur, ce n'est pas tous les jours que l'on met le doigt dans le cul d'un général.

Je suis resté sans voix. Pas tous les jours en effet.

A bientôt mon général.

3 – Explications

Le jargon des médecins est souvent empreint d'un ésotérisme qui le rend très obscur, même au patient le plus attentif. Je lutte toujours contre ce défaut, parfois voulu et entretenu, du corps médical. J'utilise des mots simples, des comparaisons imagées pour expliquer les maladies et les dysfonctionnements passagers. Je m'applique à donner des détails, à montrer des schémas. Je suis convaincu que l'éducation sanitaire est le plus efficace des traitements curatifs et préventifs. Je déplore la faible occurrence de l'éducation sanitaire dans les écoles et les médias.

Récemment, j'expliquais à une patiente anxieuse que sa vésicule se vidait mal et que la bile ainsi stagnait et s'épaississait jusqu'à former des petits cailloux qui venaient ensuite se coincer dans le canal d'évacuation trop étroit. Cela faisait alors très mal et expliquait les fortes crises ressenties. Après une explication minutieuse et laborieuse de dix minutes durant laquelle sa bouche béa sans m'interrompre, elle me demanda avec une déconcertante candeur ce qu'était la vésicule et où elle se trouvait !

Malgré toutes mes précautions, j'avais stupidement oublié de commencer par le commencement. Le corps de cette patiente lui était si étranger que mon discours simpliste était aussi obscur que si j'avais parlé d'emblée de lithiase vésiculaire à microcristaux avec cholédoque inflammatoire et spastique. Le médecin sans pédagogie a toujours tort.

Dans le même registre, une de mes anecdotes préférées est celle du monotest. Nombreux sont ceux qui connaissent cette espèce de timbre que l'on colle sur le thorax pour savoir si le BCG a pris. S'il est négatif, on doit vacciner ; s'il est positif, le patient est protégé contre les formes graves de la tuberculose.

Cette femme italienne m'amène un jour son magnifique enfant d'un an pour le monotest avant de partir voir sa famille dans le Piémont. J'applique le timbre en expliquant qu'il faut bien le garder quarante-huit heures, l'enlever et revenir ensuite pour la lecture. Elle m'informe que son mari viendra pour le résultat, car elle sera déjà dans le Piémont. Que m'importe, le mari fera l'affaire.

Quatre jours plus tard le mari discipliné arrive pour le résultat du test. Il est seul.

— Où est l'enfant ? lui dis-je.

— Dans le Piémont avec sa mère, mais j'ai amené le timbre, dit-il, en sortant délicatement l'objet d'une enveloppe.

Excusez-moi, monsieur le père discipliné, mais j'ai éclaté de rire, je n'aurais sans doute pas dû. Ensuite, heureusement, après mes explications, nous avons ri ensemble.

J'étais bien le seul fautif ; j'avais simplement oublié de mentionner que la lecture du test se faisait sur l'enfant lui-même à l'endroit où sa peau avait été en contact avec le précieux timbre religieusement conservé dans l'enveloppe.

Comment peut-on être assez stupide pour penser qu'une mère italienne va rendre visite à sa famille dans le Piémont sans emmener son magnifique enfant afin de le montrer ? Elle m'avait pourtant bien dit qu'elle allait dans le Piémont et que son mari allait venir à sa place.

Rien n'est jamais évident. Il n'y a pas d'un côté les imbéciles et de l'autre les savants ; il n'y a que la différence entre les sommes des expériences arrivées à la conscience claire.

Parfois, toute explication est inutile, car le patient a une connaissance très précise de tout ce qui se passe en lui, et il ne fait appel au corps médical que pour éclaircir un point de détail.

— Docteur, les gaz qui s'accumulent dans mon estomac finissent par comprimer les veines qui sont autour de mon cœur et par gêner ma respiration ; ça me donne d'affreux maux de tête qui diminuent lorsque je rote — excusez la précision, mais elle sert de preuve — comme ça — rrrhhheuu. A ce moment les maux de tête changent, car ils deviennent pulsatifs. Mais ce qui m'inquiète, c'est que les pulsations de la tête ne coïncident pas avec celles du cœur. Docteur je ne suis pas venu vous demander de me guérir, car je sais bien que c'est impossible, mais je voudrais savoir si la différence de pulsations entre le cœur et la tête vient de la distance qui les sépare ou de la différence de leur nature ?

L'auteur de cette saga sémiologique est sans doute encore en vie après m'avoir averti cent fois de sa mort imminente et tant attendue. Il était le plus pénible de mes patients et je lui ai, comme aux autres à la longue, rendu son amour débordant.

Il était plus hystérique à lui seul que toutes les plus hystériques de ses concitoyennes. L'hystérie a gardé une connotation féminine, car nos ancêtres médecins, mâles en majorité, ont plus volontiers posé ce diagnostic d'échec chez leurs patientes incomprises. L'hystérie masculine existe pourtant bel et bien, elle est certes un peu moins fréquente, moins théâtrale et moins séductrice. En tout cas bien moins séduisante pour l'incorrigible hétérosexuel que je suis.

Les psychiatres, dont les patientes refusent ce terme barbare, le dissimulent sous d'habiles détours linguistiques. L'hystérie ne serait plus qu'un trait de caractère féminin alors que l'obsession serait un trait masculin. C'est pourtant bien sur de magistrales hystéries féminines que Freud a suggéré sa méthode psychanalytique et obtenu quelques beaux succès thérapeutiques. Ses pâles successeurs ont des résultats très divers sur ces pathologies protéiformes qui sont de plus en plus difficiles à cerner.

Les temps changent. Mais pour le médecin pragmatique, l'hystérie et l'obsession demeurent et sont aussi épuisantes l'une que l'autre.

M. Daubert, septuagénaire, ingénieur retraité des Ponts et Chaussées, avait le privilège d'être à la fois hystérique et obsessionnel. Véritable bande dessinée vivante destinée à l'enseignement de la psychiatrie aux étudiants. Il faut ajouter à cela un soupçon de paranoïa, et enfin, raffinement suprême, il était sourd comme un pot. Séquelles d'antibiotiques antituberculeux. Mais encore plus extraordinaire, c'était un homme absolument normal, bon mari, bon voisin, bien élevé, courtois, affable, intelligent.

La différence entre le normal et le pathologique, s'il y en a une, est souvent bien ténue. Cet homme n'avait pas eu d'enfants qui lui auraient peut-être permis de changer l'objet de ses angoisses. Bref, M. Daubert était un vrai malade en bonne santé, comme beaucoup d'autres, qui selon le principe des vases communicants emplissent les cabinets médicaux pendant qu'ils creusent le trou de la Sécu. Son cahier personnel, méticuleusement tenu, était rempli de tous les menus événements qui avaient jalonné sa vie depuis la date de sa dernière consultation. Chaque comprimé avalé était noté et suivi de l'imposante liste de symptômes subséquents se présentant à priori comme des effets secondaires intolérables. Chacune de mes propositions pour suspendre provisoirement la prise de ces médicaments pourvoyeurs d'effets indésirables se soldait par un échec.

— Mais alors, docteur, qu'est-ce que je vais bien pouvoir prendre pour atténuer un peu mon mal ?

Merveilleuse logique d'ingénieur, il prenait des médicaments qui le rendaient malade, mais il n'était pas question de les supprimer ; il fallait en donner d'autres pour soigner le mal fait par les premiers. Je l'imaginais, à son époque glorieuse d'ingénieur des Ponts et Chaussées, comblant les routes de seaux de béton qui s'enfonçaient régulièrement dans la vase. Peut-être avait-il déjà creusé le déficit du ministère de l'Équipement avant de creuser celui de la Sécu ?

Il fallait plusieurs contribuables pour éponger la prodigalité de M. Daubert. Chaque consultation durait au moins une heure. Nous fixions les rendez-vous avec le plus grand soin afin d'éviter les révolutions dans la salle d'attente. Au bout d'une heure, je commençais à manifester quelques signes d'impatience. J'évitais cependant soigneusement toute parole intempestive afin de prévenir le redémarrage d'un grand monologue où il aurait été question de lui et de sa femme, de sa femme et de lui, de lui et de son ventre, de son ventre et de lui, de ses oreilles et de lui, de lui et de ses oreilles, de son chien et de lui, de lui et de son chien.

— Je sais, docteur, que vous n'avez pas que moi à soigner, mais mon mal est réel et mérite toute votre attention.

Oh, oui ! son mal était réel. Le mien aussi après une heure ! Il finissait tout de même par s'en aller en s'excusant et en réglant le montant de deux ou trois consultations. Classe et savoir-vivre.

— Docteur, finalement vous êtes si patient avec moi !

Le mois suivant, la consultation préparée par lui à l'avance allait s'accomplir selon le même rite. Psychanalyste en herbe, j'étais pour lui le bon médecin qui savait écouter et se taire. Ma bonté silencieuse s'étendait sur son drame quotidien. Son drame était d'être sourd, d'être météorique, d'être céphalalgique, d'être thrombotique, d'être anxieux, d'être constipé, d'être spasmodique, d'être. Mais la plus extraordinaire aventure de M. Daubert n'était pas encore arrivée. Elle se préparait sournoisement dans ses veines de septuagénaire. En effet, ce patient original participe au très petit nombre de ceux à qui j'ai sauvé la vie. Oui, je dis bien, sauvé la vie.

Le rêve de tout médecin est de sauver au moins une fois la vie de quelqu'un au cours de sa carrière. J'entends sauver réellement un patient qui serait irrémédiablement mort sans le secours du médecin. Cela est rarissime, chaque cas est mémorable. Les médecins, on excusera leur légitime fierté, se complaisent à raconter ces cas historiques.

Mon hystérico-obsessionnel père Daubert me parlait souvent d'une ancienne phlébite guérie sans séquelles et qui continuait à l'obséder. Qui l'eût cru ? L'obsession était telle qu'il se massait régulièrement la jambe depuis quarante ans en se couchant sur le dos et en pratiquant avec méthode et vigueur. Je lui expliquai maintes fois l'inutilité de cette manœuvre sur des caillots disparus depuis longtemps ou intimement fixés à la paroi veineuse. J'aurais mieux fait de me taire.

Mais il voulait exorciser ce mal permanent en pratiquant les massages dont on lui avait enseigné les vertus préventives sur la phlébite. Je lui avais même dit que cette manœuvre risquait d'être plus dangereuse que bénéfique. Rien n'y fit, tous les matins il s'imposait l'exercice rituel sur sa jambe relevée à quatre-vingt-dix degrés. Ténacité et souplesse.

Un matin, le drame. Embolie pulmonaire massive avec choc et collapsus. Appel affolé de l'épouse, suivi de mon arrivée. Moins de cinq minutes après l'accident. Ah ! le médecin de campagne en France : SAMU, confident, ami, psychiatre, infirmier, l'homme-orchestre.

Je trouve mon septuagénaire en phase prémortelle. Diagnostic difficile. J'essaie de reconstruire assez vite l'histoire racontée par sa femme et j'évoque la fameuse et impossible embolie attendue avec tant de patience depuis quarante ans.

Enfin la mort salutaire, libératoire des obsessions. Pourquoi mon Dieu fis-tu si longtemps attendre cette délivrance ?

Etat de coma profond.

— Madame, votre mari va très mal, appelez vite les pompiers pendant que je tente une manœuvre de réanimation.

Tous les médecins et secouristes ont appris consciencieusement dans leurs manuels le fameux massage cardiaque supposé sauver tant de vies humaines. Tous les médecins l'ont pratiqué sans véritable conviction dans des cas désespérés pour s'éviter le reproche de ne l'avoir pas fait. Tous les médecins ont attendu, presque toujours en vain, ce miracle de la résurrection qui viendrait de leurs mains héroïques et savantes.

Me voici à cheval sur mon père Daubert en train de casser vigoureusement, une à une, ses côtes ostéoporotiques, pour masser son cœur en arrêt. Et le miracle se produit.

Sous le regard encore incrédule du médecin, l'œil s'ouvre et le pouls se met à danser, le mercure du tensiomètre monte pendant que tombe l'atmosphère de mort. Quelques instants plus tard, mon père Daubert arrivait guilleret à l'hôpital dans son camion de pompier flamboyant. Il ne réalisa que beaucoup plus tard ce à quoi il avait échappé, il inonda mes enfants de chocolat et il reprit le cours de ses consultations rituelles strictement inchangées.

Cet épisode dramatique, ce petit tour qu'il avait fait du côté de la mort n'avait rien changé ni à ses hystéries ni à ses obsessions, il avait repris tous ses rites, un à un. Vie tenace, monologues persistants, symptômes immortels, sous l'œil médusé et finalement attendri de sa femme. Sainte femme.

Un an plus tard environ, il était encore dans mon cabinet de consultation où il avait eu droit à une bonne heure de mon oreille de sauveur. Il en arrivait à la fin de ses tirades, plus exactement, je commençais à montrer les signes devenus rituels de mon impatience débutante.

Tout à coup, il m'assena, las et triste :

— Mais docteur, ce jour-là, pourquoi donc ne m'avez-vous pas laissé mourir ?

Je fais un dur métier.

Ni pénible, ni sale, ni humiliant, mais dur !

J'espère, cher père Daubert, que tu es toujours bien en vie et que tu emmerdes considérablement mon successeur afin qu'il apprenne le métier. Il m'arrive de penser à ta femme qui supportera sans doute jusqu'à ta mort les symptômes détaillés de ton égocentrisme. Sa bonne santé et vos cinquante ans de vie commune l'aideront sans doute à continuer à te supporter et à te pardonner.

Le pardon, c'est peut-être cela que tu cherches toujours.

— Docteur, j'ai envie d'essayer les timbres à la nicotine, car je veux arrêter de fumer.

— Voilà une excellente idée, mais les timbres ou patchs n'aident pas à s'arrêter de fumer.

— Ah bon, je croyais !

— Non, les patchs sont destinés aux patients qui ont déjà arrêté de fumer et qui sont en manque parce qu'ils étaient de véritables drogués à la nicotine.

— Justement, je crois bien que je suis vraiment drogué.

Je fais alors une petite enquête auprès du patient pour savoir s'il est vraiment dépendant à la nicotine, et je m'aperçois qu'il est, comme beaucoup de fumeurs à moins d'un paquet par jour, un fumeur peu dépendant. C'est-à-dire que le tabac est davantage pour lui un mode de conduite sociale qu'une véritable drogue.

— Je pense que vous êtes peu dépendant de la nicotine, et qu'avec un peu de volonté, vous pouvez arrêter de fumer. Si quelques jours après vous être arrêté, vous ressentez vraiment un manque, on pourra alors essayer des patchs légers.

En parlant, je réalise progressivement l'inutilité de mes explications. Le patient semble ne pas vouloir comprendre. Il veut vraiment essayer les patchs dont il a vu la publicité à la télévision.

Ah ! la pub.

Le patch est tendance, essayons le patch.

Comme prévu, notre homme revient me voir un mois plus tard.

— Docteur, je reviens pour le patch, j'ai essayé d'arrêter, je n'y arrive pas.

— Très bien, mais je vous répète que le patch ne sert pas à vous aider à vous arrêter, il ne sert qu'à compenser le manque de nicotine. C'est donc très dangereux de fumer et de mettre le patch en même temps, car ça double votre dose de nicotine. J'espère que vous me comprenez bien.

— Oui, oui, je vais encore essayer d'arrêter de fumer.

Je prescris alors les patchs qu'il aurait, de toute façon, achetés par un moyen quelconque. Je lui fais encore d'ultimes recommandations. J'ai comme l'impression que je m'épuise en vain.

Notre homme revient me voir trois mois plus tard pour une autre raison, un petit rhume banal. Je m'enquiers alors du succès de son sevrage tabagique, et la réponse éclate dans sa déconcertante simplicité :

— Docteur, j'ai essayé vos patchs ; ça ne m'a servi à rien, je fume toujours.

Cent fois sur le métier remettez votre ouvrage !

Le médecin perd souvent son temps à essayer de convaincre un patient de ne plus prendre un laxatif ou un antirhume dont il a entendu parler à la télévision. Plus grave, il perd également son temps à essayer de retarder la prescription d'un produit dangereux et parfois efficace dont le nom est arrivé aux oreilles du patient par des voies détournées. Bien que la publicité des médicaments de prescription médicale soit interdite auprès du grand public, les laboratoires pharmaceutiques de plus en plus puissants ont de nombreux stratagèmes pour tourner la loi.

— Docteur, il paraît qu'il y a un nouveau médicament pour la migraine.

Il faut dans ce cas toujours avoir l'air d'être au courant pour ne pas être aussi ridicule que si l'on ignore le résultat du dernier match de la Coupe du monde.

— Oui, mais ce médicament n'est pas encore commercialisé en France.

Quelques semaines plus tard, j'apprends, comme par hasard, que le médicament va bientôt être commercialisé en France. Les journaux parfois financés par l'industrie pharmaceutique annoncent que l'on n'attend plus que l'autorisation administrative de mise sur le marché. On y devine la publicité subliminale et l'accusation du laboratoire : « Comment les pouvoirs publics peuvent-ils être assez odieux pour priver les patients français d'un produit aussi miraculeux et aussi indispensable à leur santé ? »

— Docteur, ça y est le produit est sorti.

— Oui, mais vous savez, la migraine (ou l'acné ou l'impuissance ou l'obésité) est une maladie compliquée. Il faut être bien certain que le médicament est adapté à votre cas particulier. Il faut l'utiliser avec prudence.

— Le médecin de mon collègue de bureau lui en a prescrit. Il en est très content.

Sous-entendu, ne soyez pas un médecin minable ou timide qui n'ose pas se mettre à la page.

— Votre collègue de bureau n'est pas identique à vous. Et puis, on ne peut pas dire que l'on est content d'un médicament comme d'une poudre à laver.

— Mais il a exactement les mêmes symptômes que moi.

Pour réussir le double exploit de ne pas perdre ce patient et de le convaincre d'attendre, il faudra une longue négociation et des explications tenaces.

Oserais-je prétendre que mes seules explications ont épargné des millions de francs à la Sécurité sociale ?

Oui, j'ose, mais je suis hors sujet, car la seule relation que j'ai avec la Sécurité sociale, ce sont les millions que je lui fais perdre par ma seule existence.

Vous avez dit santé ? Qui vous parle de santé ? En tâcheron obstiné, je continue encore et toujours à expliquer. Je continue à peu prescrire, voire à « déprescrire ». Pourquoi tant de médecins ayant aussi compris cela se détournent vers des médecines parallèles ? Comme si le système du grand profit rendait les explications nécessairement péremptoires et le refus de ce système les rendait souvent obscurantistes !

Bobologue entêté, je vais continuer à apprendre à mes patients à connaître leur corps, à déceler les légers déséquilibres de leur état mental, physique ou social. Pour leur éviter de passer sans discernement de la bobologie quotidienne à la chirurgie outrancière ou à la chimie dispendieuse.

Ambitieux programme.

Le scanner, lorsqu'il a fait son apparition sur le marché de la santé, a été une véritable bombe. Du point de vue diagnostique, il faut bien reconnaître que les progrès ont été vertigineux.

M. Pons, directeur d'une petite imprimerie, vient me voir :

— Docteur, j'ai mal à la tête, je veux passer un scanner.

— Mais le scanner ne voit pas tout, et on ne passe un scanner que lorsque l'on a déjà une idée diagnostique. Expliquez-moi d'abord comment vous souffrez.

Avec mes questions qui lui paraissent futiles, j'arrive à arracher des explications à mon patient technicien, patron moderne et résolument tourné vers l'avenir. Il est persuadé que ma science de l'interrogatoire a fait long feu. Je suis persuadé que, quelle que soit ma force de conviction, tout mon discours ne parviendra pas à éviter le scanner revendiqué. Ce patient cotise depuis longtemps à la Sécu, il n'est jamais malade, il estime que pour une fois qu'il demande quelque chose on n'a pas le droit de le lui refuser. Contre ce genre de certitude, le médecin, généraliste ou spécialiste, ne peut pas lutter.

Il me paraît vite évident que les céphalées occipitales à recrudescence vespérale de M. Pons sont dues à de banals troubles visuels, je lui en fais part et lui recommande d'aller voir l'ophtalmo sans tarder. Il accepte, mais il tient absolument à son scanner pour être rassuré. J'ai la conviction profonde qu'il obtiendra son scanner par tous les moyens. Je finis par céder, d'une part, par facilité, et d'autre part, pour prouver à M. Pons qu'il n'y a rien sur son scanner. Ce faisant, je prie tous les saints du ciel pour que l'on ne trouve pas une petite image d'anévrisme ou une quelconque tache inexplicable sur le scanner, car le radiologue mentionnera toujours tout ce qu'il a vu ; et même s'il conclut « scanner sensiblement normal », il sera difficile de convaincre M. Pons que la petite tache n'est pas une maladie et que ses symptômes ne viennent pas de là.

Dieu merci, le scanner était normal, l'ophtalmo a prescrit les lunettes, achetées à un prix très élevé chez l'opticien. Les symptômes ont diminué, pour qu'ils disparaissent complètement, il aurait fallu plus d'arguments propices à augmenter la suggestibilité. Il aurait fallu, soit trouver une petite tache et la soigner par chirurgie externe avec un laser imposant, soit prescrire des lunettes sous l'autorité d'un grand patron de l'ophtalmologie. Bref un coût total de soins de plusieurs dizaines de milliers de francs.

Mais il est difficilement concevable qu'une petite paire de lunettes prescrite par un généraliste parvienne à éteindre un symptôme vieux de dix ans chez un chef d'entreprise qui a cotisé trente ans. Fort heureusement, l'opticien, moins stupide que moi, a vendu trois mille francs des lunettes qui en valaient deux cents. Même si j'ai l'air un peu con avec mes cent francs, je remercie l'opticien, car l'honneur du marché médical a été sauf. Ouf !

Serais-je en train de médire des opticiens après avoir balancé l'industrie pharmaceutique ? Au contraire, je les félicite l'un et l'autre d'avoir su défendre avec brio leur métier dans la jungle du libéralisme.

M. Meriguet a mal à l'estomac. L'interrogatoire semble confirmer que la douleur est réelle, chronique, calmée par les repas. L'examen de son estomac par palpation ne va évidemment pas m'apprendre grand-chose. Par contre, j'examine sa bouche qui me donne la clé du diagnostic. Il a très certainement une gastrite par absorption continue de pus d'origine buccale. Ses dents sont dans un état catastrophique, quelques chicots épars sur un bourrelet de gingivite.

M. Meriguet n'a pas de mutuelle, c'est un artisan à très faibles revenus, il n'a pas les moyens de se faire soigner les dents. Les soins dentaires sont relativement coûteux et sont très mal remboursés en dehors des soins de fortune. C'est ainsi.

Nos ancêtres moyenâgeux avaient un état dentaire déplorable, source d'infections multiples. A ces époques héroïques, le concept de santé publique n'existait pas encore. Aujourd'hui, le concept existe, c'est un réel progrès. Alors, il faudrait m'expliquer pourquoi les soins dentaires, qui sont un des piliers de la santé publique, ne sont pas tous systématiquement et sans aucune exception remboursés à cent pour cent. Est-ce parce que la santé publique est gérée par la Sécu ou est-ce tout simplement parce que la santé publique n'est encore qu'une idée ?

Si je fais pratiquer une gastroscopie à M. Meriguet, il sera remboursé, si je lui prescris toute sa vie un coûteux antiacide gastrique pour masquer le mal réel, il sera remboursé. Si pour vérifier son cœur, à tout hasard, je lui fais passer une coronarographie, échographie cardiaque ou autre examen onéreux qui entoure la noble cardiologie, il sera largement remboursé. Mais si je lui demande de soigner correctement ses dents, seule cause de son mal, il ne sera pas ou peu remboursé. Qui oserait encore affirmer que la santé publique s'améliore dans notre pays ?

Ce qui s'améliore c'est l'imagerie cardiologique et les emplâtres chimiques, mais pas la santé de la population sans mutuelle qui retourne progressivement au Moyen Âge par les dents.

Pourrais-je suggérer de demander deux ou trois avis avant de passer une coronarographie et de ne jamais demander aucun avis quand il s'agit de soigner les dents ?

J'explique à M. Meriguet que je vais lui prescrire un pansement gastrique, qui est une solution d'attente avant de soigner ses dents. Il prendra ce traitement qui le soulagera, puis, il arrêtera. Un jour il aura un ulcère qui sera visionné par des micro-caméras sophistiquées, transmis par internet pour le congrès de gastro-entérologie, soigné par un antiacide efficace à prendre de préférence à vie. M. Meriguet sera la démonstration vivante de l'efficacité de la médecine du troisième millénaire et des largesses de la Sécu pour un petit artisan. Il n'y aura qu'un petit tâcheron de la santé, un ouvrier du soin, qui saura que tout cela, c'est de la poudre aux yeux, de l'emplâtre sur jambe de bois. Mais il n'osera jamais le dire de peur de passer pour un incorrigible râleur.

Quoique…

M. Lassale vient me consulter. C'est un nouveau patient, je n'ai aucune fiche sur lui. Il fait la petite cinquantaine.

— Voilà, je viens vous voir, docteur.

Je n'ose pas plaisanter d'emblée en lui disant qu'en effet, je me rends bien compte qu'il vient me voir. Silence de trente secondes. C'est très long trente secondes. C'est moi qui interromps ce silence.

— Que puis-je faire pour vous, monsieur ?

Nouvelles trente secondes de silence.

— Eh bien, je pense qu'il faut bien voir le docteur de temps en temps, et puis, je n'habite pas très loin.

— Ah ! c'est donc une visite de courtoisie et de voisin.

J'arrive à le faire sourire.

— Oh ! non, je n'aurais pas osé vous déranger au cabinet.

Je souris à mon tour.

Nouvelles trente secondes.

— Je suis un peu fatigué.

Premier symptôme après trois minutes d'interrogatoire laborieux.

— C'est donc pour la fatigue que vous êtes venu ?

Nouvelles trente secondes. Cela doit être son temps normal

de réflexion. Je me dis qu'il doit avoir une psychose à symptômes négatifs, pourtant sa présentation générale ne m'inspire pas un tel diagnostic.

— Oui et non, j'ai aussi un peu mal à la tête.

Afin d'éviter de nouveaux silences, je décide de mener l'interrogatoire plus rondement, j'ouvre une fiche que je remplis en le questionnant : date de naissance, adresse, antécédents médicaux, chirurgicaux, profession, etc.

Cet homme habite au village, quarante-huit ans, comptable, marié, sans enfants, fumeur, sans antécédents notables, ses parents sont morts assez jeunes dans un accident de voiture.

— Vous venez donc pour la fatigue et le mal de tête ?

— Je n'ai pas vraiment très mal, seulement quand je travaille trop.

— Vous ne semblez pas très fatigué non plus.

— Non, ça ne va pas trop mal.

Véritable dialogue de sourds dont je ne sais pas comment sortir.

— Peut-être désirez-vous que je vous fasse un check-up ?

— Un quoi ?

— Une sorte de bilan assez complet avec des analyses de sang.

— Ah oui, c'est une bonne idée, on va faire ça.

Il faut absolument savoir pourquoi ce patient est venu, pourquoi cette difficulté d'expression chez cet homme apparemment intelligent. Quel est le drame familial ou professionnel dont il n'ose parler, dont il ne peut parler ?

— Votre femme, votre travail, ça va, vous avez des soucis ?

— Non, tout va bien de ce côté-là.

— Vous urinez bien, vous allez bien à la selle ?

— Des fois, je suis un peu constipé, je crois bien que j'ai aussi des hémorroïdes.

Enfin, voilà un troisième symptôme bien concret qui va me donner l'occasion de lui faire un examen complet. Je regarde rarement l'anus de mes patients dès la première consultation, mais cette fois, je vais m'y appliquer consciencieusement. Ça tuera le temps. Après un examen assez complet, je lui dis qu'il semble aller bien. Il n'a qu'une toute petite hémorroïde à peine visible qui ne doit certainement pas le déranger beaucoup. Je lui prescris des analyses standard et je lui rédige sa feuille pour le remboursement. La consultation avait duré trente minutes, je souhaite passer au patient suivant. Il semble le comprendre, règle mes honoraires et s'en va.

Il a la main sur la poignée de la porte, il va s'en aller, j'anticipe sur son départ, j'accompagne ses mouvements, j'achève l'ouverture de la porte. Il est vraiment sur le point de me quitter. Il hésite.

— Ah bon, l'hémorroïde n'est pas grosse, je croyais que si, parce qu'hier, j'ai eu beaucoup de sang dans mes selles.

Bon dieu, mais c'est bien sûr. C'était donc ça.

Le diagnostic devient lumineux tout d'un coup. Le patient ne voulait pas parler du symptôme essentiel, car il savait que ce symptôme était grave. Les patients savent toujours ce qu'ils ont. Le médecin doit chercher à extraire cette vérité enfouie dans l'inconscient. M. Lassale avait un cancer du côlon, il le savait, mais ne voulait pas le savoir. Ses pas de voisin l'avaient machinalement conduit jusqu'à mon cabinet, il ignorait ce qu'il devait faire exactement, mais il devait faire quelque chose.

— Mais, monsieur, il fallait m'en parler avant, revenez absolument me voir dès que vous aurez le résultat de votre bilan.

Je ne l'ai revu que quinze jours plus tard. J'avais hésité à le rappeler au téléphone. Son bilan était normal. J'ai insisté pour qu'il aille vite voir un gastro-entérologue pour une coloscopie.

— Ah bon, vous croyez que c'est nécessaire.

— Je crois que c'est indispensable.

Je n'ai plus jamais revu M. Lassale, j'ai eu la confirmation du diagnostic par le gastro-entérologue. Il a ensuite consulté à Marseille. Il a fini par se faire opérer avec beaucoup de retard. Il est mort deux ans plus tard des métastases de son cancer évolué.

Le diagnostic est un art délicat.

4 – Ventres

A l'époque des télécommunications, je continue à croire à l'amitié de comptoir et à l'irremplaçable poignée de main. Heureusement, la médecine est encore une discipline du contact.

J'aime les ventres, ils m'ont donné les plus grandes satisfactions diagnostiques, contribuant à renforcer mon ego qui n'allait déjà pas trop mal avant de les connaître. Il faut être médecin pour comprendre le message qui passe entre la main palpante et le ventre palpé. J'aime cette communication sans entraves, quand la confiance vient progressivement. Quand le ventre enfin dompté se relâche pour laisser percevoir ses viscères pleins et creux.

Ventre rond du nouveau-né que l'on empaume d'une seule main et qui se relâche instantanément sans résistance. Ventre du nourrisson qui résonne comme un tambour à la percussion. Ballon de vie. Ventre fripé de la multipare qui cède à la ligne des vergetures. Ventre parcheminé du vieillard qui fut serré toute une vie dans de la toile rêche. Ventre contracté de la vierge pubère. Ventre chatouilleux de l'enfant. Ventre affaissé de l'obèse, ventre mou de batracien. Ventre qui vit et souffre sous ma main, reléguant tout le reste à de la littérature. Ventre qui parle au médecin averti, autant que le regard et mieux que la parole. Ventres que j'ai palpés sans gêne ni équivoque et qui m'ont rendu en cadeau leur souplesse apprise sous ma main.

Cette jeune et belle femme brune vient me consulter pour asthénie, ce qui veut dire fatigue en langage médical. Elle a déjà consulté trois ou quatre de mes confrères. Rien ne stimule davantage un médecin que les patients qui viennent pour sa réputation. Toujours l'ego.

Comment cette jeune femme rayonnante, maquillée avec classe, au regard vif, timidement séductrice, peut-elle être malade ? C'est sans doute ce qu'avaient dû penser, comme moi, les confrères précédemment consultés. Ils avaient dû conclure à une fatigue psychique comme c'est le cas neuf fois sur dix. Pourtant le flair me souffle de lui palper consciencieusement le ventre. Et c'est bien ce ventre qui me donne la clé du diagnostic. Grave, hélas.

La rate dépasse de deux à trois centimètres la dernière côte. Ferme, indolore. On n'a « pas de rate » à vingt-cinq ans. On ne devrait pas non plus avoir de soucis. Pourtant le visage de cette jeune femme porte la vraie angoisse, celle qu'il faut décrypter. Pas l'angoisse existentielle qui se révèle par bouffées chez tout le monde avec des variations quotidiennes. Pas l'angoisse d'avoir une maladie. Non l'angoisse de celui qui sait qu'il a une maladie et qui en attend anxieusement la confirmation. C'est ce visage qui m'indique de chercher encore. Allons maintenant voir du côté des ganglions…

J'en trouve, de très peu perceptibles sous les aisselles, et d'autres, un peu plus palpables, dans le cou. C'était un lymphosarcome.

Cinquante pour cent de guérison à cette époque. Traitement lourd et sévère entrepris immédiatement avec autorité. Le mari fut le plus difficile à convaincre. Cela fait quinze ans. Elle est toujours vivante, ses enfants ont grandi, sa fille doit être timidement séductrice.

Des fois c'est bon d'être médecin.

Cet enfant de sept ans avait mal au ventre. Le mal de ventre chez l'enfant est un véritable casse-tête médical, car il peut cacher mille maladies dont heureusement très peu sont graves. On recherche l'appendicite qui est rare à cet âge ; les diagnostics en sont toujours abusifs, conduisant à d'inutiles opérations qui font la fortune des chirurgiens et la misère de la Sécu.

En dehors du mal de ventre « diplomatique » qui évite d'avoir à affronter une école ou un maître redoutables, il y a d'autres causes. L'une d'entre elles, très fréquente et souvent ignorée, est la migraine. Les parents n'y croient jamais. Comment expliquer à des parents que la migraine est une maladie générale, parfois familiale, qui touche le corps entier et qui se manifeste souvent, avant la puberté, par des maux de ventre. S'il y a des antécédents de migraine dans la famille, on peut être presque certain du diagnostic et rassurer tout le monde. Même si personne n'y croit.

Plus rare est la crise de colique néphrétique, on arrive trop tard quand l'enfant n'a plus mal, mais on devine, en l'écoutant bien, qu'il devait souffrir horriblement.

Paul avait très mal, mais personne n'en tenait sérieusement compte. Paul était fantaisiste et turbulent. Il avait mauvais caractère et il était menteur. C'était du moins ce qu'on se plaisait à répéter sur lui. Pourquoi ai-je pensé qu'il fallait prendre au sérieux cet enfant mal-aimé ?

Palpons donc doucement ce ventre d'enfant souple redevenu indolore. Paul n'a effectivement plus mal nulle part. Pourtant les mains qui palpent délicatement, une dessus et une dessous, dans le creux lombaire perçoivent une différence entre le côté droit et le côté gauche. Pourquoi pas un rein plus gros que l'autre ? Oui pourquoi pas ?

On a trouvé à Paul une malformation urinaire de naissance qui avait donné des tas de crises de colique néphrétique jamais prises au sérieux ; le rein s'était dilaté, déformé ; il aurait sans doute fini par se détruire.

Je suis fichtrement moyenâgeux. En médecin d'antan, j'aime bien quand la main est plus efficace que la radiographie ou le scanner.

Paul, opéré, va bien. Il pouvait avoir mauvais caractère après des heures de douleurs et de spasmes qui déformaient son rein ! L'inné, l'acquis, la douleur, le caractère, l'œuf, la poule, voilà de quoi disserter longtemps encore.

Le père Moroux était un ancien combattant qui se palpait le ventre lui-même et qui avait l'absolue certitude d'avoir le « foie engorgé ». Ce n'est pas un diagnostic médical, c'est un diagnostic populaire qui pourrait être magistralement converti en des termes aussi barbares que : hépatite, cirrhose, stéatose, lithiase biliaire. Mais mon père Moroux n'avait rien de toutes ces maladies aristocrates. Moroux avait non seulement la certitude d'avoir le foie engorgé, mais sa main le sentait et il prenait ma main pour que je la pose au bon endroit pour sentir moi-même cet engorgement. Mais d'engorgement, nenni, jamais je n'en sentis.

Je fis pratiquer de nombreuses analyses pour m'assurer que le foie fonctionnait bien. Il fonctionnait bien. Je voyais le père Moroux environ une fois par mois et pendant dix ans il a été question de ce foie. Ni médecins ni sorciers ne pourront jamais lui enlever cet engorgement de la tête et encore moins du foie. Aucune science, jamais, ne pourra lutter contre un ventre qui s'exprime aussi résolument.

Fasse le ciel que son engorgement l'accompagne jusqu'à cent ans aux bons soins gratuits du carnet des anciens combattants, le fameux article 115.

Puisqu'il est question de foie, parlons de la fameuse et indéracinable crise de foie si connue dans nos campagnes et dans nos cités. Tentons une leçon d'éducation sanitaire pour dire que la crise de foie est une crise de migraine.

Encore elle, cette ubiquiste migraine.

Je doute cependant de parvenir à innocenter le foie coupable de tant de maux dans l'inconscient médical populaire. J'ignore si mes confrères sont plus persuasifs que moi, mais pour ma part j'ai renoncé à convaincre mes patients que la crise de foie ne venait pas du foie. Alors, je la soigne tant bien que mal, cette crise ; je glisse subrepticement quelques médicaments antimigraineux, mais en faisant bien attention de ne pas me faire piéger, car on me prendrait pour un incompétent qui soigne la tête quand le foie est malade.

— Docteur, vous avez bien marqué le médicament pour mon foie ?

— Oh ! pardon, j'allais oublier.

J'ajoute alors une nouvelle poudre de perlimpinpin sans danger qui fera au moins le bonheur de son fabricant. La médecine, c'est un commerce, et les clients, ça se « soigne » même quand on ne les soigne pas !

Alors par fatigue et par dépit, le corps médical maintient la « crise de foie » dans son statut et entretient, lui aussi, l'obscurantisme.

Qui sait si un jour quelque chercheur ne va pas finir par prouver que le foie participe à cette « crise », redonnant raison au peuple ? J'aurai alors l'air stupide avec mon petit cours d'éducation sanitaire et je devrai rendre un nouvel hommage au bon sens populaire qui sera définitivement mon maître à penser.

Comment parler de ventre sans évoquer le plus superbe, celui de la femme enceinte. Arboré comme un étendard, il impose à tous le respect et donne presque tous les droits à sa propriétaire. Dans ces époques troubles où les médias se plaisent à répéter que les valeurs essentielles s'en vont (sans vraiment préciser ce que sont les valeurs et comment elles s'en vont), rien n'est plus rassérénant que le ventre d'une femme enceinte.

La main rodée y perçoit avec précision le bord supérieur de l'utérus et peut en mesurer la hauteur au centimètre près. Ce muscle tendu, ferme et fin n'empêche pas la main palpante de deviner les formes de l'enfant dont on sent parfaitement l'épaule. Parfois, le fœtus répond à la main, il bouge le pied ou l'épaule qui viennent déformer le ventre de leurs bosses rampantes. La mère réagit, le médecin a perçu lui aussi. Tous deux savent à cet instant que c'est vrai. La vie est bien là. Miracle de l'évolution, miracle ancien, miracle répété, mais miracle toujours.

Chaque grossesse et chaque accouchement est un épisode unique que les femmes se racontent de grand-mère à mère et de mère à fille. On avertit les naïves parturientes de la douleur qui les attend, incontournable, biblique. Les histoires de grossesse appartiennent aussi structurellement au patrimoine culturel féminin que les histoires de chasse ou de bataillon au patrimoine masculin. Les hommes, machistes ou non, sont bien obligés de reconnaître que leurs anecdotes les plus colorées, même celles du front de 14-18, sont bien mièvres comparées à ces grossesses somptueuses, à ces travaux pharaoniques, à ces accouchements haletants, et à leurs dénouements victorieux pour la vie.

Les médecins ne peuvent pas raconter des histoires de grossesse avec le même brio, ou bien ce sont encore des « histoires de chasse » sanglantes, tristes. Il m'en revient des tas surtout de ma période africaine, des enfants mort-nés, des bras pendant entre les jambes de la mère, des fœtus qu'il fallait découper pour délivrer la parturiente, des pires encore que je garde pour d'improbables soirées de médecins chasseurs.

Voici la plus belle.

La plus incroyable, la plus vraie, la plus invraisemblable. Le fleuron de mes histoires. La honte de la médecine et de sa faculté.

Rose Dalband était stérile, elle avait trente-cinq ans.

Rose n'avait jamais « vu ses règles », en langue médicale on dit « aménorrhée primaire ». Elle avait aussi une surcharge pondérale, c'est la façon médicale de dire qu'elle était grosse sans être obèse, charnue sans être pulpeuse.

Quand une fille de la Provence et du soleil ne voit pas ses règles, ses parents consultent tous les spécialistes de la terre humaine, c'est-à-dire Marseille, Nice et même Montpellier ; ils vont même parfois jusqu'à consulter ceux de la terre inhumaine : Lyon, Grenoble et même Paris où il y a aussi de grands savants même s'ils sont moins connus que ceux de Marseille. Et tous les spécialistes avaient fait le même diagnostic et le même pronostic. C'était sans espoir.

Le plus péremptoire avait été le plus connu, endocrinologue depuis trois générations, titulaire de la chaire de père en fils, une espèce de « charge » scientifique familiale, une réalité avec laquelle on ne plaisante pas. Sans espoir.

Sans espoir de voir un jour les règles, sans espoir de porter un jour un enfant ; bref une espèce de vie sans espoir de vie. Juste une vie avec sa coupable obésité à blottir et à cacher dans les bras de son mari déçu. Son mari, Serge, avait bien le pastis pour oublier un peu son infortune, mais on a beau dire et beau faire, des litres de pastis, même très bien supportés, ça ne remplace pas les larmes d'un miston. Alors Serge et Rose avaient fait une croix sur la procréation, une croix définitive qu'ils portaient avec tous les membres de leurs familles respectives.

Lorsque j'ai connu Rose, elle m'a expliqué son histoire simplement, elle m'a dit qu'elle n'était pas comme les autres, qu'elle n'aurait jamais de règles, qu'elle ne serait jamais une femme. J'ai noté en majuscules cet antécédent majeur sur sa fiche. Point.

Rien à rajouter puisque toutes les facultés avaient scellé le diagnostic, ce n'est pas un généraliste rural qui pouvait changer une virgule à la prédication. A moi comme à mes patients, on avait appris à ne pas plaisanter avec l'avis de la faculté. A cette époque, je ne plaisantais pas. Aujourd'hui, je ne plaisante toujours pas, je galèje tout au plus.

Je voyais Rose de temps à autre pour son acné, son obésité, ses grippes, ses angoisses, ses céphalées, les petites misères du quotidien qui n'engagent ni le patient ni le médecin et qui permettent de nouer le dialogue : « non, la vie n'est pas toujours un long fleuve tranquille », « les petites misères nous prouvent que l'on est bien vivant », « n'allons pas nous plaindre, ça pourrait être bien pire ».

Jamais on n'osait aborder le vrai problème. L'unique problème.

De temps à autre, il fallait bien faire un frottis vaginal, j'en profitais pour demander discrètement si... Non, toujours rien, toujours pas de règles et déjà trente-cinq ans dont dix ans de vie de fillette et vingt-cinq ans de vie de non-femme. Un homme, même médecin, ne peut pas comprendre.

Survient une épidémie de gastro-entérite. Je n'avais pas vu Rose depuis plusieurs mois. Elle m'appelle pour sa diarrhée. Gastro-entérite comme les autres, elle avait mangé des moules crues, ça ne pardonne pas. Rose avait grossi encore, elle vomissait, elle était inquiète ; sa gastro-entérite était un peu plus « forte » que les autres. J'ai fait ce jour-là un examen sommaire, tension, palpation rapide du ventre qui était souple, pas de péritonite, pas d'appendicite, donc pas de souci. Rose avait encore grossi. J'en profite pour lui faire une cordiale remontrance pour le régime et pour les moules crues.

— Si ça ne passe pas dans deux jours, venez me voir.

Deux jours après c'était passé, tout allait bien. J'oublie Rose et ses vomissements. Quatre mois plus tard, Rose vient en consultation, elle est bizarre, elle ne va pas bien, elle paraît inquiète, elle a encore grossi. J'ai le temps, je l'interroge. Elle ne sait pas ce qui lui arrive, elle a le ventre tendu, elle a des spasmes, elle se sent toujours un peu patraque. Son mari trouve aussi qu'elle a trop grossi, qu'elle est différente.

J'ose encore une fois poser la cruelle question... Non, toujours rien, toujours pas de règles.

— Bon, eh bien on va le regarder, ce ventre, on va tout regarder pour voir ce qui ne va pas, déshabillez-vous.

— Vous croyez, docteur, que ça peut être grave ?
— Je ne crois rien, on va regarder.
— Vous croyez, docteur ?
— Déshabillez-vous.

Rose a vraiment grossi, cette fois, elle n'est plus en surcharge, elle est franchement obèse, la séance de déshabillage révèle cette gêne. Rose s'allonge.

Est-ce possible ?

Un ventre d'obèse s'affaisse en position allongée, le ventre de Rose continue à pointer fièrement en direction du ciel. J'ose toucher. Oui, j'ose, mais j'ai déjà la bouche sèche. Je touche.

Est-ce possible ?

Ce ventre tendu, cette consistance, ce bord supérieur de l'utérus. Non, ça ne peut pas être ça.

— C'est grave, docteur ?
— Attendez que je vous examine, enlevez votre culotte, je dois vous faire un toucher vaginal.
— Pourquoi, docteur, qu'est-ce qu'il y a ?
— Ne soyez pas anxieuse, arrêtez de me poser tant de questions, attendez, je vais tout vous expliquer, mais avant, je dois être absolument certain.

C'est incroyable, je n'en crois pas mes mains, l'une dans le vagin sent ce col de l'utérus à la consistance si caractéristique, l'autre palpe le bord supérieur de l'utérus à travers le ventre. Mes deux mains communiquent en secouant alternativement cette masse compacte. Entre ces deux mains, c'est bien cette consistance qui ne peut pas tromper un médecin qui a des centaines de grossesses et d'accouchements à son actif.

Non ce n'est pas possible.

Ma plus sidérante surprise après quinze ans de métier.

— Mais enfin, docteur, dites-moi ce qu'il y a.
— Ecoutez, Rose, si vous n'avez pas un monstrueux fibrome de l'utérus, vous êtes enceinte et bien enceinte.

Tout ce qui suit est relaté à la virgule près.

— Docteur, arrêtez de vous moquer.

— Mais, je ne me moque pas, madame, je vous dis que vous êtes enceinte.

— Mais comment pouvez-vous le savoir, docteur, il faut faire des examens, il faut faire une radio (sous-entendu une échographie).

— Mais, Rose, on peut avoir un doute quand c'est au début de la grossesse, mais là, ce n'est pas le début, vous êtes enceinte depuis longtemps.

— Docteur, arrêtez de vous moquer, sinon j'appelle mon mari.

— Alors appelez-le tout de suite pour lui annoncer la bonne nouvelle.

— Non, il ne va pas me croire.

— Bien, écoutez-moi, il faut faire les choses dans l'ordre, nous allons faire une échographie pour confirmer et vous montrer votre bébé, après vous pourrez expliquer à votre mari sans l'ombre d'un doute.

— Mais, docteur, vous savez que ce n'est pas possible.

— Ecoutez, Rose, depuis aujourd'hui, je sais qu'en médecine, rien n'est jamais impossible, et qu'il ne faut jamais dire « jamais ».

— Docteur, je vous fais confiance d'habitude, mais là...

Rose ne pouvait pas et ne voulait pas y croire, c'était contraire à l'avis de la faculté de Marseille, mais je voyais bien qu'un petit doute, un petit espoir commençait à s'installer en elle. Son visage inquiet devenait rayonnant, elle devait avoir au fond d'elle-même l'ombre d'un espoir conféré par la vie qui s'était introduite en elle. A son insu. Cela faisait surface petit à petit, le miracle devenait possible.

— Mais comment je vais expliquer ça à mon mari ?

— Comme une bonne nouvelle.

Il devait être environ trois heures de l'après-midi, tout est allé très vite ensuite, j'avais prévenu l'échographiste que je lui envoyais un cas historique et qu'il n'avait qu'à confirmer une grossesse évaluée à sept mois. Je n'avais même pas osé dire à Rose que j'étais absolument certain qu'elle était enceinte de plus de six mois. Je n'avais pas osé lui dire que je ne comprenais pas pourquoi ni elle ni son mari n'avaient rien remarqué. En fait, ils ne pouvaient rien remarquer car ils étaient conditionnés depuis longtemps à ne pas pouvoir remarquer une telle chose.

Le bébé n'avait pas bougé lors de mon examen, mais en interrogeant Rose, j'ai réussi à la convaincre qu'elle l'avait déjà senti bouger.

— Vous souvenez-vous, lorsque je vous ai vue, il y a quelques mois, pour vos vomissements ?

— Ah oui, docteur, ça me revient.

— Eh bien, je suis absolument certain que c'était dû à votre grossesse, mais je ne vous ai pas bien examinée ; si je l'avais fait, nous le saurions depuis ce jour.

— Mais j'avais bien mangé des moules crues, et puis, vous ne pouviez pas vous douter, docteur.

Mon dieu, que les patients vous pardonnent facilement toutes vos négligences. C'est vrai, je ne pouvais vraiment pas me douter, mais j'aurais dû l'examiner tout de même.

L'histoire n'est pas finie. Rose est rentrée chez elle, elle a appelé son mari au travail pour lui dire qu'elle devait aller passer une échographie en ville, mais que j'étais déjà certain qu'elle était enceinte.

Le mari me téléphone immédiatement en me menaçant de me casser la figure si je continuais à me moquer d'eux. Je me fâche gentiment, je lui demande de descendre sa femme en ville pour passer l'échographie, je les verrai tous les deux ensuite pour les formalités administratives.

— Si c'est pas vrai, docteur, je vous casse la figure.

Décidément, la joie, le pastis, le soleil, le miracle possible, l'erreur possible, tout devait contribuer à ce que je doive m'affronter violemment à ce père impromptu !

C'était pourtant bien vrai.

Pendant l'échographie, le bébé a bougé, ils l'ont vu tous les deux, la grossesse était de sept mois, elle est bien arrivée à terme. Deux mois plus tard naissait Victoire, une magnifique fillette de trois kilos quatre cents.

Il n'était plus question de me casser la figure, j'étais le meilleur médecin du monde. J'ai soigné la fillette jusqu'à mon départ cinq ans plus tard. Les parents continuent à me porter aux nues. Pourtant, je n'ai jamais rien fait d'extraordinaire pour eux.

Le ciel peut-être, mais pas moi.

Victoire va toujours bien, c'est une belle adolescente, j'espère qu'elle a ses règles.

Bonne chance, Victoire. Merci pour la leçon d'humilité.

Une méchante blague court parmi les médecins : « Si tu es manuel, choisis la chirurgie, si tu es intellectuel, choisis la médecine, si tu n'es ni l'un ni l'autre, choisis l'obstétrique. »

Les obstétriciens s'en amusent sans vexation, conscients de la chance qu'ils ont de faire ce métier. Côtoyer des couples qui guettent l'arrivée de leur progéniture, consécration de leur amour, garantie de leur survie, est quelque chose de tonifiant. Accompagner le ventre rond de la femme jusqu'à l'accouchement, écouter les bruits du cœur de l'enfant, percevoir les mouvements fœtaux, sont des plaisirs inépuisables.

J'ai eu l'occasion de pratiquer de nombreux accouchements en Afrique et en France et je regrette beaucoup que cette partie de la médecine soit à son tour complètement abandonnée par les médecins généralistes.

Cela tient au fait que l'obstétrique est une science qui a fait des progrès considérables grâce à l'échographie, à l'amniocentèse et à l'anesthésie péridurale entre autres. Ces merveilleux outils ne doivent être confiés qu'à des spécialistes confirmés. Hélas, comme souvent, l'homme, patient ou médecin, abuse de ces jouets technologiques et en fait une utilisation stupide, voire dangereuse.

Mme Cartier est enceinte.

C'est sa première grossesse, je lui ai confirmé la bonne nouvelle la semaine dernière. Une grossesse de six semaines. Huit semaines d'aménorrhée dans le langage scientifique.

— Bonjour, madame Cartier, déjà de retour ? Mais je vous ai vue il n'y a pas si longtemps.

— Voilà, docteur, je dois vous avouer que je suis allée voir le gynécologue, car je voulais vraiment être sûre. Vous comprenez, c'est ma première grossesse, je suis si impatiente, si excitée.

Cela ne m'étonne déjà plus. Ce genre de comportement est de plus en plus fréquent au début de ces années quatre-vingt, même à la campagne. Mme Cartier, elle, est vite revenue me voir pour avouer cette petite incartade. Elle a l'air très inquiet.

— Si cela peut vous rassurer, vous avez bien fait. Deux avis valent mieux qu'un, dis-je, pour preuve de mon pardon, et pour la détendre.

— Mais il m'a dit qu'il n'était pas vraiment certain que le bébé est vivant.

— Qu'est-ce que vous me dites là ? crié-je, stupéfait. D'abord, ce n'est pas un bébé mais un embryon, et à six semaines, je me demande bien comment il peut savoir cela, surtout si vous ne saignez pas. Est-ce que vous saignez ?

— Non, mais il a regardé avec l'échographie et il ne l'a pas vu bouger. Il n'a pas, non plus, bien pu observer le cœur.

J'ai envie de hurler. Je serre mes poings. Mais je me retiens, car les patients n'ont pas à être témoins des querelles entre médecins. Ils sont déjà le jouet de leur technologie.

— Mais, madame Cartier, à cet âge de la grossesse, on ne peut pas connaître l'état de l'embryon. Il est dans votre ventre. Vous n'avez pas mal, vous ne saignez pas, vous allez bien. Cela suffit. Il faut attendre encore pour faire une échographie plus précise.

— Vous êtes certain, docteur ? Je suis si inquiète.

Dans ces cas-là, j'avais une habitude qui ne m'a toujours pas quitté. Je prenais le téléphone pour parler au spécialiste devant la patiente afin de faire la part des choses entre les dires parfois affabulateurs du patient et les vérités scientifiques peu expliquées par le spécialiste et mal comprises par le patient.

Le gynécologue me confirme les propos de notre patiente, mais il insiste sur le fait que cela est évidemment normal à cet âge de la grossesse. Je lui demande de confirmer la deuxième partie de la phrase directement à la patiente. Elle se calme un peu. Elle semble rassurée par l'accord entre les deux médecines : l'ancienne et la moderne, celle des mains et celle des machines, celle du bon sens et celle de la technique.

Mais pourquoi donc avoir fait une échographie ?

Les spécialistes, sous la pression des patients, fascinés par leur nouveau jouet, pour se faire la main, pour justifier leur prestation d'un niveau supérieur, pratiquaient alors beaucoup trop d'échographies dont la plus-value diagnostique était faible, mais qui généraient des angoisses insoupçonnées. Le bilan en était globalement négatif. Mais il n'est jamais possible d'arrêter le progrès en marche.

Une échographie juste pour confirmer une grossesse est un abus de prescription. Abusives également, chez des jeunes femmes, les amniocentèses génératrices d'angoisses inutiles.

Je redoute le jour où l'on fera des amniocentèses systématiques à toutes les gestantes avec une interprétation des résultats débouchant sur d'impossibles prises de décision.

J'ai souvent dû expliquer à des patientes que la grossesse n'était pas une maladie. Fort heureusement, la plupart d'entre elles en avaient une parfaite conscience, mais certaines avaient déjà été « dévoyées » par la force persuasive du système médical. Aujourd'hui, les parturientes réclament à juste titre l'anesthésie péridurale, mais sa logistique de mise en place dans des hôpitaux avec pénurie d'anesthésistes est fort complexe, et curieusement les résultats sur la douleur sont très diversement appréciés.

Ne risque-t-on pas non plus de généraliser la pratique du déclenchement de l'accouchement ? Cette pratique normative a de très rares indications médicales. Elle a bien plus d'indications pour les médecins, car les enfants naissent de moins en moins la nuit et le dimanche !

Imaginons l'inconsistance d'une société sans enfants de la nuit.

Une société de Sapiens tous nés sur commande, échographiés, amniocentésés, programmés, éduqués, surdiplômés, normalisés. Devenus adultes, ils inventeraient l'« amniocentèse préventive » par prélèvements d'ovaires et de testicules avant la procréation. J'ai peur.

Vite, un ventre à toucher !

Je ne sais pas si tous les progrès auraient pu éviter la triste histoire de Mme Lucenet. Jeune femme dynamique qui avait eu un premier enfant, dix ans auparavant, d'un mariage malheureux avec un homme violent, elle s'était remariée avec un homme si prévenant qu'elle le définissait elle-même comme étant à l'opposé de son « ex ». Le bonheur en quelque sorte. Mais elle avait dû attendre six ans avant de « retomber enceinte », comme elle disait.

Voilà pourtant la grossesse tant attendue, tout se passe bien jusqu'au cinquième mois où l'on dépiste un diabète gestationnel. Cela n'est pas si grave, mais nécessite une surveillance rigoureuse des taux de sucre dans le sang. Trop de sucre, c'est mauvais pour la mère, ça risque de faire un trop gros bébé avec des problèmes à la naissance et dans l'enfance. Pas assez de sucre, ça risque de tuer le fœtus. Je confiai Mme Lucenet au spécialiste d'une clinique de la ville voisine.

Avant la floraison des spécialistes et des machines, la prise en charge était assurée par le seul médecin traitant. Cette prise en charge était certes relativement empirique en raison du peu d'avancement des techniques, mais elle était totale et souvent avisée. Elle satisfaisait le plus souvent les patients. C'était ce que j'appelle le « soin de base »

Aujourd'hui le corps des patients est dilué dans des spécialités de plus en plus nombreuses. Il y a probablement un gain dans la précision, mais une perte dans la prise en charge. On peut parler de « nomadisme médical » des patients. Ils se retrouvent souvent seuls avec leur maladie ou leurs symptômes, perdus dans le labyrinthe d'un système de soins dérégulé.

C'est l'absence de véritable prise en charge de Mme Lucenet qui a causé le drame. Je l'avais adressée au spécialiste qui m'avait fait une grande lettre en m'expliquant ce qu'il comptait faire. J'étais confiant et je me déchargeais partiellement de ce souci. Mais comme le spécialiste connaissait mon implication habituelle dans les accouchements, il comptait sur moi pour une surveillance accrue de Mme Lucenet. Lui aussi se sentait sans doute partiellement déchargé.

Echographies et prises de sang étaient faites régulièrement, toutes rassurantes. L'insuline maintenait une glycémie correcte. Mais il fallait surveiller Mme Lucenet qui travaillait parfois trop et qui fit deux ou trois petites hypoglycémies. J'aurais dû être plus ferme, j'aurais dû exiger l'hospitalisation en fin de grossesse pour empêcher les redoutables hypoglycémies. Le spécialiste comptait sur ma surveillance. Je comptais sur la sienne.

Nous étions en pleine épidémie de grippe. L'enfer des visites à domicile. Mme Lucenet m'appelle en fin d'après-midi, inquiète. Elle était enceinte de huit mois. J'arrive assez tard.

— Docteur, je me sens fatiguée, j'ai peur pour le petit, j'ai peur pour l'accouchement.

Ce n'était pas le genre de Mme Lucenet d'avoir peur de quelque chose.

— Allongez-vous, je vais le regarder, ce bébé, dis-je faussement désinvolte.

Je crois aujourd'hui que ce n'est pas en examinant le ventre de Mme Lucenet que j'ai fait le diagnostic, mais en observant ses yeux, en observant son angoisse. Son regard semblait déjà pointé vers un autre avenir à reconstruire, son regard résigné mais pas apeuré.

Le stéthoscope posé sur le ventre ne percevait aucun des bruits du cœur si caractéristiques du fœtus à cet âge. La main ne réveillait rien, le col de l'utérus était fermé mais n'avait pas sa consistance de formidable verrou musculaire.

Je savais que le bébé était mort.

Mme Lucenet devait le savoir aussi. Elle était sans doute plus experte que moi pour lire dans les yeux. Le médecin décrypte les regards, mais il se sert aussi de ses mains et de ses oreilles, Mme Lucenet ne pouvait se concentrer que sur la lecture de mes yeux car mes mots allaient mentir.

— Je pense qu'il y a un petit problème, il faudrait descendre à la clinique sans trop tarder.

— C'est le bébé qui n'est pas bien, docteur ?...

— Je pense que ça pourra peut-être aller, mais il faudrait faire vite.

Ce n'était plus pour le fœtus que je voulais faire vite, mais pour la mère. Il ne fallait pas laisser un corps mort dans un corps vivant, ça pouvait faire des complications infectieuses graves. Mais je n'eus pas le courage de dire que le bébé était mort. Sans doute parce que je m'en sentais coupable. Il me semblait que c'était dû à ma négligence, à mon abandon, au refus d'une prise en charge réelle.

Le bébé de Mme Lucenet était la première victime du nouveau système, mon système, de ma fatigue peut-être.

Son bébé fut extrait deux heures plus tard, gros pour un fœtus de huit mois, déjà plus de trois kilos, un visage très beau, très détendu. On ne doit pas souffrir, on ne doit pas avoir peur quand on meurt dans le ventre de sa mère. A l'endroit même où l'on a été conçu.

En faisant l'économie de toute une vie.

Le soir j'avais la grippe moi aussi. Trente-neuf degrés et cinq dixièmes, ma première vraie grippe, deux jours au lit. Je ne pense pas que c'est seulement le virus influenza qui me l'a donnée.

Pardon, madame Lucenet. J'espère que votre ventre pourra encore porter la vie.

Une seule fois dans toute ma carrière, je suis directement intervenu auprès d'une famille et de l'Ordre des médecins pour témoigner contre un confrère. C'était encore une histoire de ventre.

Dans un village voisin, à quelques kilomètres du mien, s'était installé un an ou deux auparavant un charlatan connu qui prétendait être cancérologue et que je vais appeler le docteur X par respect pour les patients qui l'ont consulté. Le docteur X avait écrit quelques années auparavant un livre où il expliquait ses méthodes ésotériques et où il vantait évidemment ses nombreux succès. Il était connu de l'Ordre des médecins, et avait changé plusieurs fois de région, probablement à la suite de mésaventures identiques à celle qui suit.

Il utilisait des méthodes pseudo-scientifiques et des analyses farfelues. Décryptage informatique obscur du dosage de tous les oligo-éléments. Equations complexes sur les mensurations. Age du capitaine. Il utilisait également des traitements à base de bols d'air de Provence – véridique — et aussi des sérums divers importés de Suisse — comme par hasard — et coûtant très cher — comme par hasard également. Le docteur X dépistait et traitait des cancers qu'il guérissait.

Heureusement, la plupart des patients continuaient à suivre leurs traitements officiels et ne faisaient appel à ses services que pour le complément mystique dont ils avaient besoin. La plupart des cancérologues sont assez ouverts à ces traitements parallèles qu'ils considèrent comme un « plus » pour le moral de leurs patients.

Cela permettait au docteur X en cas de réussite de s'attribuer la victoire, et en cas d'échec, de reprocher à ses patients de ne pas lui avoir accordé une confiance assez aveugle. Le discours était bien rodé, le personnage assez séducteur. Comme toujours quelques gogos mordaient à l'hameçon, très peu en réalité, mais suffisamment pour faire vivre grassement le docteur X en raison du coût élevé de ses prestations, probablement non déclarées, puisque non remboursables par la Sécu. Véritable hérésie de notre système, un médicament ou un médecin qui sortent du champ du remboursement par les organismes sociaux ne subissent, de ce seul fait, aucun contrôle. En France, on contrôle les saucissons et les conserves, mais pas les médicaments non remboursés. On contrôle l'hygiène des cuisines et des restaurants, mais pas celle des cabinets médicaux. On contrôle les installations électriques mais pas les analyses non remboursées.

Conclusion simple pour les charlatans : faire payer cher et se mettre en dehors de toute convention. Ce lien fréquent entre, d'une part, la bonne qualité et les prix bas, et, d'autre part, la mauvaise qualité et les prix hauts est une spécificité médicale. Véritablement antinomique dans une société de libre marché, ce lien découle du contrôle assez totalitaire de la médecine par les organismes sociaux chargés du remboursement. Sans aucun contrôle qualitatif des soins.

Ni moi ni mes confrères ne faisions beaucoup de cas de la présence de l'étrange docteur X dans les parages tant qu'il ne mettait pas en danger nos patients. Quelques-uns d'entre eux sont allés le voir une ou deux fois par curiosité, la plupart ont abandonné très vite. Je suspectais même personnellement le docteur X de guérir des cancers qui n'existaient pas et j'en eus la preuve d'une façon qu'il m'est encore douloureux de raconter.

Un dimanche de garde

Je suis appelé au chevet d'une patiente inconnue. Il s'agit d'une jeune femme de trente-six ans, mère de deux enfants et soignée pour un cancer du sein par le susdit charlatan. La famille me raconte que cette personne est complètement à la merci du docteur X qui la soigne depuis plusieurs mois, et lui interdit de consulter un quelconque autre médecin. Ils ne m'appellent pas pour son problème de sein, mais parce que, depuis quelques jours, elle souffre terriblement du ventre et que le docteur X ne s'en émeut pas. La patiente vient enfin d'accepter après de violentes discussions que l'on fasse intervenir le médecin de garde.

Je découvre une patiente alitée, prostrée et en mauvais état général apparent. Je lui demande si elle urine bien et je découvre avec effroi qu'elle était en anurie (absence d'urines) depuis plus de vingt-quatre heures. Elle n'allait pas non plus à la selle. Je commence par examiner son ventre.

J'en reste stupéfait.

N'importe quel étudiant en deuxième ou troisième année de médecine aurait immédiatement diagnostiqué le « ventre de bois » de la péritonite. Je n'en avais plus vu comme celui-ci depuis mes séjours en Afrique riches en véritables « histoires de chasse » médicales. Le diagnostic de péritonite avancée était évident, la tension était très basse. J'informe la famille de la gravité du cas, pronostic redoutable, moins d'une chance sur deux de survie. Je fais appeler une ambulance pour hospitalisation d'urgence. J'ignore encore la cause première de cette péritonite, mais il doit fort probablement s'agir d'une appendicite banale, maladie qui ne doit pas être dans le champ d'activité du docteur X.

La patiente est morte exactement vingt heures plus tard à l'hôpital. J'ai insisté pour que soient pratiquées une autopsie et des biopsies des deux seins. Elle était bien morte d'une péritonite appendiculaire.

Elle n'avait pas de cancer du sein.

Elle laissait deux enfants.

Ma colère a été forte. La famille a commencé à porter plainte contre le docteur X. Je l'ai soutenue. L'Ordre des médecins a été informé. Puis progressivement, la famille a abandonné ses plaintes devant la complexité judiciaire et le coût de cette action en temps et en argent. Ils m'ont dit que le docteur X avait été consulté librement par la patiente et résolument choisi par elle. Ils ne voulaient pas ternir l'image de cette mère auprès de ses enfants. Ils avaient raison.

Quelque temps après, le docteur X a quitté le village pour

aller sévir ailleurs. La campagne française est riche en villages.
Ilots d'indulgence sur la route de l'impunité.

M. Lornant était facteur. Noble métier. Il marchait tous les jours de boîte en boîte en transportant des kilos de papier. On croyait que l'informatique supprimerait le papier. Encore un pronostic socio-économique raté. Plus l'information se numérise, plus la sacoche du facteur est lourde.

Pour M. Lornant, non seulement il y avait plus de papier, mais le papier lui paraissait de plus en plus lourd. Il s'essouffle vite. Il vient m'en parler. Je lui découvre un important trouble du rythme cardiaque nécessitant une hospitalisation en cardiologie.

A l'hôpital, on lui fait le grand jeu : électrocardiographie, échographie, coronarographie, scintigraphie. On finit par lui poser un pacemaker après confirmation du trouble du rythme.

Le jour de sa sortie, il m'appelle pour me remettre le courrier du cardiologue. Je lui demande de me l'envoyer, mais il insiste pour me voir, car il ne se sent pas très bien. Je lis le compte rendu très détaillé des examens et des résultats, de la pose chirurgicale du pacemaker, de son réglage électronique minutieux. Bref, pour le cœur tout est parfait, rien à dire, rien à rajouter. Devoir accompli, le patient peut rentrer chez lui. Pourtant M. Lornant, qui n'est pas du genre à se plaindre, n'est pas satisfait du résultat car il se sent encore plus essoufflé qu'avant.

— Mais pourquoi ne l'avez-vous pas dit au cardiologue pendant que vous étiez à l'hôpital ?

— Je l'ai dit, mais il m'a dit de ne pas m'inquiéter, que tout allait bien

Je décide alors de l'examiner, mais sans conviction, puisque l'hôpital n'avait rien trouvé de plus, que trouverais-je ?

Le cœur, les poumons, la tension, etc. Mais j'examine aussi le ventre. Ce fameux ventre qu'il ne faut pas oublier.

Une fois de plus, je n'en crois pas mes yeux. M. Lornant avait un ventre énorme plein de liquide. En examinant attentivement, je constate que ce liquide semble être en réalité une vessie dilatée. Comment cela est-il possible ? Il me confirme que depuis quelques jours, il n'urine pas très bien, mais il pensait que c'était à cause de l'hospitalisation, et ça ne le dérangeait pas trop.

Réhospitalisation immédiate à la clinique voisine pour faire un sondage urinaire. Incroyable, M. Lornant avait cinq litres d'urine dans la vessie. Habituellement la capacité est d'environ un tiers de litre. Comment avait-il pu en arriver là ? Comment est-il possible que cela n'ait pas été vu à l'hôpital ? La réalité est que M. Lornant avait auparavant une prostate assez grosse, il a reçu à l'hôpital des médicaments qui ont entraîné une aggravation du blocage urinaire, et pendant les quinze jours de son hospitalisation, personne ne lui a jamais regardé le ventre.

C'était un service de cardiologie, le cœur allait bien.

Un mois plus tard, la prostate et la vessie avaient retrouvé une taille subnormale, M. Lornant n'était plus essoufflé, il urinait bien. C'est beau la médecine quand on soigne le cœur. C'est beau aussi quand on soigne la vessie.

C'est encore plus beau quand on soigne les gens.

5 – Alcools

Rivato.

Je t'appelle Rivato parce que tu es un ivrogne. On ne fait jamais précéder le nom d'un ivrogne de son prénom ou de monsieur. Imagine que je t'appelle Monsieur Rivato ou Georges Rivato, personne ne saurait de qui je parle. Mais lorsque je dis Rivato, je donne le style. Rivato l'ivrogne, Rivato le chauffard, Rivato le danger public, au moins c'est clair.

Les faibles et les fragiles sont souvent nommés seulement par leur nom tout sec et tout nu. Un alcoolique est à la fois faible, fragile, sec et nu.

L'absence du prénom permet de marquer la distance ou la hauteur d'où on les regarde, l'absence du monsieur met une note de familiarité sans cordialité excessive.

Je l'aimais bien, Rivato.

Il était entré un jour dans mon bureau pour me casser la figure. J'avais fait un certificat de coups et blessures à sa femme qu'il venait de tabasser copieusement. C'était très indélicat et très peu amical de ma part de faire à sa concubine un certificat mentionnant une invalidité de huit jours qui risquait de le faire traîner en justice. Alors que sa femme n'avait que ce qu'elle méritait : deux yeux noirs et bouffis, quelques côtes cassées et des contusions éparses. J'aurais dû, par confraternité masculine, la renvoyer chez elle en la montrant du doigt pour avoir osé dénoncer l'innocent Rivato ; j'aurais même pu lui donner quelques coups supplémentaires afin d'apporter mon mâle soutien à Rivato. Non, j'ai lâchement et conventionnellement fait mon petit certificat de scribouillard péteux.

Il a donc fait irruption dans mon bureau sans prévenir alors que j'étais en train de faire un examen gynécologique à une sexagénaire. Cette patiente, en position déjà peu confortable, a été outrée de se trouver ainsi dénudée et vulnérable. Elle, qui sa vie durant, comme dit Brassens, n'avait montré ses organes génitaux qu'à ses hommes et ses docteurs.

Lorsqu'il s'est précipité sur moi pour me frapper, j'ai encore eu la faiblesse de me défendre et je lui ai malencontreusement cassé un doigt. Je ne tire aucune gloire de cette victoire facile, car l'homme, quoique bien charpenté, avait depuis longtemps un cervelet dans un état si pitoyable qu'il lui était impossible de faire un mouvement brutal de la main sans se trouver immédiatement en déséquilibre complet de tout son corps.

Il porta plainte contre moi. La plainte fut jugée irrecevable.

Pauvre Rivato, il commençait à se dire qu'il n'y avait pas de justice en ce pays. Frapper sa femme qui doit savoir pourquoi, ne pas être soutenu par son médecin traitant, puis être battu par ce même bon docteur si complaisant à l'ordinaire, et enfin être débouté par la justice. Non décidément, rien n'était plus comme avant. Misérable Rivato, le monde, d'ordinaire peu stable sous ses pieds, se dérobait encore davantage.

La sexagénaire rapidement rhabillée a alerté toute la salle d'attente, laquelle à son tour a alerté tout le quartier :

— Au secours, on agresse le docteur.

Même les gendarmes sont venus pour cueillir le récidiviste déjà immobilisé par la foule. Il a purgé quinze jours en hôpital psychiatrique fermé.

Le plus savoureux de cette histoire pagnolesque fut la lettre d'excuses qu'il m'envoya depuis sa prison. Il disait avoir bien mérité son doigt cassé, il reconnaissait avoir tapé un peu fort sur sa femme, qui certes le méritait, mais pas à ce point.

Quant à moi j'étais un bon docteur auquel il jurait dévotion et fidélité. Cette lettre de Rivato, splendide, puérile, rédemptrice, appartient désormais à mon trésor personnel. Patrimoine d'humanité.

Rivato inhibé par deux millénaires de maternage et désinhibé par quelques grammes d'alcool. Arcanes des métabolismes et du comportement.

Ce plombier était vraiment très fâché contre moi après avoir lu une lettre où j'avais fait mention de son « intoxication alcoolo-tabagique », terme consacré par l'usage pour informer le confrère spécialiste.

— Ah mais, docteur, comment osez-vous dire que je suis alcoolique ? Je bois, mais je peux m'arrêter quand je veux ; les vrais alcooliques, eux, ne peuvent pas s'arrêter, car ce sont des drogués, eux, et pas moi.

Elémentaire, mon cher docteur, pensais-je tout bas.

— D'ailleurs, je peux le prouver, je vais m'arrêter.

Et il s'est vraiment arrêté. Cela fait au moins quinze ans que ça dure.

Je lui avais collé une étiquette qu'il n'a pas acceptée, ma lettre l'a guéri et sauvé involontairement. Merci, cher plombier, de m'avoir appris qu'il ne faut pas coller comme ça des étiquettes sur les gens sans être vraiment certain. D'ailleurs, pourquoi informer un confrère qui était bien assez grand pour se faire une idée par lui-même ? Les médecins ont toujours tort d'assener des diagnostics péremptoires et abusifs.

Comme si le diagnostic pouvait circonscrire l'homme.

Cet Allemand blond, grand, riche et paranoïaque avait fait fortune en Tanzanie. Puis il avait dû fuir le pays lors des indépendances africaines.

Les indépendances sont certainement la contribution la plus originale aux flux de migrations génétiques des Sapiens. Les colons qui étaient partis diffuser leurs gènes de conquérants sont revenus aux pays avec leurs gènes et leur magot. Les plus hardis des colonisés les ont suivis pour offrir à leur tour leurs gènes aux pays colonisateurs. Ainsi, une spoliation génétique a suivi une spoliation économique, contribuant à aggraver le fossé des différences.

Cet homme avait ramené de Tanzanie assez d'argent pour pouvoir vivre de ses rentes. Il avait également ramené l'habitude coloniale de boire abondamment du whisky.

A l'époque de la médecine coloniale, de nombreux médecins se sont penchés sur le problème du « foie colonial », maladie contractée par les Blancs après quelques années d'Afrique. On croyait avoir trouvé là une nouvelle pathologie riche d'enseignements. Ce n'est qu'après de nombreuses études que l'on s'est finalement aperçu qu'il s'agissait d'une banale cirrhose due aux fâcheuses habitudes alcooliques des colons.

Ce Germanique buvait du whisky jusqu'à la déraison. Il se mettait alors à tout casser jusqu'à ce que sa femme et ses enfants apeurés m'appellent au secours. Un soir, en arrivant, je faillis recevoir une imposante table de cinquante kilos alors qu'elle venait de traverser dans sa course folle une magnifique baie vitrée. Inutile de signifier le peu d'empressement que je mis à affronter le monstre en face. Je parvins cependant à le circonscrire après de nombreux détours syntaxiques et quelques périphrases en attendant les gendarmes et pompiers alertés.

Les policiers, dans ces circonstances, avaient une étrange tendance à penser que le cas relevait de la compétence médicale, alors que les médecins, tout aussi étrangement, estimaient plutôt qu'il relevait des forces de l'ordre. Devoirs, prérogatives et définitions de fonction. Tout un programme politique !

Ce soir-là, une piqûre négociée à force de diplomatie eut raison du mastodonte qui fut mené pompier battant au service des urgences. Un interne zélé le reçut et constata que l'homme promptement dessoulé, grâce à sa robuste nature, allait plutôt bien. Il dut dire pis que pendre de moi à l'interne, lequel dut à son tour prêter une oreille complaisante.

Ne saura-t-on jamais le mal que peuvent faire les oreilles complaisantes ?

La complaisance de l'oreille est une maladie de jeune médecin qui guérit bien vite après la pratique libérale et ses fardeaux quotidiens. Il arrive que cette complaisance de l'oreille guérisse mal chez une petite minorité de ceux qui restent indéfiniment hospitaliers. Je défends toujours l'idée d'un passage obligatoire annuel en cabinet médical libéral et vice versa.

Ce patient rasséréné, réconforté, voulut me faire un procès pour hospitalisation abusive. La plainte fut refusée. Je remercie les procureurs et magistrats français qui sont souvent des gens sensés. Je tremble à l'idée d'une américanisation de la justice où toutes les plaintes seraient acceptables par principe.

J'ai soigné une alcoolique redoutable qui buvait jusqu'au vinaigre et à l'eau de Cologne. Son mari stupide et béat d'amour était la seule personne du village à ne pas connaître le défaut de son épouse qui usait de mille ruses pour se dissimuler afin de ne pas le décevoir.

L'intensité de l'amour et des passions qui entourent la vie des alcooliques est souvent très surprenante. Il ne s'agit pas seulement d'une théâtralisation de l'amour, mais plutôt d'une passion contenue trop longtemps par la personnalité inhibée des alcooliques. Cette inhibition retarde l'expression verbale et physique de l'amour. Quand il arrive enfin à s'exprimer, c'est l'explosion.

Une belle histoire d'amour donc, émouvante même, si elle n'avait fini par donner le jour à un troisième enfant chétif d'un kilo deux cents à terme.

La nature et la médecine assènent parfois des vérités que le romantisme voudrait ignorer.

Mais si les hommes ont pour défaut de fabriquer plus de débiles que les espèces contemporaines, ils ont la vertu de les protéger par la suite, augmentant ainsi la diversité, élément de force dans une population.

La société a protégé cet enfant chétif à force de médecine et d'établissements spécialisés. Il a fini, tant bien que mal, à faire partie du groupe humain avec ses névroses ni mieux ni moins bien contrôlées que la moyenne.

J'aimais cet enfant chétif un peu plus que les autres, pour son innocente fragilité. Je regrette aujourd'hui de ne pas avoir aimé davantage ses parents, d'avoir refusé à ces adultes la circonstance atténuante de leur enfance préalable.

Mme Merenne était une bonne mère et une bonne épouse, douce, efficace, travailleuse. Elle militait à la ligue antialcoolique, elle avait épousé un bon père et un bon époux. Ce bon père avait quelques défauts, il était alcoolique, violent, il trompait sa femme à l'envi. Ils avaient deux beaux enfants.

J'ai dit bon père et bon époux, pouvant laisser supposer que j'ai une conception assez originale du père et de l'époux. Pas du tout. C'était vraiment un bon père qui adorait ses enfants et ne leur aurait pas touché un seul cheveu. Sa violence ne s'adressait pas non plus à sa femme qu'il n'avait jamais battue. Il n'avait que des mots doux pour elle.

Ceux qui battent leur femme et leurs enfants sont des faibles. M. Merenne avait trouvé un autre exutoire pour l'énergie qu'une généreuse nature avait mise en lui. Il avait trouvé un moyen spectaculaire de tromper ses bouffées d'angoisse existentielle.

Ce moyen, c'était la « bordée ».

Certains soirs, il ne rentrait pas, allait dans un bar, mal famé de préférence, buvait plus que de raison, insultait les autres clients, trouvait un adversaire à sa taille, souvent bien plus fort que lui, affichant ainsi un courage et une loyauté hors du commun, et se battait jusqu'à épuisement de l'un des combattants. Il pouvait aussi terminer dans les bras de la femme du vaincu ou d'une prostituée qui pansait ses plaies. Il y a toujours un peu d'amour qui traîne quelque part pour les combattants de la nuit.

C'est généralement les lendemains des ces virées que je le voyais, il était rentré chez lui discrètement au petit matin en ayant pris bien soin d'expurger sa violence jusqu'à la dernière goutte. Sa femme m'appelait à son chevet pour soigner les plaies que la prostituée de passage avait négligées. Je lui ai un jour retiré un hématome de plus d'un litre dans un testicule, suite à un coup de pied. Ensuite, il fallait trouver une solution pour l'employeur qui le verrait absent le matin ; jamais plus d'une demi-journée d'absence, question d'honneur et de respect pour la Sécu. Ah ! chère Sécu, que je voudrais que tu n'aies que des assurés comme M. Merenne, si discret, si délicat.

Sa femme savait. Sa femme comprenait. Sa femme pardonnait. Je ne sais pas s'il m'a été donné de voir un couple plus uni que celui-ci.

— Vous comprenez, docteur, des fois, il se bat, il a tant d'énergie à dépenser ; mais vous savez, il ne m'a jamais touchée, ni moi ni les enfants ; d'ailleurs, je ne lui pardonnerais pas, il sait que je partirais, et il tient tant à moi, disait-elle en caressant tendrement le front de son mari.

Parfois, j'essayais d'en savoir plus, mais invariablement l'épouse fidèle me répondait le meilleur sur lui et sur sa vie. Je la croyais.

Visiblement, les enfants adoraient leur père, ils n'avaient jamais eu de stigmates de quelque sévice et ils étaient épanouis comme des enfants heureux. Cette femme était manifestement amoureuse. Elle avait certainement profité de l'élan vital de son mari qui devait être un amant à la fois vigoureux et attentif au corps de sa femme. Le monstre qui se réveillait certaines nuits laissait le plus souvent sa place à l'homme affectueux du jour et des autres nuits. Il ramenait sa paie à la maison ; sauf l'argent des bordées. Mais le vin et les prostituées d'un soir peuvent-ils vraiment avoir un impact irréversible sur le budget d'une famille heureuse ?

Cette question mérite d'être posée.

Albert Terrail, vigneron provençal, avait bu à lui seul une grande partie de ses récoltes au cours des années. Il avait vendu le reste sous forme de piquette ; nul n'est tenu à l'excellence quand le client est satisfait. Le vin avait fortement endommagé ses neurones et le pastis avait parachevé le travail. Il avait une cirrhose, une polynévrite et l'atteinte irréversible du nerf optique le rendait quasiment aveugle.

Son permis de conduire lui avait été définitivement retiré après deux contrôles à plus de trois grammes par litre. Cela n'était d'ailleurs pas un problème, car il lui restait le tracteur pour lequel aucun permis n'est exigé et qui lui servait désormais de véhicule. Le tracteur avait appris l'itinéraire du bar à la maison, car le soir, il rentrait tout seul. Mais il faut préciser que le tracteur et son chauffeur étant connus dans le village, les automobilistes et piétons qui le croisaient avaient pris l'habitude de lui laisser le passage avec discrétion et amitié.

Albert n'avait encore tué personne avec son tracteur. Par contre, il avait déjà tué un piéton quelques années auparavant avec sa voiture. On devait être moins sévère à cette époque, ou moins contrôler l'alcoolémie, car il n'eut que six mois de prison avec sursis.

Mais, la prison, il connaissait déjà, il avait fait cinq ans pour un crime passionnel au cours d'une bagarre. Il avait tout simplement tué à coups de carabine le mari de son amante. Certaines mauvaises langues racontent que la femme l'avait un peu aidé, mais il ne faut pas croire les mauvaises langues.

En continuant ainsi à remonter dans le passé d'Albert Terrail, on trouve encore çà et là quelques bagarres, quelques nuits au poste, quelques procès de voisins, quelques balles perdues, bref, la banale dérision du quotidien.

Albert a longtemps continué ses errements sur son tracteur, entre deux pastagas, avec sa non-voyance, puis il a fini par devenir un vieillard prématuré.

Le mot de la fin de cette saga d'Albert Terrail surnommé « Bébert », c'est mon ami Arthur le kinési qui l'a eu :

— Finalement, Bébert, c'est un brave gars, il n'a tué que deux personnes.

Véronique était belle, blonde, svelte. Elle était l'unique fille d'une famille moyenne d'employés de la SNCF, elle aurait dû suivre un chemin balisé par la société. Pourquoi Véronique a-t-elle décidé de changer d'itinéraire ?

Chez certaines personnes, l'alcoolisme est si soudain et si compulsif qu'il ne peut être le simple résultat d'un penchant naturel. Nous entrons alors dans le phénomène de la drogue dure où le but recherché est l'évasion à tout prix, véritable équivalent suicidaire. Et l'alcool est bien une drogue dure, classée aujourd'hui par les médecins juste après l'héroïne.

Véronique avait choisi la boisson pour partir à tout prix, quitter cette société où sa place ne semblait pas lui convenir. L'alcoolisme de Véronique n'aurait pu être qu'un drame personnel de plus ; mais hélas, elle avait été frappée par ce mal alors qu'elle avait déjà deux enfants en bas âge, fruits d'un mariage sans amour.

Le mari, peu enclin à jouer les garde-malades, l'avait tout simplement quittée en prétextant l'alcoolisme. Fait étrange, la garde des enfants avait été confiée à la mère. Soit à cette époque la mère était encore largement prioritaire dans la garde des enfants, soit le père n'avait pas vraiment insisté pour les garder. Alors, Véronique s'occupait de ses enfants, seule. Une véritable catastrophe. Ces deux enfants, un garçon et une fille, étaient âgés de quatre et six ans au moment où j'ai eu à intervenir, le plus souvent appelé par des parents ou des voisins.

Chloé, l'aînée, était blonde et belle comme sa mère, mais elle avait déjà les marques de sa déshérence. Les cernes sous les yeux, bien qu'ils participent au visage poupin, étaient cependant dérangeants par leur présence. Le regard commençait à se perdre vers l'observation d'un monde intérieur ou d'un possible monde meilleur. Patrick, le petit garçon, n'avait pas encore de marques très visibles d'abandon, mais il était anormalement calme, trop calme pour un garçon de quatre ans. Il semblait attendre paisiblement la suite de son histoire.

Les enfants n'avaient pas de traces de coups. Je suis presque certain que la mère ne les battait pas, qu'elle ne les disputait pas. Non, elle les laissait simplement à l'abandon. Je n'ai jamais vu une mère aussi insouciante de ses enfants. Je lui en faisais souvent la remarque, et elle me répondait invariablement :

— Il n'a qu'à venir s'en occuper, lui.

Lui, c'était le mari parti sans laisser d'adresse. Souhaitait-elle le faire revenir, en pensant que sa famille donnerait l'alerte sur l'état de ses enfants ? Je ne le pense même pas.

Véronique ne faisait plus aucun calcul, elle buvait, c'est tout. Son corps encore désirable attirait les amants de passage qu'elle faisait payer en monnaie et en alcool. Chaque jour voyait un nouvel amant. Certains voulaient rester, elle n'en voulait pas. Elle avait décidé de tout brûler par les deux bouts. Les enfants étaient là, témoins muets, elle leur donnait à manger quand ils avaient l'air trop abattu, elle les prenait dans les bras quand ils le demandaient. Elle partait en les laissant seuls à la maison et revenait deux ou trois jours plus tard. Ils survivaient, habiles à survivre comme les enfants des favelas brésiliennes, en se servant dans leur frigidaire et celui des bienveillants voisins. Les grands-parents, qui eux aussi avaient abandonné depuis longtemps, passaient parfois en cas d'urgence.

Ma décision, grave, était prise.

Il fallait confier ces deux enfants à la DDASS, et demander une déchéance de paternité et de maternité. Me voilà donc embarqué dans l'un des plus énigmatiques parcours du combattant de ma carrière. Les DDASS sont de nobles institutions qui contiennent plutôt moins d'énarques que la moyenne des administrations, ce qui est à priori une qualité. Comme dans beaucoup d'autres, le dialogue y est remplacé par des formulaires dont toutes les cases doivent êtres remplies. Peu importe l'âme du remplissage. Fi des hésitations devant les questions à réponse binaire, seul le remplissage compte.

Il serait inexact de voir ici une dénonciation assassine du formulaire et de l'administration ; je pense que l'un et l'autre sont indispensables et difficilement remplaçables. Mais il ne faut pas pour autant oublier que la rencontre singulière entre deux êtres vivants, pour régler un problème de survie, est une méthode efficace qui a été éprouvée avec succès depuis environ trois milliards d'années.

Ma démarche n'a pas abouti, je n'ai jamais rencontré le décideur du refus, je n'ai jamais été informé. Ce sont les grands-parents qui m'ont dit que les enfants resteraient près de leur mère avec surveillance régulière d'une assistante sociale. Pourquoi pas ? Cette décision était peut-être la bonne ou la « moins pire ».

Il ne m'est resté qu'un peu de désolation devant la cloison qui sépare le service public du médecin libéral. J'ai pensé au buraliste, au notaire, au pompiste, au commissaire-priseur qui sont aussi des libéraux en relation suivie avec les services publics. Je n'ai pas leur chance. Il faut dire que mon métier ne génère que des dépenses. Nostalgie.

Les enfants de Véronique ont fini par arriver sur le trottoir d'une quelconque banlieue. Heureusement, on avait créé les banlieues pour les accueillir.

La boucle était bouclée.

Cet homme, gendre de chasseur, était aussi discret et effacé que son beau-père était exubérant. Sa femme, fille affirmée de chasseur, menait la maisonnée à la baguette, chiens, chats, enfants, mari filaient doux dans l'appartement propre et soigné.

Roger, c'est notre homme, avait son jardin secret. Ce n'était pas une belle maîtresse, non, il était trop timide pour ça. C'était la petite virée hebdomadaire des « pastagas », la vraie maîtresse provençale. Virée discrète au bistrot avec les copains de boulot, pas plus d'une ou deux fois par semaine, raisonnable, pondérée. Jamais l'excès qui vous mène au délire ou au coma. Pas fou, le Roger, il avait une femme et des enfants.

Il rentrait chez lui juste un peu plus tard, juste un peu euphorique, juste moins disposé à recevoir une quelconque réprimande de sa femme, qui d'ailleurs n'essayait pas. Ces moments-là n'étaient pas propices à la réprimande, non pas qu'elle ne fût pas justifiée, mais elle tombait à l'eau. C'était le lendemain matin qui était propice à la réprimande.

Un soir pourtant, la dose sociale avait été dépassée, Roger était passé à la dose asociale. Ce soir-là, Roger n'était plus vraiment convivial. Il n'était pas très gentil avec sa femme, il l'insultait, il avait cassé quelques assiettes, il était monté debout sur le canapé et l'avait sali, il avait fait peur à ses enfants que leur mère avait obligés à aller se coucher.

Leur mère, inquiète ou exaspérée, avait appelé le médecin de famille, c'est bien normal, l'alcool asocial est une maladie. D'ailleurs, dans une espèce sociale comme la nôtre, la non-socialité elle-même est une maladie. Ainsi on paie de coûteuses cotisations, durant toute sa vie sociale, pour être remboursé en cas d' « asocialité ». Cela permet de rester asocial plus longtemps en profitant de la société que l'on a décidé de quitter. Etonnant, non !

Roger, ce soir-là, était somptueux, que dis-je, impérial.

— Qu'est-ce que vous foutez là, docteur ?

— Je viens vous voir, Roger, votre femme m'a dit que ça n'allait pas fort.

— Qu'est-ce qu'elle en sait si ça ne va pas, celle-là.

— C'est vrai, mais moi j'ai l'habitude, et j'ai l'impression que ça ne va pas très bien.

— Qu'est-ce que vous en savez, vous ? Les docteurs, ça ne comprend rien.

— Un petit peu quand même...

Je pensais qu'il avait raison, mais j'eus la discrétion de ne pas le laisser paraître.

— Mais, vous n'y comprenez rien, les docteurs, vous venez là pour ramasser votre pognon et repartir.

L'épouse intervint :

— Enfin, Roger, ne dis pas des choses comme ça au docteur, il est venu pour t'aider.

— Mais je n'ai pas besoin qu'on m'aide, je sais bien me débrouiller tout seul, regardez tout ça, c'est moi qui l'ai payé, dit-il en montrant un peu précipitamment un vase qui alla se fracasser sur le plancher.

La femme intervint encore en criant :

— Roger, enfin arrête, le docteur n'est pas venu pour voir ça.

Puis, elle enchaîna en me regardant :

— Docteur, il faut lui faire une piqûre.

Ah ! la piqûre salvatrice, celle qui calme tout, qui règle tous les problèmes. Le bout d'acier qui pénètre les chairs pour aller extraire la douleur et la peine, pour infiltrer le sommeil, la paix et la bonne humeur. Le liquide magique qui brûle avant de répandre dans le corps sa chimie salvatrice. La piqûre à côté de laquelle le comprimé n'est que le confetti d'une médecine de snobs et de timides.

— Je n'ai besoin de rien, foutez le camp, je n'en veux pas de votre piqûre.

— Mais je n'ai pas dit que j'allais vous en faire une.

— Mais, docteur, il va tout me casser.

— Ecoutez, madame, ça n'est pas bien grave, on va essayer de parler un peu avant.

Un enfant se mit à pleurer dans sa chambre

— Allez voir votre enfant, dites-lui que le docteur a dit que ce n'était vraiment pas grave et que tout allait vite s'arranger.

L'épouse nous laissa régler nos comptes et discuter entre hommes.

— Alors, Roger, vous avez un peu forcé la dose ; qui était au bistrot avec vous ?

— Y'avait Bébert et Rivato et Max et Ahmed..., toujours les mêmes.

— Oh là ! Ils boivent beaucoup ceux-là, bien plus que vous.

— J'sais pas, eux c'est pas pareil, ils font les cons.

— Je crois qu'on peut dire ça. Et vous, qu'est-ce qui vous a pris ?

— Rien, je suis un peu fatigué ces temps, le patron, la femme, les gosses, j'en ai marre, j'ai envie de tout plaquer.

— Bon, on en parlera demain, je vais vous laisser. Moi aussi, je suis un peu fatigué. Vous voulez que je passe vous voir demain ?

— Si vous voulez, j'en ai rien à foutre, de toute façon, vous les toubibs, vous y comprenez rien.

Roger était reparti dans une série de reproches sur la société, les notables, la politique, le boulot, la famille, puis le sommeil l'a gagné petit à petit et il s'est endormi sur le canapé en plein monologue, terrassé par les derniers effluves.

J'ai dit à sa femme qu'il n'avait pas eu besoin de piqûre, qu'il ne fallait surtout pas le déplacer ni le réveiller et je suis parti sur la pointe des pieds.

Comme promis, je suis revenu le lendemain pour causer un peu avec Roger.

Quelle misère !

Il n'était plus que l'ombre de lui-même, son inhibition naturelle était revenue. Plus la moindre goutte d'alcool désinhibiteur ne circulait dans ses veines. Nos propos ont été mièvres, sans la moindre poésie, sans affect, sans éclat, sans rien de la démence humaine. Sa femme répondait souvent à sa place, il se tassait dans son fauteuil, ses enfants, ayant déjà oublié le « mauvais père » et retrouvé le « bon père », sautaient sur ses genoux. Tout était rentré dans l'ordre.

Je ne devrais pas dire que j'ai trouvé ça bien plus triste que la veille, car je suis un bon docteur qui condamne tous les excès de l'alcool. Il évitait soigneusement mon regard. Au moment de lui dire au revoir, nos regards se sont croisés un dixième de seconde de plus que d'habitude et notre poignée de main a duré aussi une seconde de plus. C'est tout.

Oui, Roger, c'est dur la vie, le patron, le boulot, le mariage, les gosses, les fins de mois, les impôts. Oui, c'est bon de lâcher la bonde de temps en temps. Rassure-toi, Roger, les hommes font péter le bouchon depuis des millénaires, ils sont sapiens et demens depuis longtemps et ils survivent. Ils ont fait plus d'orgies que tu n'en feras jamais, ils ont goûté toutes les drogues. Non ce n'est pas grave ce qui t'est arrivé, tu peux recommencer de temps en temps si ça te fait du bien, c'est le « temps en temps » qui importe.

Bien évidemment, tout ça, je ne l'ai pas dit à Roger, c'est seulement mes yeux qui lui ont dit pendant le dixième de seconde qui m'était imparti. Ça ne pouvait pas durer plus longtemps.

Moi aussi, j'ai des gosses à nourrir.

Il entre dans le cabinet médical. C'est la première fois que je le vois. Il n'a pas encore fermé la porte. Il a un look moderne, plutôt branché. Il s'excuse pour son léger retard (vingt minutes !). Il me tend une main énergique et chaleureuse. Son assurance est un peu trop composée. J'ai aussi envie d'être immédiatement cordial, mais un petit instinct modère mon enthousiasme. Il me sourit franchement. Il n'a toujours pas refermé la porte. Il va le faire pour me parler du motif de sa consultation. Mon diagnostic est pourtant fait avant qu'il parle. Avant même qu'il ait refermé la porte.

C'est un héroïnomane

Je ne suis pas plus perspicace qu'un autre. Tous mes confrères auraient également fait le diagnostic en un temps aussi court. L'héroïnomane dépendant a tellement toujours besoin de séduire pour obtenir sa dose vitale, qu'il est reconnaissable au premier coup d'œil. Il est toujours séducteur, enjoué, exubérant. Avant toute chose, il doit essayer de vous « mettre dans sa poche » pour obtenir sa dose. Il ment presque toujours sur les quantités qu'il prend, il essaie systématiquement d'en obtenir plus, il a toujours perdu ses boîtes ou son ordonnance. Ses stratagèmes sont tellement connus et ses conduites tellement stéréotypées que l'histoire que je viens de raconter pourrait l'être par tous les médecins sans rien en modifier.

L'alcoolique est plus discret, car il n'a pas besoin d'autant de subterfuges et flagorneries pour obtenir sa drogue, et il bénéficie encore largement d'un pardon tacite de la société dont ne bénéficie pas son cousin drogué. L'obtention de sa dose d'héroïne est tellement difficile et humiliante que le drogué doit tout accepter de la part des mafias distributrices. Cela aggrave l'immaturité de sa personnalité. C'est aussi pour cela qu'il est tellement reconnaissable.

Il est reparti avec sa dose de substitution.

Il n'avait pas d'argent pour me payer. Cela aussi, je le savais auparavant. Il s'est beaucoup excusé. Il m'a chaleureusement remercié. Il m'a dit qu'il reviendrait pour me payer. Il m'a dit que son médecin habituel était absent. Je n'en croyais évidemment pas un mot. Dans une ou deux semaines, il fera la même chose ailleurs.

Je ne l'ai jamais revu.

On établit souvent une différence entre l'alcoolisme mondain et l'alcoolisme de bistrot. Je n'en connais qu'un seul, c'est celui dans lequel la dépendance est totale, quelles que soient les voies par lesquelles est arrivée cette dépendance. Qu'il soit mondain ou non, le traitement de l'alcoolisme reste complexe.

Les Drunswick formaient un couple qui inspirait l'antipathie. Non pas que l'un ou l'autre fût antipathique, au contraire, ils étaient plutôt avenants. C'est progressivement que naissait un insupportable sentiment d'antipathie dont il fallait à tout prix se défendre. Surtout quand on a fait le pari de soigner tout le monde.

Mme Drunswick était une riche héritière d'un importateur allemand de champagne, M. Drunswick était l'opulent héritier d'un banquier suisse. Il n'y a aucune honte à être importateur allemand de champagne ou banquier suisse ; mais il y a une honte à ne laisser à ses enfants aucune chance de faire autre chose. Le couple Drunswick était le résultat désopilant du croisement de deux concepts, celui du négoce de vins et spiritueux et celui de la banque suisse.

Du négoce de spiritueux, madame avait hérité le faciès rubicond, l'exubérance du verbe, le sens de la relation de comptoir, l'odeur forte de l'haleine. De la banque suisse, monsieur avait hérité le regard éteint, la monotonie du verbe, l'immoralité vertueuse, l'odeur discrète de l'abondance.

Pour un beau mariage, c'était un beau mariage.

Mais à la différence de leurs parents, le couple Drunswick n'avait même pas construit le négoce ou la banque, ils avaient juste touché les royalties de leur naissance fortuite. Ils étaient tous deux oisifs et incompétents et n'avaient eu d'autre choix que l'alcoolisme mondain pour donner un peu de vernis social à cette incompétence. Ils avaient à la fois l'alcoolisme flamboyant des pauvres et celui torturé des riches.

Un beau mariage assurément.

Rien de toute cette gabegie humaine n'aurait eu de conséquences si, encore une fois, il n'y avait pas eu d'enfant pour en subir les avanies. Caroline était déjà obèse à six ans, déjà rubiconde, déjà avachie. Elle était abandonnée dans la maison, entre ses parents qui ne la voyaient plus clairement après seize heures et qui l'oubliaient après vingt heures. Caroline était, comme beaucoup d'enfants, éduquée par la télévision, toujours allumée dans sa chambre.

Pourquoi restait-il encore une petite étincelle au fond des yeux de Caroline ? Etincelle qui se mettait à briller à chacun de mes passages. Les parents m'appelaient pour peu de chose. L'appel du médecin pour presque rien a parfois une valeur compensatoire des carences éducatives. Il donne bonne conscience, c'est la vitrine de la responsabilité parentale. Le médecin est le dindon de la farce.

L'humanisme minimal et les civilités commerciales m'interdisaient de leur assener crûment les remarques suivantes :

— Votre fille est obèse car elle reste assise devant la télévision.

— Elle est fatiguée car elle a l'exemple de l'oisiveté.

— Elle est rubiconde parce que vous l'êtes.

— Elle est enrhumée parce qu'elle vit en confinement tabagique.

— Je suis étonné de voir encore une étincelle au fond de ses yeux avec des parents aussi dégénérés que vous.

Non vraiment, malgré l'envie, ce n'était pas décemment faisable. Alors, je soignais le rhume, la mélancolie et l'asthme. J'essayais de prévenir discrètement les parents des dangers de l'alcool, mais on me faisait tout aussi discrètement comprendre de m'occuper exclusivement de Caroline.

D'ailleurs, un médecin rural, ni banquier ni héritier, peut-il comprendre un cas d'alcoolisme par abondance ?

Non, le médecin de campagne voulait juste essayer de sauver encore Caroline, à cause de l'étincelle qui brillait au fond de ses yeux. Il lui était rétorqué que Caroline ne manquait de rien. C'est vrai, Caroline ne manquait de rien.

Sauf de l'essentiel.

A quel moment et pourquoi devient-on drogué ou alcoolique ? Le basculement se fait le plus souvent avant vingt-cinq ou trente ans. Il y a bien des cas d'alcoolisme plus tardif comme le romanesque et populaire « alcool pour noyer le chagrin ». Mais beaucoup pensent qu'il s'agit de l'apparition tardive d'un alcoolisme latent.

Mme Theron avait eu une seule fille à la suite d'un accouchement difficile. Aujourd'hui on a la césarienne trop facile, à cette époque on n'en faisait pas assez. C'est toujours ainsi, quand on découvre les vertus d'une nouvelle technique on en abuse, puis on constate ensuite les inconvénients. Il faut encore attendre plus longtemps pour rectifier les abus. Car les abus rapportent beaucoup d'argent.

Dans le cas de Mme Theron, il est presque certain que la césarienne aurait empêché la souffrance néonatale de sa fille. Régine avait une débilité assez profonde doublée comme souvent de troubles de l'humeur et de convulsions, un vrai boulet pour une famille de paysans où tous les bras sont bienvenus pour le travail. Mme Theron avait choisi de voiler sa peine avec les vapeurs de l'alcool et M. Theron en souffrait à son tour, mais il pardonnait parce que, disait-il : « Ma femme a bien trop souffert dans son ventre et dans son cœur d'avoir une petite fille comme Régine. » Ah ! ça non, ils n'auraient plus jamais d'enfants.

L'alcool de Mme Theron était le pire de tous, c'était le pastis local fabriqué en fraude, celui qui vous détruit les neurones en quelques années. Doucement, Mme Theron rejoignait le pays de sa fille, un pays décérébré. Elle se vengeait du mauvais sort. Elle se vengeait sur elle-même, la pire des vengeances. Le bon Dieu n'a pas voulu me donner une vraie fille, il ne récupérera pas une vraie femme. La vie n'a pas voulu de ma Régine, elle ne m'aura pas non plus. Son alcool était triste. M. Theron supportait sans se plaindre, jamais.

Quand Mme Theron est morte, Régine était toujours là, légume dans son potager, meuble dans sa cuisine, cerveau toujours hermétiquement fermé. M. Theron n'a rien changé ni à sa vie ni à son travail. Le travail était-il le seul secret de son équilibre, y avait-il un autre secret ? Mme Theron serait-elle devenue alcoolique même sans Régine ?

Ce sont des questions qu'il ne faut même pas se poser. Allons-nous-en discrètement. Laissons Régine se reposer entre ses convulsions, et Mme Theron dans sa tombe. Laissons M. Theron travailler dans ses champs. Nous reviendrons juste l'écouter et l'accompagner un bout de chemin quand il le demandera.

J'aime bien Victor Astier, il est colossal, il éclate de vie. Il a toujours travaillé dans des ateliers de mécanique à réparer des tracteurs et des locomotives. Personne, en le voyant, ne pourrait imaginer qu'il a passé sa vie à réparer des montres. La soudure était sa spécialité. Il faut un bon mental et une bonne santé pour supporter la chaleur, le bruit et la poussière. Victor ne se plaint pas, ça fait des générations qu'on ne se plaint pas dans sa famille.

Sa chance c'est un héritage d'une grande quantité de bons chromosomes, ceux qui vous assurent une bonne immunité contre toutes les pestes, une bonne évacuation des toxines industrielles, une musculature compacte de bulldozer, un cœur de marteau-pilon et des poumons de forge. Sa malchance, car il en faut bien une pour ne pas vivre jusqu'à cent cinquante ans, c'est d'être un peu trop bon, de ne jamais dire non. Victor ne dit jamais non quand il faut aller désembourber la voiture du voisin ou souder son portail. Il ne refuse jamais le verre qu'on lui offre. Il n'a jamais dit non à son Augusta non plus, une chance, car elle était très demandeuse, Augusta, il ne fallait pas lui en promettre à Mme Astier. Il l'a culbutée dans tous les lieux et toutes les situations où la décence le permettait. Ces coïts vigoureux sont hélas restés sans progéniture. Allez comprendre pourquoi ces érections et orgasmes tonitruants étaient stériles, ça fait partie de ces vacheries que la vie parsème au hasard, comme ça, juste pour voir si Sapiens résiste et s'adapte.

Est-ce pour ça que Victor buvait plus que de raison ? Il ne fallait pas de raisons à Victor pour boire un coup, il suffisait qu'on le lui propose, et comme il rendait beaucoup de services, on le lui proposait souvent. Il ne savait pas dire non. Même Augusta, qui lui pardonnait tout, lui avait dit un jour qu'il devrait boire un peu moins. Il lui avait goulûment répondu qu'elle n'avait pas à s'en plaindre, qu'il n'avait jamais manqué à son devoir conjugal, et même pour le lui prouver, il l'avait prise sur-le-champ debout dans la cuisine pendant que mijotait la soupe au pistou. Augusta effectivement ne pouvait pas s'en plaindre, tant absorbée qu'elle fut pendant cette copulation verticale, que la soupe avait brûlé.

Pourtant, l'alcool commençait bien à ronger l'indestructible Victor. L'alcool commençait à rogner ses années de survie, transformer sa longévité, qui aurait pu être provocante, en longévité raisonnable. Victor sentait parfois une légère fatigue, mais comme il me disait :

— Rien de bien grave, rien qui puisse m'empêcher de boire et de baiser.

La vie quoi.

C'est Augusta qui est venue me voir un jour :

— Victor m'inquiète, docteur, il boit plus que de raison, j'ai pas vraiment à m'en plaindre, il est gentil avec moi et avec tout le monde, il ne m'a jamais frappée, même qu'il aurait tendance à me câliner encore plus, si vous voyez ce que je veux dire.

— Je vois ce que vous voulez dire, mais que voulez-vous que je fasse ?

— Il faut essayer de le raisonner, docteur, lui dire qu'il se fait du mal, qu'il va finir par plus pouvoir, excusez-moi, docteur, mais qu'il va plus pouvoir bander.

Augusta savait bien comment attirer l'attention de son mari et quelle corde sensible faire vibrer.

— Mais vous me dites que vous n'avez pas remarqué de baisse de son activité sexuelle.

— Non, mais je vois bien que ça lui fait du mal, que des fois, il n'est pas comme d'habitude, je vois bien qu'il supporte moins qu'avant. Il a beau être costaud, je vois bien que le vin le travaille.

J'ai promis à Augusta d'essayer de faire quelque chose. Il fallait d'abord coincer Victor. Pas simple, car les cabinets médicaux n'étaient pas son lieu de prédilection. Il fallait prétexter un rappel de vaccin antitétanique pour le faire venir, proposer un bilan sanguin, constater hélas que le bilan était normal, et tricher en disant que les analyses du foie n'étaient pas bonnes, qu'il fallait faire très attention à l'alcool.

— Ah bon ! Vous croyez, docteur ? Je me sens pourtant bien. C'est Augusta qui va être contente, elle qui me dit de moins boire ; c'est à croire que vous vous êtes donné le mot avec elle.

Un ange passait.

Il fallait encore attendre plusieurs mois avant de refaire une nouvelle tentative. Mes chances de réussir à sevrer Victor me paraissaient franchement minces. Un jour pourtant, quelle ne fut pas ma surprise de voir arriver dans mon cabinet le couple Astier au complet : Augusta et Victor. C'est Augusta qui a ouvert le dialogue :

— Voilà, docteur, Victor m'a dit qu'il était d'accord pour prendre quelque chose pour moins boire.

— C'est pas que je tienne vraiment à prendre des saloperies, mais si ça peut aider un peu, et si ça fait plaisir à Augusta, c'est pas de refus.

Sacrée Augusta, elle avait réussi à convaincre son homme. J'avais une petite idée sur la façon dont elle s'y était prise.

Je me trouvais en face du cas rare et idéal d'indication de prescription d'Antabuse. L'Antabuse a la propriété de rendre très malade en cas de consommation d'alcool. Si le patient accepte de se sevrer et de prendre un comprimé tous les jours, il sera obligé de diminuer sa consommation d'alcool pour ne pas être malade comme un chien. Hélas, la plupart du temps, les patients ne prennent pas le médicament et il est très difficile et dangereux de le donner à leur insu.

— Monsieur Astier, je veux bien vous donner quelque chose, mais il faut avant tout avoir la volonté de moins boire. Le comprimé ne servira qu'à vous rappeler votre promesse. En effet, si vous buvez en même temps, vous serez tellement malade que vous n'aurez plus envie de recommencer.

Victor semblait avoir compris mes explications, il semblait disposé à prendre cette saloperie de comprimé, surtout pour faire plaisir à sa femme. Je prescris l'Antabuse. Quelques mois passent sans nouvelles de Victor ni d'Augusta. Deux ou trois mois peut-être avant que je revoie venir Victor, l'air un peu plus fatigué et contrarié que d'habitude.

— Docteur, vous savez, les comprimés que vous m'avez donnés pour faire plaisir à Augusta…

— Je ne vous les ai pas donnés pour faire plaisir à votre femme, mais pour vous aider à moins boire et pour vous prouver à vous-même que vous auriez la volonté de les prendre.

— Oui, je sais, je les ai pris pour faire plaisir à Augusta, mais je crois que je ne les supporte pas bien.

— Ah bon ! Comment ça ?

— Eh bien, je crois qu'ils me rendent malade, qu'ils me fatiguent le foie.

— Vous pensez qu'ils vous rendent plus malade que le vin que vous buviez auparavant ?

— C'est-à-dire que je pense que je bois à peu près comme avant, vous savez, c'est difficile de refuser aux amis.

— Qu'est-ce que vous me racontez là, vous me dites que vous prenez les comprimés et que vous continuez à boire comme avant ? Mais ça doit vous rendre malade comme un chien quand vous buvez ?

— C'est vrai, docteur, ça me rend malade de boire, mais avec de la volonté, j'y arrive !

Pour sûr, il en avait de la volonté notre Victor !

6 – Corps étrangers

La postière n'aimait pas les Arabes.

En bloc.

L'erreur fondamentale du racisme est de ne pas voir l'individu dans le groupe. J'avais, à une époque, commis la même erreur grossière, car je n'aimais pas les postières.

En bloc.

C'est avec l'âge adulte que j'ai découvert que derrière chaque postière, une âme sommeillait, prête à bondir. J'ai également constaté les efforts énormes faits par la poste pour se sortir de son image dix-neuvième siècle. Avec l'âge mûr, j'ai soldé tous mes conflits avec la poste et les postières, prouvant ainsi ma perfectible humanité.

Mais la postière dont je vous parle n'aimait pas du tout les Arabes. Cela semblait définitif. Son mari militait au FN. Un jour, nous parlions de la violence à Rio de Janeiro que nous connaissions tous deux, je lui disais que cette violence me paraissait inévitable en raison des inégalités sociales, pour lui, la cause en était simple, c'est que la police ne faisait pas son travail. Implacable logique. Pourquoi donc les scores du Front national sont-ils souvent élevés dans les quartiers où l'intégration des immigrés ne pose aucun problème social ? Dans notre village, l'intégration était si parfaite que c'en était du mimétisme. Ahmed Semahi était aussi travailleur que Pierre Dubreuil, Yasmina était aussi belle que Patricia, Akroum était aussi alcoolique que Martin, Bouslah aussi diplômé que Jacques, Youssef aussi odieux avec sa femme que Roger avec la sienne, Fatma Lasbelaoui aussi consensuelle que Marie Lefèvre.

Je reçois en consultation la postière accompagnée de son mari, pour un problème qui les gêne visiblement tous les deux.

Elle m'explique :

— J'ai des démangeaisons très mal placées et des pertes abondantes.

— Et moi aussi, j'ai l'impression que ça me donne des démangeaisons, poursuit son mari.

— Est-ce que ça dure depuis longtemps ?

— On a un peu attendu, mais ça doit faire plus d'une semaine, et ce qui m'ennuie, c'est que parfois, j'ai un peu de sang aussi.

La consultation en couple m'interdisait de poser la question sur d'éventuels rapports extraconjugaux, même avec des policiers brésiliens. Je décide d'examiner ma postière sans plus attendre. Dès l'introduction du spéculum, je constate en effet la présence de pertes abondantes, de couleur brunâtre et à l'odeur désagréable. Je pense que l'infection doit être sévère et je tente d'apercevoir le col de l'utérus pour savoir si l'infection ne vient pas de l'utérus lui-même. Devant l'abondance des pertes, je n'arrive même pas à discerner le col. Je cherche le passage, mais il y a visiblement une masse compacte qui m'empêche de l'atteindre.

Mais qu'est-ce donc que cela ?

Incroyable, il y a un corps étranger visqueux dans ce vagin, je le saisis et j'essaie de le sortir délicatement pour ne pas le fractionner. La manœuvre dégage une puanteur vraiment difficile à supporter ; j'arrive à extraire un corps spongieux imbibé de pus ; je l'examine plus attentivement sur ma paillasse, et, surprise, je découvre un tampax en très piteux état. Il devait avoir été abandonné là depuis bien plus de trois semaines et avait entraîné une réaction inflammatoire avec infection. Ni la postière ni son mari n'arrivent à en croire leurs yeux.

Finalement, la postière et son mari supportaient assez bien les corps étrangers.

Au sud du Zaïre — ancien Congo redevenu Congo —, à la frontière avec la Zambie — ancienne Rhodésie du Nord —, il y avait une mine de cuivre belge exploitée par des Japonais. Cette phrase peut résumer l'histoire politique et économique de l'Afrique. En effet, d'une part, une des premières graves décisions politiques d'un nouveau dirigeant est de changer le nom du pays. D'autre part, l'exploitation des richesses naturelles y est faite par des étrangers.

Après cinq années passées en Afrique, je crois n'en avoir compris qu'une seule chose. Bien mince. Si le continent africain a suivi une voie d'évolution culturelle très différente de celles du reste du monde, c'est peut-être parce qu'il a généré tous les stades de l'hominisation et fourni au monde Homo sapiens sapiens, qui en est la dernière étape. L'Afrique observe donc sagement les agissements désordonnés de Sapiens sur la planète, et prépare tranquillement la nouvelle version de l'espèce, laquelle sera logiquement plus apte que la précédente. Cela prendra beaucoup de temps. Mais en Afrique, le temps ne compte pas.

Dix mille employés travaillaient dans cette mine de cuivre japonaise, soit une population d'environ quarante mille personnes qui en dépendaient. Les Japonais en échange de la concession avaient dû construire les écoles, les maisons et l'hôpital que j'ai eu la chance de diriger pendant deux ans.

La déshydratation et le kwashiorkor étaient les deux maladies les plus redoutables pour les enfants. Ayant vite compris que tous les médicaments de la terre n'y feraient rien, j'avais obtenu de la direction japonaise que l'on établisse une distribution gratuite de protéines à l'hôpital. C'étaient donc les poulets et les œufs qui, ajoutés à l'eau de réhydratation, tenaient lieu de médicaments.

Je dois reconnaître que les résultats de cette campagne furent assez médiocres, pour une raison que j'ai mis longtemps à comprendre. Dans les faits, ces protides étaient peu ou mal consommés par les enfants, mais plus souvent par les adultes. Cela m'a paru horrible, jusqu'au jour où une mère africaine, un peu plus hardie que les autres, a osé répondre à mes injonctions :

— Pourquoi n'as-tu pas donné ce poulet à ton enfant, c'est une des seules choses qui puisse le sauver.

— Tu sais, toi le Blanc, qu'ici, au Shaba, on a vu passer les Belges, les Anglais, les Russes, les Français, les Japonais. Ils sont toujours repartis. Si je donne le poulet ou les œufs à mon enfant, il va peut-être guérir, mais quand tu seras parti, il ne pourra plus acheter le poulet qui est trop cher. Il faudra qu'il devienne voleur, sinon il mourra. Alors qu'il pourra peut-être survivre sans poulet. S'il ne vit pas, c'est que le Dieu l'a décidé.

Je n'ai pas pu répondre parce qu'il n'y avait rien à répondre à cette logique-là. Pendant que certains Occidentaux perdent le contrôle de leurs corps gavés de calories et de médicaments, d'autres affinent la maîtrise de leurs corps survivants. Ceux-là, en cas de famine mondiale par désastre écologique, seront plus aptes à survivre pour préparer sagement la nouvelle souche de Sapiens dans le grand laboratoire évolutif de l'Afrique.

La suite a déjà donné raison sur un point à cette mère.

Les Japonais sont repartis.

Beaucoup d'étrangers : anglais, allemands, belges, hollandais pour la plupart, achètent des propriétés en Provence. Certains nationalistes convaincus s'en plaignent en prétextant que l'on vend cette province aux étrangers. J'ai entendu de nombreux vignerons pester contre les estrangers. Ces mêmes estrangers qui leur achètent le vin provençal et auxquels ils vendent sans hésiter les parcelles dont personne ne veut plus.

La Provence est-elle provençale, française, européenne ou mondiale ? Une culture de cette richesse historique ne peut qu'être provençale et universelle. Tous les intermédiaires entre ces deux pôles sont véritablement estrangers. Pourtant, c'est un Hollandais qui m'a dit la plus belle chose que j'aie entendue sur la Provence.

Nous sommes à l'époque des vendanges. C'est la liesse. Les routes sont dangereuses, car les tracteurs débouchent des vignes sans crier gare. Je suis prudent au cours de mes visites. Le vin de la région n'est toujours pas des meilleurs crus, mais il se laisse boire.

M. Marteens m'a appelé pour son épouse coincée par une sciatique « jardinière ». La terre est basse pour les bureaucrates !

— Bonjour, madame Marteens, vous avez encore oublié votre dos.

— Ah ! docteur, ne m'en parlez pas. Je crois que je ne pourrai jamais devenir vigneronne, c'est un métier trop difficile pour une vieille sédentaire comme moi. En Hollande, nous n'avions que quelques tulipes dans notre petit jardinet, c'était bien plus facile.

— Tu veux toujours trop en faire, intervient son mari avec un léger accent de tendresse et un fort accent étranger.

Ils ne se parlaient jamais en flamand devant moi. Courtoisie appréciable.

Après l'injection salvatrice d'anti-inflammatoires dans une plantureuse et confortable fesse à la Rubens – noblesse oblige – nous voilà partis à converser amicalement au sujet de la vigne, de la Provence, du vin rouge et des vignerons.

M. Marteens me dit alors :

— Les Provençaux ne cultivent la vigne ni pour faire du bon vin ni pour gagner de l'argent. Non, ils le font parce que la vigne le leur demande.

Cette phrase sur la Provence, dite par un estranger, était ma plus belle depuis Giono.

Universalité de la poésie.

J'ai exercé en Chine dans une clinique pour expatriés où j'ai eu l'occasion de soigner des patients d'origines très diverses. Complétant ainsi mon échantillonnage de Sapiens. Si l'anthropologie culturelle est un domaine qui me paraît encore vierge, c'est certainement que je suis ignare en la matière. Mais au cours de mes nombreux voyages, je n'ai rencontré que quatre peuples revendiquant l'universalité de leur culture, comme seule capable de fournir un avenir à notre espèce. Ce sont les Chinois, les Français, les Américains et les Anglais. Voici une histoire franco-américaine en Chine. Une histoire de vaccin.

Les vaccins sont certainement la plus noble conquête de la médecine.

En France, depuis Pasteur jusqu'à Montagnier, en passant par Mérieux, nous pouvons affirmer haut et fort que nous avons largement contribué à la progression des sciences bactériologiques, immunologiques et virologiques, domaines d'excellence de notre pays. Lyonnais de surcroît, je suis doublement « cocorico » sur le sujet de la vaccination et de l'immunologie puisque Lyon en est l'une des capitales mondiales.

Me voilà donc au fond de la Chine avec mes expatriés de toutes origines auxquels je devais faire la vaccination contre l'encéphalite japonaise, maladie endémique de cette région. Je faisais venir le vaccin de l'Institut Pasteur. A tout seigneur, tout honneur.

Une famille américaine se présente à la séance de vaccination, le père, la mère et les deux enfants. Je les connaissais, car la vie à l'étranger favorise les contacts entre expatriés. Ils venaient de Californie, étaient diplômés, habitaient près de l'université de Berkeley et avaient déjà pas mal voyagé.

Au moment de recevoir leur dose, la mère me demande :

— Est-ce que les vaccins viennent des Etats-Unis ?

— Non ils viennent de France, réponds-je fièrement.

A cette époque, le sida faisait la une de l'actualité. Un savant français, le professeur Montagnier, venait d'en identifier le virus.

— Mais alors, nous ne pouvons pas nous faire vacciner.
— Mais voyons, madame, le vaccin vient de l'Institut Pasteur.
— Et c'est quoi, l'Institut Pasteur ?
Une Américaine cultivée ne connaissait pas l'Institut Pasteur. J'étais atterré.
— Je suppose, madame, que vous connaissez Pasteur
— Non, qui est ce M. Pasteur ?
J'en avais le souffle coupé. Je ne pouvais même pas me mettre en colère. Mais mon calvaire n'était pas encore terminé.
— Parce que, avant de partir des Etats-Unis, on nous a bien recommandé de ne pas accepter des vaccins d'origine inconnue, en raison des risques liés au sida.
— Mais, madame, l'Institut Pasteur n'est pas une origine inconnue. Je tiens à vous informer en plus que c'est en France que l'on vient d'identifier le virus du sida.
— Je suis désolée, docteur, mais je vais commander des vaccins aux Etats-Unis.
Je n'ai pas pu convaincre cette famille d'accepter mes vaccins.
Les Français comme les Américains ont la conviction de l'universalité de leur science et de leur pensée. Mais il m'a paru tout de même très urgent d'apprendre aux Américains que la terre est ronde et qu'entre l'Amérique et l'Amérique, il y a d'autres pays peuplés d'une espèce interféconde avec la leur.

Béatrice m'explique que depuis quelque temps, son talon lui fait mal en marchant.
C'est une jeune femme de vingt-huit ans, mère de deux enfants. Un simple coup d'œil informe qu'elle n'a pas l'habitude de se plaindre pour rien. Son visage est à la fois sombre d'un passé à taire et radieux d'un avenir à vivre. Le regard me fixe, limpide, quand elle me parle de son métier et de ses enfants. Il se trouble et bascule quand elle me parle de sa douleur au pied ou de son passé d'enfant de l'Assistance publique.

Il y a effectivement une zone assez douloureuse à la pression du talon, mais rien qui permette un diagnostic précis. Sans la personnalité de Béatrice, j'aurais pensé à une petite douleur insignifiante majorée par la pusillanimité, mais je fais une radio pour essayer d'en savoir plus. Dans le talon de Béatrice, enserrée entre les tendons plantaires, il y a une grosse aiguille de couturière, bien visible avec son chas. Béatrice n'a aucun souvenir de s'être piquée violemment. Comment peut-on se faire pénétrer un corps étranger métallique si profondément dans la chair sans s'en apercevoir ?

Lorsque j'enlève cette aiguille, je constate qu'elle est rouillée et enkystée. Elle doit être là depuis plus de quinze ans. Il faut essayer de comprendre. J'arrive à faire parler Béatrice, les souvenirs refont lentement surface, difficilement, juste évoqués, sans détails. Béatrice est restée à l'Assistance publique jusqu'à l'âge de dix ans, puis elle a été placée comme bonne à tout faire dans une grosse propriété de la région. Elle évoque péniblement le souvenir du maître de maison qui l'embêtait un peu parfois. La douleur apparaît sur son visage quand j'insiste pour savoir.

Je n'insiste plus, j'ai compris.

Béatrice parlera plus tard, plus longtemps, plus précisément, du harcèlement, des caresses plus ou moins forcées, et de ce qu'elle n'ose pas vraiment nommer et qui ressemble à un viol. Il est facile d'imaginer comment Béatrice se cachait du maître, comment elle a pu marcher malencontreusement sur une aiguille un jour où elle s'est débattue plus que d'habitude.

Aujourd'hui j'extrais un corps étranger de son pied.

Quelques années auparavant, peut-être qu'un autre corps étranger l'a pénétrée plus violemment. En fait, cette fois-là, ce n'était pas vraiment un corps étranger. Ça se passait chez nous, entre gens du terroir.

C'était un corps français.

7 – Familles

D'un point de vue darwinien, si la famille est l'unité sociale de nombreuses cultures, c'est qu'elle doit représenter un avantage sélectif certain pour l'homme social. Les hordes ou groupes de mammifères et de primates sont une condition à la survie de l'espèce et à la protection des petits. Il semble que la famille en soit l'équivalent pour l'homme. Cela vient sans doute du fait que l'apprentissage est si compliqué et si long chez le petit d'homme qu'il ne peut être confié à un groupe, mais seulement à des géniteurs attentifs.

Il serait intéressant de savoir s'il y a une corrélation positive ou négative entre, d'une part, les paramètres de la cellule familiale tels que sa taille, sa cohésion, sa longévité et, d'autre part, les maladies de l'apprentissage. Quelques années passées en Afrique, où le cercle familial est élargi au village ethnique, m'ont donné l'impression que les pathologies d'apprentissage étaient moindres ou moins invalidantes. Mais ce ne sont que des impressions.

Je joue au savant (de Marseille) comme on aurait dit dans mon village provençal dont les familles me reviennent en mémoire. Sympathiques familles de notables ou de hobereaux qui exerçaient sur leurs membres un rôle pathogène des plus discrets et des plus efficaces. La saga de ces familles faisait partie de la vie du village, leurs histoires étaient l'histoire du village.

C'est parmi ces familles que se recrutaient les personnalités politiques du village et de la région. C'est un de leurs membres qui avait donné çà et là son nom à une rue ou à une place. Tel autre était pourvoyeur de financements occultes. Tel autre les recevait et s'enfuyait en Corse, en Sicile ou à Monaco.

Méditerranée, mare nostrum.

M. Flachet magouillait dans les sphères politico-financières régionales. La mère avait plusieurs amants et deux seins surnuméraires, quatre en tout. Oui ça existe. Avait-elle un amant par sein ?

L'un des fils avait fait une dépression grave, la fille s'était droguée à l'héroïne et n'arrêtait pas de se sevrer. Un autre fils avait réussi de brillantes études et avait définitivement quitté le village, sans doute était-il le seul à avoir compris que sa survie individuelle dépendait de ce reniement social.

J'ai soutenu chacun d'eux, dans leurs moments de dépression, avec mes mots. Leur détresse était réelle comme toutes les autres. Mais il y avait en plus le lourd silence des vérités à maquiller, des secrets à ne pas laisser s'échapper. Il y avait l'histoire à réinventer chaque fois en oubliant des virgules et des détails, pour laisser à l'interlocuteur le choix de recomposer à sa guise une vérité montrable et intelligible.

Dans l'histoire des magouilles et de la corruption, il arrive toujours un moment où la délation vient réveiller la justice en sommeil. Le fisc pointe le bout de son nez et c'est la cascade des trahisons. Chez Flachet, on a même vu le beau-père trahir le gendre et l'oncle ruiner le neveu. Moche. On n'avait pas assisté à ça depuis la révolution culturelle de Mao, prouvant qu'avec ou sans idéologie, la chienlit reste la chienlit.

Quand je soignais les dépressions de Mme Flachet après une faillite du mari, ou une tentative de suicide de la fille, elle me disait souvent avec un dramatique accent de sincérité :

— Vous savez, docteur, les gens sont si méchants avec nous ! Tout s'explique toujours.

La famille Caroli se composait du grand-père ancien combattant, de la fille, du gendre et de six enfants qui se suivaient à douze, dix-huit mois maximum. Cette famille m'assurait un bon revenu fixe. Je rendais des visites hebdomadaires au grand-père, détenteur du fameux carnet de l'article 115 qui garantissait des soins gratuits pour tout ce qui avait trait aux séquelles de la guerre. Merveilleux carnet à trois feuillets détachables de papier gris-blanc, caractéristique de la période administrative française pré-énarchique.

Ce carnet de soins gratuits confère à son porteur un statut enviable. L'heureux impétrant peut obtenir des soins gratuits quasi illimités. Car qui, en effet, oserait prétendre que la migraine, l'allergie au ciment, l'arthrose de la hanche, ou la lombalgie ne sont pas directement liées aux faits guerriers de l'héroïque détenteur du carnet ?

De plus, en l'arborant, il suscite l'admiration des petits jeunes, médecins ou non, qui n'ont pas fait la guerre et qui ne peuvent donc pas comprendre.

Le grand-père avait contracté une tuberculose guérie depuis longtemps mais dont il avait décidé qu'elle nécessitait une surveillance hebdomadaire à laquelle il m'était impossible de me soustraire sous peine de passer en cour martiale. Nous contribuions donc, lui et moi, de connivence, à augmenter les dépenses du ministère des Anciens Combattants. Comportement peu citoyen.

Le père, quant à lui, avait assez souvent des lombalgies qui lui imposaient d'appeler le médecin non pas pour le traitement mais pour l'arrêt-maladie. A l'examen, ces lombalgies ne présentaient jamais un caractère de grande gravité, mais comme notre homme était au service d'entretien du ministère de l'Équipement, il avait souvent à manipuler du matériel lourd ; les arrêts de travail étaient nombreux. Je contribuais donc ainsi largement aux dépenses du ministère de l'Equipement et aux indemnités d'arrêts de travail.

Ceci aurait pu heurter mon sens civique, mais j'appris par la suite que les médecins conseils de la Sécurité sociale depuis longtemps n'essaient même plus de remettre au travail les lombalgiques. Par ailleurs, le ministère de l'Équipement gère très bien ces aléas du congé-maladie en occupant un poste de non-lombalgique avec trois lombalgiques à temps partiel.

Tous ensemble, nous contribuions aux dépenses publiques dont tous les financiers vous diront qu'elles sont un levier pour l'économie.

La mère n'avait pas de ministère à ruiner, par contre son attention particulière à ses six enfants contribuait à creuser le fameux trou de la Sécu. Elle m'appelait en effet au moindre nez enchifrené, à la moindre papule ou pustule sur l'un quelconque de ses chérubins. Ceci n'était pas conforme à l'image d'une mère de famille nombreuse, habituellement moins anxieuse. Mais à y regarder de plus près on découvrait que son mari l'incitait à appeler le médecin et à consommer de la médecine.

— N'hésitons pas, disait-il.

— Nous avons une bonne mutuelle, se plaisait-il à répéter.

— Les cotisations nous coûtent bien assez cher, surenchérissait-il.

Il fallait donc bien « amortir » !

Cette famille m'assurait une véritable rente. Si je n'éprouve guère de fierté à le dire aujourd'hui, cela ne semblait pas trop me choquer à l'époque. Comme on dit dans ces cas pour s'excuser, si ce n'avait pas été moi, c'eût été un autre. Après réflexion, je trouve l'excuse minable. Nous avons donc, de concert, ruiné trois ministères : l'Équipement, la Santé et les Anciens Combattants.

Ainsi vont les économies privées et les dépenses publiques.

La famille Gurgo était piémontaise depuis la nuit des temps et provençale depuis la guerre. Aussi loin que l'on remonte dans la généalogie, on n'y connaissait pas un homme qui ne fût maçon. Faire une maison pour eux, c'était comme faire une valise pour un long voyage pour moi. Quelques semaines de préparation pour réunir tout le nécessaire et quelques jours pour tout assembler.

Leurs entreprises de maçonnerie Gurgo père, Gurgo fils, Gurgo and Co, Etablissements Gurgo continuent de fleurir dans tous les villages alentour et leurs talents de carreleurs, plâtriers, charpentiers, façadiers, maçons sont connus de tous.

Sur cet empire régnait une petite aïeule de cent quarante centimètres qui n'en finissait pas de mourir et qui faisait accourir toute la maisonnée à son moindre soupir. Aucun de ses gaillards de fils n'aurait supporté de voir mourir la mama. Les belles-filles, également gaillardes, étaient sensiblement plus discrètes dans leur acharnement thérapeutique. Je soupçonnais même parfois la mama de se maintenir en vie seulement pour taquiner ses belles-filles.

L'anecdote du patient qui appelle le médecin la nuit parce qu'il n'arrive pas à dormir se raconte dans les soirées de carabins, le médecin y répond que lui-même, par contre, dormait très bien.

Un des fils Gurgo me fit deux ou trois fois vivre cette déplaisante anecdote. Il s'agissait d'un gaillard d'un mètre quatre-vingt-dix et cent dix kilos qui dormait aux côtés d'une épouse plantureuse de quelques kilos de moins. J'ignore si les angoisses nocturnes du fils Gurgo lui venaient de la peur de perdre la mama ou d'une conjugopathie à recrudescence vespérale, mais ses peurs nocturnes étaient réelles et émouvantes.

Mon passage suffisait à le calmer, prouvant une fois de plus que la médecine pourrait souvent se résumer au médecin. Mais ensuite, c'est mon sommeil qui tardait à venir, car je m'interrogeais toujours aussi stupidement sur les aléas de la thérapeutique et les inconnues des pathologies humaines.

Bonne nuit, Gurgo. Fasse le ciel que la mama vive encore longtemps.

Aux dernières nouvelles, son dernier soupir n'était pas encore le bon.

Sur les cartes des anciens jeux des sept familles, on voit des caricatures de personnages ruraux et colorés. Dans la famille cordonnier, je veux le père, dans la famille rémouleur, je veux la fille, etc., et l'on découvre les personnages hauts en couleur qui ont fait la France et notre base culturelle.

Dans la famille Gurgo j'ai déjà la mère et le fils, dans la famille Caroli, j'ai déjà tout. Je pioche et je tombe sur le père Reboulet.

Le père Reboulet, charcutier de son état, grand chasseur de sangliers, avait été opéré par tous les chirurgiens de la région, fractures, abcès, coups de fusil, pancréatite alcoolique, occlusion intestinale. La mère, redoutable secrétaire de mairie, découpait et préparait les sangliers avec du vin râpeux dont seule la cuisson pouvait redorer le blason.

La cuisine traditionnelle française est un des fleurons de notre pays, elle est louable à plus d'un titre. Non seulement les saveurs et les odeurs m'interdisent d'en parler plus longtemps sans qu'un afflux de salive ne vienne gêner mon écriture, mais en plus, cette cuisine est assez équilibrée d'un point de vue diététique et peu nocive sur le plan de l'obésité et des maladies vasculaires.

Mais tout a des limites, et la modération n'étant pas le propre de la famille Reboulet, on y avait fabriqué des générations d'obèses qu'aucune thérapeutique ne pouvait plus sauver.

Pour une bonne éducation sanitaire, il faudrait répéter incessamment que l'obésité se fabrique avant douze ans. Les parents sont seuls responsables de l'obésité de leur enfant à de très rares exceptions près. Parents obèses eux-mêmes qui ne peuvent pas intégrer l'absence de corrélation entre les rondeurs et la bonne santé.

Chacun sait aujourd'hui que l'obésité, véritable fléau de santé publique aux Etats-Unis, est due à l'excès de sucres et de graisses avant douze ans, sucres et graisses qui se trouvent dans toutes les cuisines rapides que l'on voit fleurir chez nous par le truchement du marketing et de la mondialisation.

Mais je m'égare dans la géopolitique culinaire alors que je voulais seulement évoquer le souvenir de la famille Reboulet, qui, bien que provençale, est d'un type universellement répandu. Le culte de la bouffe y est omniprésent, les enfants y rivalisent de rondeurs et de diverses protubérances destinées à la capture du regard maternel. La puberté n'y produit que des adultes déjà monstrueux au lieu d'adolescents graciles.

Parmi tous ces enfants, Pauline avait remporté la palme, elle surpassait ses frères et sœurs en poids, en pourtour, en bourrelets, en taille. Mais, le plus incroyable dans tout cela, c'est qu'elle n'avait aucune perception de sa difformité. Elle semblait n'avoir réellement aucune conscience de sa différence.

Comme toutes ses amies adolescentes elle se mit donc en chasse, à l'heure due, pour trouver le prince charmant qui allait l'enlever à sa famille et la faire s'envoler vers les horizons matrimoniaux. Mais, on le comprend aisément, la chasse tardait à être fructueuse.

Elle me confiait ses tourments lors de consultations pour divers bobos :

— J'ai pas le moral, docteur, mes copines, elles, ont trouvé des petits amis ou des fiancés, mais pas moi, je ne comprends pas pourquoi. Pourtant, je suis gentille et je danse bien.

— Ne t'inquiète pas trop, Pauline, pour ce genre de choses, il ne faut pas se précipiter, tout vient à point qui sait attendre.

— Oui, mais si elles me les prennent tous, il n'en restera plus pour moi.

— Au moins tu as un franc-parler, Pauline, il y en a qui aiment bien ça. Mais tu devrais peut-être essayer de te faire un peu plus belle, de soigner un peu ton corps...

Que pouvais-je lui dire d'autre sans risquer de la vexer ?

Je la voyais alors revenir quelques semaines plus tard affichant un exubérant rouge à lèvres et une coiffure architecturale avec pavillon central, ailes, mezzanines, cuisine et dépendances.

— Tu sais, Pauline, c'est quand on s'inquiète trop des choses, qu'elles ne viennent pas, il faut te relaxer. Tu devrais en profiter pour faire un petit régime, ça t'irait bien et ce serait bon aussi pour ta santé.

J'avais osé dire cela.

— Vous voulez dire que je suis trop grosse, mais j'ai des copines plus grosses qui se sont déjà mariées.

Je témoigne ici qu'il n'y avait aucune copine plus grosse ni dans le village ni dans les environs, mais Pauline avait cette merveilleuse autosatisfaction qui aide beaucoup dans la vie.

— Je ne dis pas que tu es trop grosse, je dis simplement que c'est ta tendance et ton hérédité, et que si tu n'y prends pas garde, ça peut devenir un problème pour ta santé.

J'avais dû fâcher un peu Pauline, car je ne la revis pas d'un certain temps.

Quand elle est revenue, elle était fièrement accrochée au bras de son fiancé.

— Docteur, on vient vous voir, c'est pour le certificat prénuptial.

Je feignis l'étonnement et l'admiration. Elle avait donc trouvé. En réalité, je le savais déjà, car on sait tout dans un village. D'autant plus que, depuis quelques jours, elle s'affichait ostensiblement dans la rue avec sa conquête, sa capture. N'était-elle pas une fille de grand chasseur ?

Le fiancé mesurait vingt centimètres de moins qu'elle, il pouvait tenir aisément de face et de profil entre ses deux seins, il la regardait timidement et tendrement. Je crois qu'ils étaient heureux. Mon espoir secret était que le mélange de leurs références pondérales fasse un équilibre et que la nutrition de leurs éventuels enfants en soit améliorée par rapport à celle de Pauline.

Pauline eut trois grossesses qui ne se remarquèrent pas dans les plis de ses robes. Ses trois enfants vont bien. Son mari a été muté dans une ville du Nord. Elle est devenue aide soignante. Les parents Reboulet sont fiers de leurs trois petits-enfants, ils m'ont montré des photos. Aucun des trois n'est obèse.

Notre espèce fait parfois des pauses dans l'élaboration de sa diversité.

Mathilde Brochot avait tout pour déplaire. Le physique, le boire, le social, le parler, le regard. Ses deux enfants lui avaient été retirés d'office par la DDASS qui attendait l'accouchement du troisième pour le récupérer, dès son arrivée sur notre planète bleue. Mathilde Brochot avait un passé catastrophique, elle avait un présent déplorable, et heureusement pour elle, elle n'avait pas d'avenir.

Du moins je le croyais.

Chacun de ses enfants lui avait été fait par d'anciens légionnaires de passage. J'eus à intervenir une fois sur réquisition de la police pour faire une prise de sang à l'un d'entre eux suite à « mise en danger des personnes et de l'ordre public » selon les termes consacrés par l'usage.

Ses trois légionnaires revenaient parfois, entre deux séjours en prison ; par malheur, un jour, deux de ses amants se trouvèrent en même temps dans l'étroite HLM qu'elle occupait. Appartement bien trop petit pour deux anciens baroudeurs des grands espaces sahariens. La bagarre dégénéra, l'un d'entre eux fut grièvement blessé. Ce fut ma deuxième intervention sur l'un des légionnaires de Mathilde Brochot.

La vie de Mathilde connut là un tournant décisif. En effet, l'office d'HLM profita de l'occasion pour faire hâter son départ car elle ne payait plus ses loyers depuis longtemps.

Elle atterrit dans un cabanon en pleine forêt, là où les promoteurs n'obtiennent pas de permis de construire et où seul le feu peut aménager le territoire. Ce cabanon était l'un des nombreux abris illicites d'une famille dont les membres n'avaient rien à reprocher à Mathilde, puisque chacun d'eux décela très vite en elle les qualités requises pour s'intégrer dans le clan.

Comme les trains qui déraillent, les personnages sordides qui jonchent ces pages ne sont pas un fidèle reflet du fil des jours. Mais la narration médicale n'a pas vocation de décrire des consultations ennuyeuses, mais bien de peindre l'éclat sporadique d'une Mathilde Brochot.

J'en demande pardon aux gens dits « ordinaires » qui ont assuré quatre-vingts pour cent de mon activité bobologique et de mes revenus.

L'histoire des hommes est pleine de ces tentations eugéniques et planificatrices visant à éliminer Mathilde Brochot et ses semblables. Imaginez la désolation d'une société normative qui anéantirait tout ce merveilleux laboratoire d'apprentissage. Si je ne souhaite pas la prolifération des Mathilde Brochot, je ne souhaite pas non plus celle des chefs de cabinet du secrétaire d'Etat aux DOM-TOM.

L'humanité naturelle et culturelle doit bien pouvoir continuer encore longtemps à osciller entre les deux sans forcément sombrer dans le normatif ou le dégénératif. Je laisse évidemment le lecteur seul juge de décider lequel, de Mathilde Brochot ou du chef de cabinet du secrétaire d'Etat aux DOM-TOM, est dégénératif ou normatif.

La famille d'accueil de Mathilde était plus une tribu qu'une famille. Le patriarche était un ferrailleur sur le déclin, il avait beaucoup ferraillé dans sa vie et avait fini par s'interroger sur la nécessité du ferraillage. Sa conclusion était limpide :

— Ferraillage ou pas ferraillage, on finit tous par crever.

Autour de ce mâle dominant, quelques autres se différenciaient par la forme et la taille des taches de cambouis sur le visage. Il y avait aussi des femmes, sœurs ou cousines qui cuisinaient le soir les produits des larcins de la journée. De sombres histoires traînaient au sujet des habitants de ces cabanons, on y parlait de viols et d'incestes. Il fallait tout diviser par dix. Mais même à imaginer le dixième, cela faisait déjà beaucoup.

Parmi eux, Gilbert.

La nature ne l'avait pas gâté. Il était albinos et presque aveugle comme cela est habituel dans cette maladie génétique. Albinos en Provence, c'est plus difficile qu'au nord de l'Irlande, car le soleil ne fait pas de cadeau à ces peaux fragiles. Gilbert ne se départait donc jamais de sa casquette et de ses lunettes noires. On finissait même par se demander s'il existait une tête de Gilbert sans casquette et sans lunettes. Gilbert, en plus des revenus saisonniers des vendanges et de la cueillette des fruits, avait une pension d'invalidité lui assurant un confort douillet dans un cabanon légèrement isolé du groupe.

Gilbert s'éprit immédiatement de la nouvelle venue. Mathilde, de son côté, considéra Gilbert et son confortable cabanon avec attention. Elle finit par se dire que les légionnaires fugueurs et bagarreurs étaient devenus bien trop fatigants pour ses vieux jours. Gilbert et Mathilde se mirent donc en ménage.

Après plusieurs mois, il fallut se rendre à l'évidence, cela ressemblait fort à une monogamie stable.

Cette anecdote n'aurait peut-être pas autant éveillé mon attention si le mot de la fin ne m'en avait été donné par un paysan voisin que je soignais depuis longtemps pour sa goutte. Il vivait sur des terres jouxtant celles du clan ; sa bonhomie et sa sagesse lui avaient fait accepter ce voisinage avec sérénité, voire bienveillance. Un jour, au cours d'une visite, nous en venons à parler de ses voisins.

— Finalement Mathilde et Gilbert, ça fait un joli petit couple, me dit-il textuellement.

C'est donc vraiment possible d'aimer tous mes patients !

Mme Delorme avait un mari et neuf enfants. J'ignorais si le mari était le père de tous les enfants, mais je n'ignorais pas, comme tout le monde, que Mme Delorme avait un amant avec lequel elle passait une partie de la semaine dans une ville voisine. Il ne faut ni blâmer sans savoir, ni juger les autres même si leur comportement ne coïncide pas avec une certaine morale conventionnelle. Personnellement, je trouvais le couple Delorme assez sympathique. Le mari connaissait l'infidélité de sa femme, il en souffrait probablement, mais il semblait l'accepter assez intelligemment, soit par amour, soit par peur de perdre cette femme qui lui avait fait de si beaux enfants.

Mme Delorme avait un fort tempérament et une excellente santé puisque malgré sa cinquantaine et ses neuf enfants, elle avait gardé un corps désirable. Ses cheveux exagérément blonds étaient entretenus avec soin. La couleur et les boucles des cheveux sont le dernier bastion de la séduction féminine ; laquelle, après avoir tout abandonné, conserve encore dans son dernier carré le colorant et la mise en plis. Nos trottoirs et nos rues n'y ont pas perdu, qui s'agrémentent de grand-mères aux cheveux violets et bouclés accompagnant leurs petits-enfants aux cheveux rouges et verticaux.

Les enfants de Mme Delorme avaient hérité de la blondeur et du tempérament. La blondeur permettait à certaines de ses filles des conquêtes faciles, le tempérament avait donné aux garçons la force de conquérir. La famille Delorme n'en était pas pour autant la réserve sexuelle du village. Loin de là. Chacun était fidèle à ses maîtresses et amants dans la durée et dans l'amour. Qui oserait prétendre que la fidélité à un amant ou à une maîtresse n'est pas aussi honorable que la fidélité à un mari ? Mais si Mme Delorme, fidèle entre toutes, n'eut à ma connaissance qu'un seul amant, on ne peut pas en dire autant de certaines de ses filles, plus consommatrices, sans toutefois tomber dans le laxisme ou la compulsion sexuelle.

Une des filles, cependant, était hors de la norme familiale. Armelle, amoureuse à dix-huit ans d'un garçon, l'épousa sans délai et ne le quitta plus. Armelle était ma préférée, non pas pour son choix conjugal traditionnel, mais pour sa force vitale et sa jovialité. Je l'avais déjà accouchée de trois enfants et elle s'apprêtait à faire le quatrième. Elle suivait avec application les cours d'accouchement sans douleur et se comportait à chaque fois avec un courage candide et ébahi. Un véritable plaidoyer pour la vie et son jaillissement.

Un jour, alors qu'Armelle en était à un mois du terme de sa quatrième grossesse, elle m'appelle pour aller voir son père, M. Delorme. Il avait une fatigue générale, qu'après vérifications usuelles, il était facile d'attribuer à un petit épisode dépressif. Je fais part de mon diagnostic à Armelle, elle se décide alors, pour la première fois, à me parler de ses parents. Jamais jusqu'à ce jour aucun des enfants Delorme n'avait fait la moindre allusion à la relation extraconjugale de leur mère, ni la fidèle Armelle, ni ses frères et sœurs qui auraient pu trouver cela plus banal. Je supposais même qu'Armelle, exception familiale, pouvait être la seule à vraiment souffrir de cette situation. Ce fut pourtant la première à rompre ce silence avec une extraordinaire bonté de parole.

— Voilà, docteur, vous savez que ma mère voit un monsieur depuis longtemps.

Elle cite alors le nom de la ville où se trouve l'amant. J'apprécie l'expression « voit un monsieur ». J'admets le savoir par la rumeur sans qu'aucun membre de sa famille ne m'en ait jamais parlé. Armelle apprécie ma franchise et ajoute :

— Je crois que maintenant, mon père le supporte moins bien qu'avant.

— Il semble pourtant avoir supporté longtemps sans rien dire. Qu'en pensez-vous Armelle ?

— Moi, je n'ai rien à en penser, ce sont mes parents, ils font comme ils veulent. Jusqu'à maintenant, ils se sont bien entendus comme ça, ils nous ont bien élevés, on n'a rien à leur reprocher.

J'apprécie à mon tour la franchise d'Armelle et je lui en fais part en lui redemandant pourquoi son père supporte moins bien soudainement.

— Eh bien ! voilà, docteur, avant ma mère ne partait que deux jours par semaine, mais maintenant, elle part plus souvent, et c'est ça qu'il ne supporte pas.

Voilà donc une enfant modèle qui ne juge pas ses parents, elle évalue la situation avec clairvoyance. Le père ne supporte pas cette infidélité nouvelle, il avait accepté un contrat tacite de bigamie pour son épouse mais au respect de certaines conditions minimales compatibles avec la vie familiale. La mère vient de le tromper en changeant les termes du contrat. Les enfants, qui avaient tout pardonné, s'étonnent aussi de cette infidélité nouvelle.

Tout est toujours relatif. Les habitants de la petite île de l'archipel disent que la grosse île est le continent, les habitants de la grosse île disent qu'ils sont sur une petite île. Armelle peut considérer que sa mère est fidèle si elle donne moins de temps à son amant qu'à son mari. Pour d'autres, la fidélité sera de n'avoir pas d'amant ou de n'avoir qu'un seul amant ou que trois femmes légitimes.

Armelle m'a réappris la relativité.

M. Paradin était poissonnier, il avait une belle femme également poissonnière de son état. Ils avaient deux enfants que la raison n'avait pas voulus dans son camp. L'aîné après de longues heures de souffrance néonatale n'avait jamais pu dépasser un âge mental de huit ans. Le second, qui n'avait pas eu cette malchance, fut rattrapé plus tard par la maladie sous forme d'une schizophrénie à symptômes négatifs. Il ne fait aucun doute que le couple Paradin souffrait de n'avoir pas, comme les autres parents, l'espoir que confère une progéniture à potentiel évolutif. Mais les Paradin avaient un avantage considérable sur beaucoup d'autres géniteurs torturés par les sciences de l'éducation. Ils avaient en effet un optimisme qui leur donnait la force d'accepter tous les revers de la vie comme une simple marche supplémentaire à franchir sur le chemin d'un bonheur accessible.

M. Paradin, pétanqueur amateur de haut niveau, était entouré d'une foule d'amis également pétanqueurs qui l'aidaient à lisser le relief des humeurs. Mme Paradin, bonne danseuse, animait avec constance et brio le groupe de danse folklorique pour la plus grande joie des générations.

Les Paradin avaient vite compris que le salut de leurs deux fils ne passait ni par une psychothérapie de soutien, ni par des médicaments, ni par une quelconque institution administrativement rigide.

Non, le salut de leurs deux fils passerait par la poissonnerie.

Le raisonnement était simple. Si la poissonnerie avait réussi à faire un couple Paradin heureux et « villageoisement » intégré, elle saurait en faire au moins autant avec leurs deux fils. Les deux fils avaient certes la malchance de leurs lacunes cognitives, mais l'immense chance d'avoir une poissonnerie déjà tout installée.

C'est sans doute la meilleure décision thérapeutique qu'il m'ait été donné de valider au cours de ma carrière de psychothérapeute amateur. En effet, je ne dirai jamais assez que le traitement social des maladies neuropsychiatriques est certainement le plus utile pour ne pas dire l'unique. Hélas tous les patients n'ont pas la chance d'avoir des parents Paradin et l'on est souvent obligé de compléter le traitement social avec des médicaments psychotropes.

Pour les enfants Paradin, la thérapeutique fut miraculeuse. Les parents comprirent vite qu'un âge mental de huit ans, s'il n'était pas propice à la gestion d'un commerce artisanal, était suffisant pour acheter et vendre des poissons, sans avoir à les négocier, car les circuits de négociation avaient été préétablis de longue date grâce à leur ténacité. Ils comprirent également qu'une schizophrénie à symptômes négatifs n'est pas incompatible avec un bon maniement de la calculette, ni avec la force musculaire nécessaire au maniement des caisses de poissons et de la glace pilée.

La recette fit fortune, les quatre Paradin, tous excellents poissonniers, purent augmenter le nombre de leurs marchés et le montant de leurs recettes. C'était un régal de voir fonctionner l'entreprise Paradin sans conflit syndical avec comme seul but avoué la satisfaction du client, et comme but tacite la réussite des deux fils et du pragmatisme poissonnier.

Si j'ai eu l'immense plaisir d'intervenir dans cette famille pour la bobologie professionnelle et les viroses saisonnières, c'est parce que les parents avaient un respect naturel pour le commerçant que j'étais. Il fallait bien faire travailler le docteur du village comme les autres commerçants qui sont à la fois des collègues et des clients. Ils savaient bien que mes interventions n'ajouteraient ni n'enlèveraient rien à l'évolution de leurs rhumes ou de leurs rhumatismes. Ils ne prenaient avec parcimonie que les médicaments susceptibles de faire taire rapidement un symptôme gênant. Je crois qu'ils appréciaient, avant tout, ma discrétion et mes encouragements dans leur prise en charge des maladies mentales et psychiatriques de leurs garçons.

Je regrette encore aujourd'hui d'avoir été trop discret, car je n'ai jamais osé leur confier d'autres patients pour une réinsertion sociale par la poissonnerie.

Les tziganes, les bohémiens venus de l'Europe de l'Est pour nomadiser dans nos contrées, se retrouvent çà et là dans nos villages pour rempailler des chaises et faire les saisons de cueillette et de vendanges. Leur image est souvent ternie par les histoires de rapine plus ou moins vraies qui accompagnent leurs passages. Boucs émissaires tout trouvés.

La famille Degaltieche, qui avait installé son camp fixe aux portes de notre village, avait réussi à défier la légende et à imposer le respect. Quand bien même il y aurait eu un vol dans les parages, nul n'aurait songé à les accuser, tant leur honnêteté intrinsèque était connue de tous. Un terrain leur avait été alloué où ils avaient pu installer leurs caravanes et leurs préfabriqués, véritable hameau hétéroclite. Ils étaient finalement devenus presque sédentaires et vendaient leurs bras aux plus offrants. Le patriarche était une force de la nature, il avait fait neuf enfants à son unique compagne qu'il continuait à regarder avec une vigoureuse tendresse. Cela laissait deviner l'intensité des copulations passées et à venir. Il n'y avait pas besoin de posséder une licence de psychologie pour déceler dans le regard en retour de sa solide compagne qu'elle aimait toujours tendrement son gaillard, mais qu'il ne pourrait jamais lui manquer de respect sans risque majeur pour son patriarcat. La mère avait le visage aux contours estompés, les pommettes rouges et saillantes. Elle avait des mains de travailleuse dont la face dorsale était potelée avec une peau encore lisse pour les caresses. Ses mains résumaient la dualité de cette femme issue de la terre, la paume pour sévir et travailler et le dessus pour séduire et caresser.

J'avais le grand honneur d'être le médecin traitant des quatre générations de la quarantaine d'âmes qui composaient le clan. Les visiter était un plaisir car j'en repartais toujours avec la sérénité que donne la contemplation d'une forêt primaire. Enfants, petits-enfants, gendres, belles-filles, tous portaient la marque du clan. Ils avaient le regard sans fard et le verbe sans nuances. Ils demandaient exactement ce qu'ils avaient à demander sans détour, sans fierté ni humilité. C'était simple, il suffisait de répondre de la même façon pour se faire comprendre.

Il m'arrivait d'y déceler parfois une mère un peu plus angoissée devant le nourrisson fébrile, un adolescent un peu perverti par les maux du siècle, une épouse aux allures infidèles, un mari moins vaillant. Mais tout cela ne durait pas, le clan réabsorbait la divergence passagère, gommait le doute, calmait l'angoisse. Le risque d'exclusion du clan était trop fort pour qu'une velléité de péché jamais puisse se transformer en péché définitif. Le clan avait en plus une image à défendre, celle de l'honnêteté, sans laquelle ils risquaient de perdre à jamais la jouissance de leur terrain d'emprunt.

L'argent y ayant peu cours, j'étais payé de mes actes en vanneries diverses qu'il m'était impossible de refuser. J'en possède encore une importante collection, témoin de la réalité du clan et de la solidité de son artisanat.

J'avais acquis la conviction que la maladie ne pouvait pas pénétrer dans une telle famille. Le patriarche, cependant, commençait à présenter des signes qui m'inquiétaient, douleurs cardiaques à type d'angine de poitrine, asthme qui s'aggravait. L'asthme de cet homme m'interpellait. Notre solide patriarche avait donc comme les autres sapiens un point de fragilité où le doute pouvait prendre appui et conduire à l'angoisse ou à l'asphyxie. J'aurais voulu savoir d'où venait le doute, d'où venait l'angoisse, mais je n'ai jamais vraiment pu interroger ce chêne vigoureux car je ne voulais pas ternir l'image de ma forêt primaire.

Pour son asthme, je proposai donc les classiques traitements symptomatiques. Pour son cœur, je n'ai pas voulu mettre en route toute la grosse machinerie des investigations cardiovasculaires. Cela pour plusieurs raisons, ces investigations étaient coûteuses et hors des moyens financiers du clan, elles aboutiraient certainement à une indication opératoire dont je supposais, à tort, qu'il ne voulait pas. Enfin, l'évolution de la maladie paraissait très lente et bien contrôlée par un psychisme sain dans un organisme vigoureux. Je décidai donc de soigner cette angine de poitrine avec les médicaments usuels, juste assez pour permettre une vie correcte, évitant l'aventure hasardeuse des thérapeutiques médicales et chirurgicales plus lourdes. Ce choix découlait d'un raisonnement où entraient plusieurs paramètres, sociaux, financiers, médicaux et psychologiques. Mais en y réfléchissant, avec le recul des années, je m'aperçois que ce choix était également guidé par des considérations personnelles et affectives. Je refusais inconsciemment de donner mon patriarche au scalpel des chirurgiens, de le livrer aux explorations sophistiquées, d'en faire un numéro dans une statistique d'expérimentation thérapeutique. Je ne voulais pas en faire un survivant soumis au système de la domination technologique abusive. Je voulais par un souci écologique, sans doute désuet, protéger ma forêt primaire contre les bulldozers, je voulais donner sa chance à cette nature de mourir fièrement en laissant son humus nourrir ses descendants.

Lorsque je quittai le village, le père n'allait ni mieux ni moins bien, mais tout son clan avait accepté sans contestation mon choix peu interventionniste pour le traitement du patriarche.

J'ai souvent revu la famille Degaltieche, par la suite. Ils m'ont expliqué que mon successeur avait décidé d'intervenir bien plus vigoureusement que moi sur la maladie de leur père. Il obtint pour lui une prise en charge à cent pour cent par la Sécu, il fit pratiquer les bilans cardiologiques qui confirmèrent la sténose d'une coronaire à l'origine des douleurs cardiaques. Enfin, il fit réaliser un pontage chirurgical. Tout cela améliora significativement ses symptômes, ce qui ne m'étonna pas. Par contre j'avoue avoir été surpris par le fait que le père Degaltieche ait accepté aussi facilement toute cette confiscation de son corps par la médecine de pointe. Ses symptômes avaient certes diminué, mais il devait se soumettre à des bilans sanguins mensuels et à des contrôles cardiologiques réguliers. Lui et sa famille avaient accepté d'être assistés par la société et par les techniciens de la médecine Cela a un peu terni l'image de ma forêt primaire et jeté un pavé dans la mare de mes convictions médico-sociales.

J'ai compris ce jour-là que les néons de la technologie finiraient par attirer sous leurs feux tous les papillons de nuit, tous les tziganes de ma Bohême, les saltimbanques et troubadours de mes livres d'enfant, les poètes, les vieux chênes et les forêts primaires.

Aujourd'hui, de nombreux épidémiologistes sont convaincus et commencent à prouver que les médicaments et interventions améliorent certes temporairement les symptômes, mais réduisent très peu la mortalité cardio-vasculaire des populations. L'essentiel de la prévention et de l'amélioration provient de l'exercice et du régime alimentaire. Ces épidémiologistes me donnent à posteriori un peu raison, mais je n'avais aucun chiffre statistique à donner à la famille Degaltieche pour prouver que mon choix n'était pas forcément plus mauvais qu'un autre. Il s'agissait d'une intuition, d'une impression de bon sens, mais de rien d'autre.

Les études épidémiologiques qui pourraient éventuellement donner raison aux choix peu interventionnistes sont longues et coûteuses, elles ne peuvent pas être financées par les laboratoires pharmaceutiques qui n'ont aucun intérêt à le faire. On ne peut pas le reprocher à ces laboratoires car ce n'est pas leur vocation. Ces études doivent être financées par des organismes indépendants, par les pouvoirs publics ou par les universités médicales. Soyons logiques jusqu'au bout, comment demander aux pouvoirs publics et aux médecins de financer des études dont le résultat serait probablement de diminuer massivement la consommation médicale, donc le marché médical, donc le PIB, donc la croissance, donc la raison d'être du monde occidental ? J'appartiens à ce monde occidental. Je contribue à l'étouffement de ma forêt primaire, je participe indirectement à l'asservissement du père Degaltieche.

Je ne conteste pas l'efficacité relative des traitements sur le confort individuel. Je ne conteste pas non plus une possible augmentation de la survie au cas par cas. Je déplore que, dans le domaine de la pathologie cardio-vasculaire, l'on ferme progressivement la porte à tous les autres paradigmes. On oublie que la santé publique n'est pas une somme arithmétique d'impressions subjectives et de soulagements individuels.

Quoi qu'il en soit, je l'accepte, j'ai eu tort de ne pas proposer les deux possibilités à mon patriarche en lui laissant le choix. J'aurais dû lui donner toutes les informations nécessaires à une décision personnelle. Mais j'ai fait le choix pour lui. Mon successeur a eu tort également s'il a « vendu » au père Degaltieche la méthode interventionniste sans lui laisser le choix. L'incontestable raison de mon successeur a été de marcher dans le sens des courants du moment. Mon tort certain a été de croire que le clan Degaltieche pensait comme moi.

Le père Degaltieche est vivant. Lorsque viendra son heure, je suggère à mon successeur, s'il lit ces lignes, de laisser mourir mon patriarche au milieu de son clan et non pas sous les écrans de monitoring d'un centre de réanimation. J'ai sans doute encore tort de demander cela, mais j'ai l'impression que cette mort au milieu des siens empêchera un peu plus longtemps les adolescents du clan de dériver vers l'inconnu de l'Occident, empêchera les velléités de péché de devenir péché, retardera un peu la dissolution du clan, le moment où il ira se fondre dans la normalité sous les néons de la technologie.

Cent familles, encore, se bousculent dans ma tête, toutes « normalement anormales » et discrètement pathogènes.

Les de Courbois, vieille baronnie, dont le fils au cortex un peu limite me consultait environ cinq fois par an pour des morsures de vipère dont il me montrait la trace des deux crocs. J'ignore toujours quel instrument lui servait pour le subterfuge et je priais pour qu'il ne soit jamais réellement mordu car, ne le croyant pas, je l'aurais sans doute laissé sans soins, et aucun tribunal ne m'aurait donné raison. Ses parents refusaient d'admettre la folie de leur fils comme ils refusaient d'admettre qu'il exhibait parfois ses organes génitaux devant les jeunes filles du village. Quelques parents m'avaient confié leur inquiétude. Plusieurs plaintes avaient été déposées contre lui, mais pouvais-je contribuer à l'accabler et à faire mettre en prison un arrière-petit-fils de baron ? Oui s'il était dangereux, non s'il ne l'était pas.

J'avais parié qu'il n'était pas dangereux. Pile ou face. J'ai gagné. Il n'a toujours pas agressé de petites filles, mais il continue à se faire mordre cinq fois par an par une vipère, c'est sa seule affabulation.

Finalement, vipère ou image, les temps changent, les images virtuelles ont remplacé les vipères virtuelles. Et l'homme est toujours là, noble ou roturier, dans sa folie complexe, avec son sexe exhibé, exposé à tous les vents.

Pourvu qu'il ne prenne pas froid.

Les familles sont un catalogue de faits divers. Dans tous les pays où j'ai exercé, les pages du catalogue se ressemblaient jusqu'au moindre détail. J'ai vu la mère battue par le fils et le père, le père battu par la mère, et bien trop souvent la mère battue par son mari. Je me suis toujours demandé quel lien indestructible faisait continuer ces êtres à vivre ensemble. Quelle est la relation pathologique complexe qui se crée dans ces familles ? Je n'ai pas la réponse. Concluons provisoirement que, chez Homo sapiens inachevé, espèce accidentelle consolidée par la conscience et le langage, la famille doit être un mal nécessaire pour l'apprentissage démesurément long de l'enfant. En Occident, la famille excelle dans la première phase de l'apprentissage. Mais elle semble avoir des difficultés plus tard, pour la phase de l'adolescence. Hélas, la société moderne ne sait toujours pas prendre le relais à ce stade.

Les Charzelle avaient deux filles et un fils. Adolescents. Il fallait quitter le cocon familial. Mais, la société n'avait rien à leur proposer en dehors du cocon. Une fille Charzelle est allée se marier en secret avec un musulman et s'est convertie à l'islam. L'autre est allée faire le tour du monde et en est revenue héroïno-dépendante. Le fils, après avoir essayé l'homosexualité, la drogue, la vie en communauté, est revenu à la maison, sagement. Aujourd'hui, c'est un père et un mari parfait. Il veut une grande famille.

L'histoire des hommes n'est jamais finie.

8 – Les psys

« Psy » est un diminutif passe-partout qu'utilisent les soignants pour classer les patients qui ne se décident pas à être vraiment malades et les maladies qui ont la mauvaise idée de n'être pas franchement « organiques ». Concept en vérité très subtil et délicat que celui de la maladie « psy » ou du patient « psy ».

Des exemples choisis vont peut-être aider à appréhender ce concept.

Celui qui a un ulcère de l'estomac n'est pas un « psy », car on peut à loisir avec un endoscope voir le trou dans son estomac.

Celui ou celle qui fait une dépression réactionnelle après un deuil ou un divorce n'est pas un « psy », car la dépression réactionnelle est un diagnostic médical et le deuil et le divorce sont des excuses sociales valables et validées par toutes les autorités compétentes.

Celui qui a une douleur lombaire au repos est un « psy », car la douleur lombaire n'est autorisée à apparaître qu'à l'effort.

Celui qui a une toux chronique pour laquelle on ne trouve pas de cause pulmonaire, digestive, allergique, irritative, professionnelle ou tabagique est un « psy » parce que le scanner et les tests ne peuvent pas « raisonner » cette toux incongrue.

Mais celui qui tousse parce qu'il fume deux paquets de tabac par jour n'est pas un « psy » parce que l'on sait très bien pourquoi il tousse.

Celle qui a des règles abondantes, irrégulières ou douloureuses est une « psy » parce que les analyses ne peuvent pas expliquer ces indécents dérèglements.

Celui qui a de vraies migraines n'est pas un « psy », si l'on peut trouver des migraineux dans ses antécédents familiaux ; mais il est suspecté de « psy » s'il n'est pas foutu de trouver un oncle ou une tante qui avait les mêmes migraines.

Celui qui a une alternance de diarrhée et de constipation est « psy » tant que le gastro-entérologue n'a pas fait d'endoscopie. Après cette coloscopie, il devient atteint d'une colite (côlon irrité), d'un dolichocôlon (côlon trop long), d'une diverticulose (côlon avec un excès de diverticules). C'est donc une banale investigation qui vous fait soudainement changer de monde et passer du « psy » au « pathologique ».

Les lecteurs que ces lumineux exemples n'ont pas éclairés sur la maladie « psy » doivent être résolument hermétiques à la science médicale.

A moins qu'ils ne soient un peu « psys » !

Il est par ailleurs intéressant de noter que les patients qui fréquentent les cabinets de psychiatrie ne sont pas des « psys », en effet, ils ont des diagnostics répertoriés dans les manuels européens et même américains — ce qui est une référence —, névroses obsessionnelles, délires paranoïaques, schizophrénie pour les plus clairs ; cyclothymies, attaques de panique et inhibitions diverses pour les plus obscurs. La seule mention d'un diagnostic anéantit le concept de « psy ».

Le « psy », c'est le magma de l'ignorance, la litière des charlatans, le carburant des sectes, le levain des partis, la noblesse des religions, le fonds de commerce de la Sécu, le ridicule des médecins, le défi à la science.

Le « psy », c'est l'empêcheur de tourner en rond, l'antinormatif, l'absent du catalogue, mais omniprésent dans les cabinets médicaux. Le « psy » c'est celui qui fait capoter les prévisions des sociologues. Le « psy », c'est celui qui empêche le devin prédicateur du Fonds monétaire international d'avoir raison. Le « psy » a un rôle éminemment social car il protège la société de son anéantissement sous les courbes prévisionnelles. Le « psy » fait échouer les dictatures idéologiques car il n'est jamais conforme au modèle. Très souvent d'ailleurs, le dictateur lui-même devient « psy » car il perd le modèle en cours de route.

Ah, le « psy », que je l'aime !

Tous mes « psys », je les ai aimés passionnément. Ils m'ont certes fait perdre beaucoup de temps, mais ils m'ont fait gagner tant d'argent ! C'était mon fonds de commerce, mon challenge permanent, mes sujets, mes marionnettes. J'étais leur idole, leur souffre-douleur, leur bouc émissaire, leur guérisseur, leur marabout. Et puis ils sont tellement plus sympathiques et drôles que les autres.

J'ai longtemps pensé, à tort, que les « crâne d'œuf » qui dans les entreprises vous montrent les courbes ascendantes et les organigrammes salvateurs étaient des antinomies du « psy », véritables « apsys » qui avaient une explication rationnelle à tous les symptômes humains et à tous les phénomènes sociaux. Et puis, dans ma Provence où ils venaient passer leurs vacances au soleil, loin des brumes des ministères, je les ai croisés, puis soignés progressivement, puis écoutés parler d'eux modestement. Quelle ne fut pas ma surprise de trouver parmi les HEC, MBA, ENA autant de « psys » que chez les autres. Comment donc ? Les diplômes ne seraient même pas un frein au vagabondage des symptômes ? L'irrationnel peut aussi s'immiscer dans les circonvolutions de ces cortex ? Le doute peut aussi venir se fixer sur l'épine irritative et exploser en syndrome ?

Les symptômes misérables de ces technocrates m'ont aidé à aimer encore plus tendrement Homo sapiens, qui, même arrivé à ce qui paraît être le sommet de l'apprentissage et de la maîtrise des émotions, reste toujours empêtré dans l'irrationnel de sa phylogenèse.

Cette mère et son fils étaient « psys ». Le fils n'avait jamais quitté la maison maternelle, je le surnommais « le curé » bien qu'il n'ait jamais eu la moindre vocation, et à fortiori jamais exercé ce noble sacerdoce. Toujours habillé de gris ou noir avec des costumes élimés et des cols blancs fermés, il était l'image d'Epinal du curé, sa caricature. Imberbe, pâle, l'air bon et candide, souriant, social, amical. On pouvait le suspecter d'impuissance ou de virginité.

Y a-t-il un physique de la virginité ?

Castré très tôt par sa mère autoritaire et originale, il n'avait sans doute ni pu ni voulu chercher une compagne qui puisse rivaliser avec cette mère crainte et adulée.

Sa mère de plus de quatre-vingts ans était une espèce de sorcière moderne, menton en galoche, ridée à souhait, fumeuse de gauloises, un peu souillon, mots acerbes et ésotériques. Elle ne quittait pas sa maison aux volets fermés et à l'odeur de moisi. Elle maintenait ce fils dans cette villa provençale acquise sur le tard après une vie de dur labeur et peu avant la mort du père. Ce fils quinquagénaire avait une existence entièrement axée sur les désirs de sa mère, laquelle trouvait cela tout à fait normal. Le couple vivait dans la villa sombre, jamais repeinte depuis le décès du père, quelque vingt ans auparavant.

Rien ne semblait pouvoir entamer la santé de la vieille opiniâtre, rien ne semblait pouvoir sortir le fils de sa torpeur soumise. Je les voyais souvent pour soigner des maladies toutes plus « psys » les unes que les autres. Ils m'appréciaient, ils estimaient mes absences de diagnostics, mes radiographies qui ne montraient jamais rien de précis, mes commentaires laconiques sur leurs symptômes ésotériques. Ils me trouvaient compétent et nous nous félicitions mutuellement de nos pronostics incertains, toujours confirmés par des guérisons molles.

Les multiples examens de laboratoire confirmaient la présence de chiffres s'écartant modérément de la moyenne sans jamais oser affronter l'aventure de la franche anormalité.

Nos échanges étaient plutôt gais, les visites étaient cordiales, simples pour moi, rassurantes pour eux. Nos discussions et conclusions ne s'aventuraient jamais sur le terrain de la franche pathologie organique de peur de n'en plus ressortir.

Bref une relation d'une déconcertante conformité « psy »

Chacun prédisait la dépression du fils après la disparition de la mère. Moi aussi. Chacun s'est trompé.

Sitôt sa mère enterrée, on a assisté à la résurrection sociale du fils qui s'est mis à s'occuper de lui et à porter le regard sur les femmes. Sa culture accumulée au fil de ses nombreuses lectures a pu s'exprimer de façon brillante et élégante. Le noir de ses habits s'est progressivement éclairci jusqu'à des beiges presque outranciers. Bien plus, tout médecin ignorant son passé n'aurait jamais été capable de porter le diagnostic de « psy ». Seul je pouvais garder le privilège de reposer un jour ce diagnostic en raison de ma connaissance approfondie du cas !

Ainsi, preuve me fut donnée que le « psy » n'est pas héréditaire mais acquis. Même pas l'ombre d'un facteur génétique prédisposant. Attention, j'ai bien dit « psy » et non pas psychiatrique. Je n'oserais pas, car la faculté prétend que les psychoses sont en partie héréditaires. Et je ne tiens pas à m'attirer les colères de la faculté, car j'ai trop besoin d'elle pour mes autres diagnostics péremptoires.

Reconnaissons aussi que la suppression de l'agent pathogène parental, conjugal ou professionnel ne suffit pas toujours à soigner le « psy » aussi bien que ce fut le cas pour mon curé avec sa mère.

De nombreux « psys » défient le temps et les circonstances.

Et toi la blonde oxygénée, toi qui avais un lourd passé chirurgical.

Les chirurgiens avec leurs scalpels avaient été le dernier recours. Aucun médecin n'avait réussi à te signifier que tes symptômes étaient seulement dans ta tête et non dans ton ventre. Tous avaient probablement essayé de t'en faire comprendre le peu de gravité, la nécessité de n'y plus penser trop souvent.

Alors, les chirurgiens avaient trouvé. On trouve toujours dans un ventre un petit « quelque chose » qui sort de la norme. On l'enlève pour exorciser le mal.

Pourquoi les ventres ne seraient-ils pas comme les visages ? Un nez trop long ou trop épaté, un bouton sur la joue, une lèvre trop épaisse, un sourcil trop fin, trop clairsemé, une pommette trop saillante, une peau trop grasse, une paupière trop lourde. Est-ce vraiment bien normal tout cela ?

Aujourd'hui, les médecins trouvent aussi avec leurs belles machines des images qu'ils suspectent avec autant de déraison : un côlon trop long, une côte trop courte, une vertèbre trop crochue, une tache trop sombre ou trop claire, une veine trop étroite ou trop large, un rein trop bas.

Longue est la liste des images sans signification que l'on rattache à un symptôme que ni patients ni médecins ne veulent approfondir. Economie de temps et évitement de l' « âme » inexplorée.

Pour toi aussi, belle oxygénée, les chirurgiens et radiologues avaient sorti chaque fois un diagnostic de ton ventre : bride péritonéale (forcément puisque la bride péritonéale est la séquelle d'une intervention précédente), appendicite chronique, diverticule sigmoïdien, dolichocôlon et tant d'autres diagnostics qui ne sont pas des maladies, peut-être même pas des symptômes, peut-être rien.

Ton mari bénissait ces diagnostics et les interventions subséquentes qui étaient suivies de quelques mois de répit dans sa relation à ton être sans relation possible. Ces diagnostics donnaient provisoirement une explication à tes symptômes. Mais hélas, on ne guérit pas l'hystérie en enlevant un bout d'intestin. Alors, après quelques mois de répit, tu revenais à ta folie bruyante qui te rendait inapprochable. Je t'ai approchée doucement, j'ai cru t'apprivoiser un peu, t'éloigner un peu de tes organes. J'ai timidement approché ton psychisme dont tu fuyais même l'idée, même l'ombre. Comme les autres, j'ai échoué. Je t'ai abandonnée à ton impossible enfance, je t'ai confiée de nouveau à tes organes cruels parce que je n'avais pas le temps d'être toujours à tes côtés. Je t'ai rendue à tes chirurgiens ; je ne peux pas leur en vouloir de continuer à te mutiler. Ils sont comme moi, ils font ce qu'ils savent faire, ce qu'on leur a appris à faire. Moi, on ne m'a pas appris l'hystérie à la faculté. Je l'ai découverte sur le tard. Bien trop tard. J'avais d'autres chats à fouetter.

Tes enfants étaient déjà bien abîmés, ton mari, qui ne comprenait rien, avait replongé dans son désert du quotidien, et moi, je m'enfuyais doucement sur la pointe des pieds.

Avec mon ridicule stéthoscope en bandoulière.

Les deux parents étaient « psys ».

Ils étaient jeunes, beaux, assez intelligents, issus de bonnes familles, mais ils étaient « psys ». Rien n'est jamais incompatible avec la qualité de « psy », aucune classe sociale, aucun métier, aucun diplôme ne peut en protéger. La graine de « psy » est bien plus ubiquiste que les acariens et les pollens. Ils avaient hérité, de leurs familles, un standing de vie nettement au-dessus de leurs possibilités et ils complétaient un maigre salaire paternel par des leçons particulières de tennis auquel ils jouaient tous deux fort bien.

Les manifestations psychosomatiques se firent d'autant plus fréquentes et nombreuses que les fins de mois devenaient difficiles, cela est bien normal. Ce qui m'a paru moins normal est la transformation progressive de leur relation à la science et à la médecine. Cette relation, neutre au départ, devint progressivement obscure puis ésotérique puis agressive et enfin absente ou franchement incongrue. Il y eut une soudaine aversion pour tous les vaccins sans exception.

Dans cette biographie de mes patients, je me permets parfois acerbité et cynisme sur la médecine, la chirurgie, les médicaments, voire les médecins. Seule la vaccination échappe à ces sarcasmes, car je n'ai jamais cessé de la considérer comme la plus noble partie de la médecine. Si l'on ne devait retenir qu'une chose de la médecine moderne, ce serait assurément les vaccins. Je ne m'explique toujours pas pourquoi il reste encore des patients pour les décrier alors que ces mêmes patients consomment ou fument des tas de choses inutiles et dangereuses. Certainement encore un problème d'éducation sanitaire.

J'étais un médecin relativement peu magistral, mais je devenais assez chatouilleux et péremptoire lorsqu'il s'agissait de vaccins. Mes patients l'avaient bien compris, qui évitaient de me provoquer sur ce point.

Ce jeune couple, lui, me provoqua au-delà du raisonnable. En effet, ils étaient devenus progressivement opposés à toute forme de vaccination, probablement après la lecture du manuel de quelque gourou dont la Provence abonde. Remarquons au passage que le quartier général des gourous est le plus souvent dans des lieux ensoleillés et plaisants. Les agents recruteurs de ces gourous sévissent aussi dans les banlieues, mais les gourous eux-mêmes siègent à l'écart des lieux de recrutement.

Ces parents, je le répète, assez cultivés, m'avaient confié leur petite fille dès la naissance en m'avertissant que ma tâche principale serait de déceler seulement une grave maladie, car ils étaient opposés à toute forme de médecine. Je trouvais leur démarche plutôt avisée quoiqu'un peu sectaire contre la médecine en général.

Je m'aperçus qu'ils n'étaient pas tant que cela opposés à toute forme de médecine puisqu'ils consultaient régulièrement pour eux et pour leur fille des guérisseurs, marabouts, imposeurs de mains et autres commerçants-sorciers des temps modernes. Mais peu m'importait puisque leur fille allait bien. Elle n'avait évidemment reçu aucun vaccin depuis sa naissance, malgré mes recommandations. Mais finalement je respectais la liberté et le choix des parents, car nous vivons dans un heureux pays où la vaccination de la plupart des habitants permet d'assurer également une protection aux non-vaccinés. Je n'avais non plus ni le temps ni le désir de m'affronter aux parents sur ce point puisque leur petite fille était splendide et bien portante.

Vint le jour des vaccinations exigées par l'école.

Les parents essaient alors de me faire établir de faux certificats afin d'être en règle avec la loi. Ma réponse est claire et sans nuances :

— Il m'est strictement impossible de faire cela, vous devez assumer seuls votre choix de parents responsables et l'expliquer auprès des autorités sanitaires qui n'imposent jamais des vaccins de force. Heureusement.

Ils ont fait plus de dix tentatives assidues et parfois agressives auprès de moi, jusqu'au jour où j'ai compris que leur réel désir n'était pas d'obtenir ces certificats, mais de me persuader de la justesse de leur choix. Ils voulaient me convaincre de la dangerosité et de l'inutilité des vaccinations et me faire cautionner leur abstention pour qu'elle entre dans le cadre de leurs croyances quasi religieuses. Je n'étais pas un prêtre de cette religion-là. Il m'était interdit de cautionner ce choix.

Je les ai perdus de vue.

Comme toujours, dans les villages, on finit par avoir des nouvelles de tout le monde. Ils ont échoué dans une vraie secte qui les a ruinés. La secte a connu de graves déboires judiciaires, mais elle avait l'appui de quelques collectivités locales, car elle amenait beaucoup de monde dans la commune.

Finalement, rien n'est jamais gratuit, ni les vaccins ni leur contraire.

Je suis presque certain que les microbes sauront épargner cette petite fille non vaccinée. Elle devra, dans son contexte familial, affronter d'autres maladies acquises bien plus pernicieuses et durables.

Il est vraiment ardu, le chemin de la santé !

Avec Julie, nous avions, comme tous les couples, notre langage codé, notre humour interne, nos mots hermétiques accumulés par la complicité des jours. Quand elle me disait : « Il faut que tu ailles voir la mamy Untel, elle est rouge entre les jambes », ça signifiait que la visite était routinière et peu urgente. Ce code était né lors d'un appel réel qu'elle avait reçu où le motif de la visite était bien la rougeur entre les jambes de la mamy. A l'inverse, lorsque c'était vraiment urgent, je le savais au timbre de sa voix, l'humour avait disparu.

Parmi ces mots codés, il y avait « Mme Duvergne », cette patiente était devenue le symbole de l'agacement maximum. Mme Duvergne m'appelait à toute heure du jour et de la nuit pour un oui ou pour un non, pour un prurit, une petite douleur, une selle plus molle, une mouche volante, un bourdonnement d'oreille, une insomnie, une hypersomnie, un bâillement, une gratouille ou une chatouille..

Elle ne supportait aucun de mes traitements, ne suivait aucun de mes conseils, me réclamait en permanence des analyses. Tous mes confrères sauront de qui je parle, chacun d'eux a sa Mme Duvergne, celle qu'il ne souhaite jamais rencontrer dans la rue, celle qu'il redoute de rencontrer en vacances, celle qui hante ses cauchemars, celle qu'il n'ose pas congédier de façon grossière, et pire encore.

Julie, au cœur de nos plus belles vacances, n'avait qu'à me dire : « Tiens, regarde qui vient nous voir, c'est Mme Duvergne... » pour que cela déclenche l'hilarité de toute la famille.

Mme Duvergne était incontestablement à ranger dans la catégorie des « psy », mais c'était une « psy » en béton, une « psy » qui ne risquait pas la folie tant ses deux pieds touchaient bien par terre, une « psy » qui ne risquait pas l'ulcère par altruisme tant sa préoccupation majeure était elle-même. Heureusement, je n'avais qu'une Mme Duvergne. Cinq m'auraient fait abandonner la médecine prématurément et définitivement.

Chacun de nous a-t-il en permanence, aux côtés de son ange gardien, une « Mme Duvergne démon gardien » qui lui rappelle sa perfectibilité et les difficultés de la vie ? Oui, car voici la preuve de cette omniprésence.

Un jour l'incroyable est arrivé.

L'inimaginable, tellement impensable que je me demande si je ne l'ai pas rêvé. J'avais quitté ce village provençal depuis deux ans pour exercer dans le sud de la Chine. Nous nous trouvions en famille à l'aéroport de Hong-kong. Croyez-moi si vous voulez. Elle était là. Mme Duvergne était là, resplendissante, chapeautée comme Elisabeth II, au milieu d'un groupe de septuagénaires en goguette dans un voyage organisé. Elle était là. Ma stupéfaction fut telle que je n'ai même pas cherché à fuir ; Julie n'a pas eu le temps de me dissimuler, tant son fou rire était incoercible. Elle était là, et elle m'a vu. Il était trop tard pour fuir mon destin. J'ai compris ce jour-là que j'aurais toujours une Mme Duvergne pour me remettre dans le droit chemin du devoir. C'était ma destinée, je serais médecin toute ma vie, à tous les instants et même pendant les vacances.

J'espérais que la rencontre serait brève, que nous allions parler de ses vacances à Hong-kong, de l'Asie, de la coïncidence amusante de notre rencontre. Non pas du tout. Ce jour-là, elle a calmement repris notre dernière consultation où nous l'avions laissée, elle m'a parlé de son nouveau médecin à qui elle avait expliqué tous ses maux, mais qui ne comprenait rien et qui ne savait pas la soigner. Elle a dit et répété — c'était tellement mieux quand c'était vous, docteur, vous aviez si bien compris mon cas, vous m'avez si bien soignée, vous n'auriez jamais dû partir.

Je pensais précisément que je n'étais pas parti encore assez loin. Elle attendait le même avion que moi, notre conversation a duré plus d'une heure, ce fut pour elle le grand bonheur de sa plus longue consultation. Ce fut aussi ma plus longue. Ce jour-là, j'ai maudit mes parents, responsables d'une éducation m'empêchant en toutes circonstances de faire un bras d'honneur à Mme Duvergne en lui disant d'aller se faire voir chez les Grecs.

Puisqu'elle était déjà allée se faire voir chez les Chinois.

Et toi, Emilie. Tu as été la plus resplendissante de mes « psys ».

Tu étais une jeune fille prisonnière de ses deux parents. Un vieux couple qui avait tenté de ressouder un amour défunt par ta fécondation. Tu étais le fruit de leur coït tardif, tu vivais le monde à travers leur filtre de vieux fonctionnaires retraités et oisifs. Ils n'avaient même plus le souci matériel d'assurer leur survie, ni la tienne. Tu étais le jouet parfois incongru de leur passion mille fois reconstruite.

Cette éducation carcérale t'avait un peu inhibée, cette prégnance morale t'avait affaiblie. La couvade excessive de ce vieux couple mort-vivant t'avait laissé une « fêlure ». Ce n'est pas un mot très médical. Ce n'était ni débilité, ni schizophrénie, ni névrose classique. Mes confrères psychiatres auraient évoqué une personnalité schizoïde, mais je préfère « fêlure » qui chante davantage et décrit mieux les dissonances perçues par ceux qui t'approchaient.

Pour un observateur non averti, il n'y aurait eu que la trouble beauté de ton visage d'adolescente farouche, que la simplicité de tes mots paisibles. Tu avais la virginité des asociaux, la candeur de ceux dont les projets ne sont qu'à très court terme, la douceur des gens sans calcul.

Une fois pourtant, dans ton parcours, tu fis un calcul dont j'ignore encore la finalité. Tu t'étais fait une entorse assez sérieuse de la cheville nécessitant un plâtre que je te fis.

Tout allait bien. On enlève le plâtre et, drame, le pied ne se relève plus. Paralysie par compression nerveuse probable. Angoisse de la mère. Angoisse du médecin qui se sent toujours coupable d'avoir fait la faute impardonnable telle que la compression du sciatique poplité externe, ou pire encore, un plâtre réalisé sur une mauvaise angulation du pied. Etrange, car le plâtre enlevé et la jambe saine semblent témoigner d'un bon travail. Il s'agissait donc tout simplement de ce qu'on appelle la « guigne ». Un pied paralysé inattendu, incongru, fortuit, indécent, rebelle, irrationnel. La « guigne » existe en médecine, hélas.

Vite, je téléphone à mon ami Arthur le kiné pour commencer d'emblée une rééducation intensive. Il comprend sur-le-champ, comme toujours, la situation, l'angoisse de la mère, la forte suspicion qui peut peser sur mes compétences. Il va essayer de faire de son mieux. Merci, Arthur.

Les jours passent, l'angoisse de la mère grandit. Elle grandit anormalement, bien que je lui répète, de la façon la plus rassurante, que de bons résultats nécessiteront un mois de rééducation. Le reproche est sournois, omniprésent. Un étranger à cette famille close n'avait pas le droit de commettre la moindre faute sur cette adolescente, enfant témoin de leurs erreurs.

J'ai remarqué que l'excès de zèle de la famille pour un patient était souvent proportionnel à la charge d'histoire négative qui l'unissait à ce patient. Comme si la réussite des soins devait compenser l'échec de la relation.

Bref, cette somptueuse adolescente était bien là, paralysée, et d'où que vienne l'erreur, seuls m'importaient les moyens de la réparer. Angoisse vraie du médecin. Les spécialistes consultés affichèrent tous le même optimisme. Tout devait rentrer dans l'ordre en moins de six semaines...

Les six semaines passent. Rien.

Honte au médecin toujours fautif d'avoir aggravé par ses soins une situation banale au départ. Honte à la mère qui voit s'ajouter une torsion de pied aux torsions corticales de sa fille. Affliction. Tout cela sous le regard trouble et indifférent de la principale intéressée. Et puis non.

Un dernier doute me prend. Je l'adresse à un grand spécialiste marseillais armé de son électromyographe hypersophistiqué. Tous deux, machine et spécialiste, diagnostiquent l'absence de paralysie. Les spécialistes peuvent mentir, mais les machines mentent-elles ? Non, une machine peut éventuellement se tromper un peu mais elle n'a jamais l'audace de mentir effrontément. Il faut être médecin pour avoir l'art du mensonge, ou patient pour en avoir la poésie.

Alors, le grand spécialiste a dit comme le Christ au paralytique : « Lève-toi et marche », et notre belle adolescente a marché normalement avec son pied bien relevé.

Elle, qui avait subi le monde depuis sa naissance, venait de s'offrir la domination du monde pendant six semaines. Mais le grand spécialiste et sa machine avaient été trop imposants, elle n'avait pas osé les berner.

Elle n'avait pas menti, elle avait joué. Elle avait fait juste un peu mentir son pied. Mais on avait donné tant d'importance au mensonge de son pied qu'elle avait alors décidé d'en faire un galop d'essai pour le théâtre de sa vie et de ses hystéries futures.

Ah que je la trouve magistrale et redoutable, l'hystérie qui relègue l'entourage et le médecin au rang de subordonnés ignorants.

Merci, belle adolescente, pour la leçon de modestie que tu m'as donnée. J'ignore encore aujourd'hui le message que tu voulais me faire passer, puisque très vite tu es retournée te réfugier derrière l'opacité de ton regard, sous la garde armée de ta mère.

Je t'ai revue souvent par la suite, Emilie ; mais plus jamais tu n'as redonné une telle intensité à nos relations. Dans une enfance comme la tienne, peut-être ne peut-on vraiment jouer qu'une fois ?

Peu de temps après, tu as convolé en justes noces avec le fils d'un forain de passage, un beau garçon. C'est donc un nomade qui seul a su déceler dans ton regard le terrain propice à ses futures errances.

Perpétuant ainsi la tradition de ses ancêtres.

Il faut bien dire que chaque année, les techniciens font reculer le « psy ». On trouve un nouveau virus qui explique la fatigue, un nouveau locus HLA qui explique les douleurs banales et mal supportées de l'arthrose, une protéine qui explique l'inhibition, un Américain qui trouve les gènes de l'asocialité, une endoscopie qui explique la constipation, un scanner qui explique la céphalée.

A chaque fois, le « psy » perd une nouvelle bataille, mais pas la guerre. Le « psy » n'est jamais mort, alien de la médecine, phénix qui renaît de ses cendres, il réapparaît où l'on ne l'attendait plus, aiguillon de la science, il oblige le technicien à pousser plus loin son endoscope et son scanner.

Que les fabricants de médicaments inutiles et de machines à explorer le corps érigent une statue au « psy ». Ils lui doivent tout. Il m'était devoir de réhabiliter la mémoire de mes « psys » trop modestes.

Vive le « psy ».

9 – Morts glorieuses

Les histoires de morts attendues sont désespérément banales. Seules les morts brutales méritent un article dans les faits divers ou une histoire à la veillée. Vieux baroudeur mort en plein coït frauduleux, chasseur chassé, suicide réussi, accidents divers, voire, moins pathétique et plus chanceux, le vieillard en pleine forme qui oublie simplement de se réveiller un matin.

Les morts attendues, suites de cancers, de sida, de comas divers, sont hélas horriblement répétitives. Elles varient certes un peu en fonction de la personnalité du patient et de la structure du mouroir d'accueil, mais elles ne méritent pas d'être narrées. Au mieux, elles peuvent faire l'objet d'un traité philosophique sur la souffrance. Ces morts interminables ont un impact majeur sur le coût de la santé et donc sur le fameux trou de la Sécu.

Comme lorsque nous prenons une assurance-incendie en souhaitant que la maison ne brûle jamais, nous cotisons toute notre vie à la Sécurité sociale en souhaitant mourir brutalement ; alors que l'essentiel de nos cotisations est utilisé à la gestion de la mort lente. Certaines études montrent que quatre-vingts pour cent du budget de la Sécurité sociale est utilisé dans la dernière année de vie.

Il est souvent question de la Sécurité sociale dans ces

lignes. Cet organisme technocratique fait tellement partie du paysage médical français, il est tellement omniprésent dans la pratique quotidienne du médecin, qu'il est impossible d'aborder le sujet de la santé sans la nommer. Oublier la Sécu dans un traité médical reviendrait à taire le ballon dans le commentaire d'un match de football.

La différence entre un organisme technocratique et un organisme vivant est que ce dernier possède sa propre mort inscrite dans son code génétique. L'organisme technocratique, bien que composé lui-même d'organismes vivants, ne peut cependant pas être comparé à un super-organisme tel que la fourmilière dont la mort est également programmée à plus long terme. L'organisme technocratique autoconçu pour l'immortalité peut donc être considéré comme une aberration évolutive. Cette complexité sans objet devient une hypercomplexité qui s'enfle indéfiniment comme une baudruche puisque la mort n'y est pas programmée. Il faut alors, pour s'en débarrasser, arriver discrètement avec sa petite aiguille, tout près de la baudruche, et la faire exploser d'un coup.

Boum.

Que la pauvre Sécu me pardonne ces plaisanteries évolutionnistes ! Je ne suis pas inquiet pour ses énarques de patrons, qui en ont entendu bien d'autres et sauront faire le dos rond en attendant la fin de mes sarcasmes.

Parlons de la mort, c'est quand même plus drôle.

Médecins ou mourants qui côtoient la mort tous les jours n'en ont cependant pas la connaissance puisque, jusqu'au dernier instant, seule la vie a droit de cité. La mort est exclue jusqu'à son seuil. Elle peut se définir comme une notion collective abstraite, car au niveau individuel, sa négation jusqu'à l'extrême la rend inexistante. Enfin, presque toujours, car dans les deux histoires qui suivent, la mort a été présente avant d'arriver.

Ce Hollandais avait connu l'époque coloniale en Indonésie d'où il avait ramené une certaine philosophie de la vie que l'on retrouve chez la plupart des anciens expatriés du tiers-monde. Ils sont plus cyniques devant la chose publique ou politique, plus sereins devant les images d'Epinal du malheur, plus sceptiques sur les volontés humanitaires des Etats, plus critiques devant les ONG et sont tous invariablement anticléricaux.

Son intelligence, si tant est que l'on puisse la quantifier, me paraissait se situer au-dessus de la moyenne. Sa fibre nordique lui conférait une courbe de l'humeur beaucoup plus plate que les courbes latines. Je le respectais comme un maître, il me respectait comme un notable. J'appréciais en lui la stature et la quiétude qui me manquaient, il appréciait ma « science de l'homme et des relations humaines ».

Son hépatite ramenée d'Indonésie avait été muette pendant des années ; et d'un coup elle décida de ronger son foie. Sa femme, personnage tout aussi extraordinaire, s'inquiétait de la progression du mal. Elle seule décida d'appeler le médecin, ce qu'il jugeait, lui, inutile. Je dois déjà dire qu'il avait raison.

Hépatite chronique active, cirrhose post-hépatite ou cancer du foie, dans tous les cas le pronostic était redoutable.

Moins de six mois de survie.

Par amour pour sa fidèle compagne, il accepta les soins, sans conviction. C'était un véritable vieil amant. Sa femme, également très intelligente, n'avait aucun doute sur la futilité de sa démarche thérapeutique, mais elle avait décidé que là était son devoir de vieille amante. Bien que peu conformiste, elle suivait donc, sur ce point, la tradition des vieux couples. Emouvante mascarade où chacun connaît bien l'inefficacité de son action sans oser l'exprimer à l'autre. Cette constance des relations familiales, lors des maladies mortelles, m'a toujours étonné, mais elle doit imposer le respect. Ni l'amour raisonné, ni une conscience supérieure de la mort, ni la foi, ni les millénaires de culture n'ont réussi à fournir un comportement de rechange. L'euthanasie est pour l'instant un concept balbutiant, purement intellectuel, qui franchit rarement la porte des « salons où l'on cause ».

Dans le cas présent, le respect mutuel entre cet homme et cette femme élevait ce comportement classique à un certain degré de perfection. Couple non conformiste qui adhérait à la fin de sa vie à la conformité du « nursing terminal » pour éviter de donner à l'autre une peine que ni l'un ni l'autre n'avaient le temps de gérer ou de circonscrire.

Comme j'avais parfaitement compris leur jeu, et que chacun s'en était ouvert à moi, je devenais le troisième acteur de cette mascarade. J'étais censé être le seul à ne pas jouer, ou du moins je ne devais jamais laisser supposer qu'il pût y avoir une faille dans mon comportement. Aucun des personnages ne devait jamais pressentir que le rôle de l'autre était un rôle de composition.

Je faisais mon travail avec application, ponctionnant deux litres d'ascite par semaine afin d'améliorer le confort de cette survie. Je ne voulais pas m'immiscer dans le leurre de ce couple ; finalement il m'était confortable que ce soit ainsi. Je craignais d'affronter leur vérité et leur rationalité devant la vie et la mort. Ma présence naïve et bornée de tâcheron de la thérapeutique devait les aider à prolonger la mascarade qu'ils auraient été tentés de rompre sans le vouloir vraiment.

Tout s'est parfaitement bien passé, le patient avait un seuil de douleur assez haut. Un jour même, il a dû croire que j'allais le tirer d'affaire tant ma ponction d'ascite l'avait soulagé. Il a même vanté ma sérénité !

Certains compliments frappent du poids de leur auteur.

Railla-t-il lorsqu'il m'avoua que je pourrais redonner la confiance aux plus désespérés ? Je ne le saurai jamais, mais il m'est arrivé de penser que oui.

Dernier jour.

Sa souffrance terrassée par des kilos de morphine. Alors, il abat ses cartes d'un coup. Sa femme était là ; il a serré mes deux mains, m'a fixé longuement et intensément en articulant avec calme et lucidité :

— DOCTEUR, JE MEURS, JE SUIS EN TRAIN DE MOURIR.

Tout mon sang était dans mes chaussettes...

Surtout ne rien faire de ridicule devant cet homme, grand, moqueur, mourant. Surtout éviter le paternalisme des soignants avec un grotesque : « Mais non, mais non, ne dites pas de bêtises. » Surtout ne pas obtempérer cruellement par un indigne « oui, je sais ». Surtout ne pas anéantir ces mois de respect mutuel.

Il attendait. Je suis certain qu'il a joué jusqu'au bout un jeu cynique et diabolique. Il attendait que je sois professionnel. Il voulait savoir si j'étais à la hauteur de ce duel. Savait-il seulement, avait-il conscience que je ne pouvais rien répondre de sensé. Sa femme à nos côtés n'est pas intervenue, elle n'a pas fait un mouvement, pas dit un mot. Je revivrai longtemps ce regard, ces instants et la tenaille de ces deux mains crispées d'un homme en train de mourir en pleine conscience. Je croyais que ce genre de mort n'existait que dans les films américains.

Merci pour ton cours de comportement, diable d'homme.

Mais comment fait-on pour résister à la morphine, pour rester lucide et pour décider que la seconde où l'on perdra sa parfaite lucidité sera précisément celle de sa mort et qu'il n'y aura pas d'entre-deux ?

Mais comment diable fait-on pour être toujours vivant ?

Voulais-tu savoir si j'étais à la hauteur de cet affrontement ? Ai-je vraiment été à la hauteur ? Je n'ai rien dit, je n'ai pas bougé, j'ai regardé ton regard mourir sans que mes yeux ne baissent, ni les tiens. Je crois sincèrement que c'est ce duel que tu attendais, que tu voulais m'imposer la dernière épreuve qui me ferait expier des mois de mascarade. En gagnant en quelque sorte cette épreuve, je redevenais digne d'avoir été le témoin de ta fin.

Ta femme n'a rien dit. J'ai regretté de lui avoir usurpé ta mort, mais toi seul avais décidé de ne pas lui accorder ton dernier regard. Sans doute en comprenait-elle la raison.

On m'objectera qu'un mourant affaibli par son mal et par la

morphine ne peut avoir fait les calculs et avoir eu les comportements que je lui prête. Ma seule réponse à cette objection est ma certitude qu'il en a été ainsi. Ce fut un des plus difficiles combats de ma vie.

Contre un mourant.

Ce colonel était un vrai baroudeur. Déjà colonel à Diên Biên Phû. Il avait épousé une infirmière militaire, spécialiste du front, leur amour était torride, loyal, militaire, il durait depuis quarante ans. Sa femme m'avait montré des extraits de journaux et revues où l'on parlait de son colonel de mari à l'époque. Tout n'y était que louanges. Les soldats l'admiraient, l'aimaient. Il allait toujours au bout du combat, du devoir, de l'amitié, du nationalisme patriotique. Elle parlait avec fierté et nostalgie de ce passé d'action où elle avait joué un rôle important. Lui, à l'inverse, n'en parlait jamais. Il avait milité dans le camp des généraux putschistes de l'OAS, puis il avait été réhabilité. Mais cette réhabilitation n'avait pas lavé l'affront qui lui avait été fait. Il vivait silencieusement ce passé douloureux. Sa femme était mon principal informateur.

Bien que naturellement peu militariste, j'aime l'authenticité. J'aimais ce couple authentique de sexagénaires vivant une paisible retraite et dont j'ai eu la grande chance d'être le médecin. Ils étaient tous deux humanistes, catholiques et courtois. Ils me rendaient une amitié et un respect que je me devais de mériter. Pour l'honneur. On ne côtoie pas des gens de cette trempe sans susciter l'honneur. Ce colonel était le sosie de sa caricature. Guerrier trempé dans la dure fraternité du front et amoureux de son infirmière épousée au combat. C'était un personnage de roman, puissé-je avoir la discrétion de ne pas faire plus de bruit pour qu'il n'en sorte pas.

Il est mort d'un cancer de la vessie dans sa belle villa provençale, loin des drapeaux et des canons. Après deux années de souffrance combative, il est mort avec la connaissance de son diagnostic, lucide, droit et fier comme à la parade. Sa vie comme sa mort ont été glorieuses et chevaleresques.

Le diagnostic avait été posé, écouté, compris. Il avait demandé le pronostic avec ou sans intervention chirurgicale. La survie était relativement courte dans les deux cas. Il avait choisi l'intervention, optant délibérément pour une survie plus longue. J'ai compris qu'il avait fait cela non pour lui mais pour sa femme qui — l'histoire se répète toujours — voulait le soigner jusqu'au bout.

Intervention adoptée. Intervention programmée. Intervention réussie. Vessie enlevée. Double sonde urinaire débouchant sur l'abdomen. Soins quotidiens humiliants. Le tout accepté, assumé, emballé. Aux ordres. Merci, docteur.

Malgré nos grandes différences, j'ai eu plaisir à soigner cet homme toujours prêt à endurer la souffrance, toujours reconnaissant, jamais inquiet en apparence. Personnalité sans distorsions ni paradoxes, confortable à approcher, rassurante, authentique. Je préfère un vrai militaire à un faux objecteur, un vrai curé à un faux calotin, un vrai salopard à un faux truand, et tout naturellement un vrai cul à un faux cul. Cette fin gaillarde n'est qu'une mâle tentative pour dissimuler mon chagrin.

Du début à la fin de son agonie, nous avons parlé de sa mort et de sa maladie exactement comme si nous avions préparé le plan de la prochaine bataille. Sa femme participait à toutes les opérations avec la même lucidité. Tout au plus se permettait-elle quelques mots de confidence et un petit relâchement émotif en fin de journée loin du regard de son mari. Faiblesse d'une larmette au coin de l'œil, une boutade, et tout était passé, elle retournait au devoir. J'ai admiré et aimé ce couple et cette mort. Ils m'ont appris que la mort n'est qu'une bataille de plus, pas plus difficile que les autres. L'adversaire y est plus prévisible. Le combat est régulier, il n'y a aucun mort jusqu'à la fin ; cela est militairement irréprochable. Bilan : pas de victime dans le camp du vainqueur, une seule dans le camp du vaincu, cela est propre et net, conforme à la tradition. C'est de la belle chevalerie. Adieu cher colonel et merci.

Tant pis pour la mâle apparence, je lâche la bonde à mon chagrin

Le suicide est l'apanage de l'homme. Ni le suicide collectif des lemmings, impasse évolutive, ni le suicide du scorpion ne peuvent mettre ce postulat en péril. Le suicide des adolescents est un drame social, dont la charge émotionnelle gêne le débat. A l'inverse, le suicide des personnes âgées autorise une discussion sur l'euthanasie active revendiquée. C'est parce que l'homme a un jour pris conscience de sa mort qu'il est progressivement devenu capable de l'affronter, donc de la décider. La programmation généralisée de la mort sera la prochaine étape décisive sur le chemin de notre hominisation.

J'ai dépendu quatre personnes dans ma vie.

Toujours les mêmes questions : appeler la police ou régler discrètement le problème avec la famille, autoriser l'inhumation ou demander une autopsie.

M. Dulac était psychotique. Il se présentait comme un hystérique avec des plaintes somatiques multiples et utilisait tous les stratagèmes pour demander des conseils et s'informer sur ses symptômes auprès des médecins. Il me téléphonait en se faisant passer pour son frère :

— Allô, docteur, je suis le frère de Gilles Dulac.

— Bonjour, qu'est-ce qui arrive encore à votre frère ?

— Il a toujours mal à la gorge, et ça m'embête car il se plaint beaucoup.

— Dites à votre frère que ce n'est rien de grave, on a déjà tout vérifié.

— Oui, mais c'est pas possible de le laisser comme ça.

— Dites-lui seulement de bien prendre ses médicaments pour les « nerfs ».

Je continuais à simuler que je ne l'avais pas reconnu, mais généralement, en cours de conversation, il commettait l'erreur qui le trahissait.

— Mais, je les prends déjà bien mes médicaments. Oui, oh pardon, ce n'est pas mon frère, c'est moi.

— Je sais, monsieur Dulac, mais je ne peux rien faire de plus pour vous.

— Si vous ne voulez pas me soigner, je vais voir un autre docteur.

Et il raccrochait.

Et il allait voir d'autres médecins qui l'envoyaient voir d'autres psychiatres. Hélas, il revenait toujours me voir. Certains psychiatres parlaient d'« hystérie de conversion », d'autres d'« hallucinations organiques », d'autres de « délires de persécution ». J'aime bien les lettres des psychiatres, c'est toujours un immense plaisir de les lire. Cette démarche intellectuelle pour décortiquer une personnalité est fascinante. La psychiatrie est très loin d'être une science exacte, comme la médecine, mais Freud a réellement ouvert une grande porte et offert aux hommes un beau jouet intellectuel.

La chimie des maladies psychiatriques a fait de grands progrès, elle ne permet pas de guérir, mais elle aide les patients et encore plus leur entourage à mieux vivre en paix. Les psychotropes ne sont que des prothèses chimiques en attendant de trouver un jour les premières voies d'une vraie médecine préventive. Nous en sommes très loin. Aujourd'hui, M. Dulac aurait été traité avec bien plus de neuroleptiques et d'antidépresseurs. Il en avait peu, sans doute peu efficaces, mal compris et mal pris. Je ne sais pas si un quelconque traitement aurait pu lui épargner son destin écrit depuis l'enfance, mais je suis certain que sa femme se serait bien épargné de le découvrir pendu dans sa cave.

L'appel au secours de cette femme fut terrible.

Les antécédents, la cause de la mort, le suicide ne faisaient aucun doute. Elle me supplia de préserver la mémoire de son mari, elle ne voulait pas que tout le monde sache, elle voulait sauver la face. Seul son fils devait être mis au courant. J'ai accédé à sa demande. Pourquoi appeler du renfort policier sinon pour ne pas assumer seul l'horrible moment de la dépendaison ? Je n'ai demandé ni à la mère ni au fils de venir m'aider. J'ai procédé seul dans la cave. Sale boulot. A ces moments, on se demande toujours si l'on a fait toutes ces études pour en arriver là.

Peut-être.

J'ai dépendu deux autres hommes dans leur villa. Je reparlerai du « syndrome de la villa ». Dans ces deux cas, il s'agissait d'hommes sains, en pleine possession de leurs moyens, qui, arrivés à la troisième phase de leur vie, devant la grande plage d'inactivité qui se dégageait devant eux, n'ont pas supporté. Symboliquement, ils avaient choisi la villa nouvellement construite pour en faire leur réelle dernière demeure. Un message à leur famille ne laissait aucun doute sur le suicide réel. Ce sont les voisins et les familles qui ont eu le choc de les découvrir. Paniqués, ils ont appelé en même temps gendarmes et médecin. L'avantage pour moi a été de ne pas être seul au moment insupportable de la dépendaison. Dans ces moments-là, il y a toujours ceux qui font comme s'ils avaient déjà vécu ce genre de situation, ça leur donne sans doute de la force. Pour moi, je pense que le désagrément sera le même la centième fois. Je voyais parfois de jeunes gendarmes fanfaronnant, mais il était facile de voir qu'il s'agissait de leur première fois. Sous le képi ou derrière le stéthoscope, l'homme dissimule toujours aussi mal ses émotions primaires.

Pour exorciser ces mauvais souvenirs, j'ai cherché à comprendre pourquoi je déteste les suicides par pendaison bien plus que les défenestrations, prises de drogues, armes à feu dans la bouche, tombeau ouvert en voiture ou autres morts plus imaginatives. Il y a certes le contenu romanesque de l'homme farouche pendu dans une grange isolée ou une cave humide. Il y a les allégories de l'érection et de l'éjaculation finales. Tous les cours de médecine légale mentionnent ces histoires de pervers qui ont inventé des processus de pendaison réversible pour profiter de cette éjaculation. Non, mon aversion vient plutôt du dévoiement de la corde. Les armes à feu sont des symboles de mort, le médicament renferme l'idée de poison, la fenêtre donne le vertige qui préfigure la mort, la vitesse donne la griserie d'une mort possible. La corde au contraire renferme des images d'aventure et de marins, de treuils et de maçons, d'entraide et d'alpinisme.

Non, décidément, je n'aime pas la pendaison qui dénature la corde.

Le suicide peut aussi être favorisé par une erreur médicale. On cite souvent la prescription d'antidépresseurs qui peut donner aux patients déprimés la force qui leur manquait pour avoir le courage de se suicider. J'ai fait une erreur d'un autre ordre avec un vieil homme que je ne connaissais pas, c'est ma seule excuse. Mais on fait aussi de graves erreurs psychologiques avec les patients que l'on croit bien connaître.

M. Mariller était un vieil homme solitaire, veuf depuis longtemps, sournois, un peu farfelu. Il parlait à son chien comme on parle à un être humain et passait de longues heures à se promener avec lui dans les bois. Il n'avait ni ami ni ennemi. Sa solitude semblait lui convenir. Il n'avait jamais consulté de médecin.

Pourquoi donc m'appela-t-il ce soir-là ?

Pendant dix minutes, je n'ai absolument pas pu lui faire exprimer le moindre symptôme, ni révéler la moindre angoisse. Il me parlait de choses et d'autres. Je me méfiais en me rappelant les cas de ces patients qui, comme M. Lassale, n'arrivent jamais à vous dire l'essentiel au cours de la consultation, mais seulement lorsqu'ils s'en vont. Il m'a parlé de son chien. Il m'a fait des confidences. Il n'avait plus eu de rapports sexuels depuis la mort de sa femme, il se masturbait parfois, mais il trouvait que même la masturbation, ce n'était plus comme avant. Il s'était une fois fait mordre par un serpent dans la forêt, il en rêvait souvent. Il dormait mal la nuit.

Qu'en penser ?

Probablement une anxiété grandissante avec l'âge, une dépression dite d'« involution » en raison du vieillissement cérébral. Je lui ai prescrit quelques tranquillisants pour les soirées et les nuits difficiles. Quelques mots amicaux et conventionnels et je suis parti avec un grand point d'interrogation au-dessus de ma tête.

Le lendemain matin, j'ai appris qu'il s'était suicidé dans la nuit d'un coup de fusil dans la bouche. Le médecin de garde n'était venu que pour constater le décès. Les voisins avaient été réveillés par deux coups de feu. Le premier était pour son chien. M'avait-il fait venir pour que je calme ses angoisses, pour m'informer de son intention, pour que je l'en empêche peut-être, ou au contraire que je l'aide ? Je ne sais pas. Je n'avais rien compris, je n'avais rien vu venir. Les heures qui précèdent chaque suicide doivent être terribles et lourdes de souffrance. Dans le cas de M. Mariller, je n'ai fait que regretter mon incompétence, mais je n'arrivais pas à m'attrister de cette fin dignement choisie.

M. Olivieri avait une belle femme, trois beaux enfants, une belle entreprise de carrelages d'art. Les affaires sont difficiles dans le Midi. Pour réussir, il faut parfois tricher un peu. Un petit peu, pas trop. Quelques travaux sans facture, quelques employés à la sauvette, quelques incartades que tout le monde est prêt à pardonner ici. Il est en effet de plus en plus difficile de trouver celui qui pourra jeter la première pierre. Même les employés du service fiscal n'osent pas trop la jeter, car ils ont toujours peur qu'on leur demande comment ils ont fait pour se construire une si jolie piscine. Allez, on ne va pas chipoter, tant que l'argent reste en France, mon bon monsieur ! Qu'est- ce que c'est qu'une malheureuse piscine à côté des valises de milliards qui s'en vont dans les îles Caïmans ? Dans le Midi, c'est bien simple, on ne connaît même pas les îles Caïmans. Par contre, dans le Midi, il y a toujours cette « putain de politique ». Elle fait des dégâts. Quand on a un rival politique, on ne peut pas s'empêcher d'aller raconter des choses à son sujet aux services fiscaux. Il faut reconnaître que les services fiscaux, ils adorent. C'est vrai que ça n'est pas très joli tout ça. Mais ça fait partie de la culture française, même s'il est déplaisant de le reconnaître, c'est bien nous, c'est bien notre franchouillardise. C'est comme ça, je ne voudrais pas qu'on l'apprenne à mes petits-enfants dans les livres d'histoire, mais si on le fait, je ne pourrai pas dire le contraire.

Alors de petite politique en petite magouille, M. Olivieri avait fini par avoir des problèmes de plus en plus gros. Et le fameux contrôle fiscal, point d'orgue des petites barbaries quotidiennes, est arrivé. On avait sans doute dû choisir un contrôleur qui n'avait pas de piscine ou qui venait du Nord, parce que ça a été terrible pour M. Olivieri.

Je ne sais pas combien le fisc lui a demandé, il ne l'a pas écrit sur la lettre qu'il a laissée à sa femme. Je sais seulement comment il était quand on l'a trouvé dans le chemin où il garait habituellement sa voiture pour aller chasser. A partir de la mâchoire inférieure, il n'y avait plus rien au-dessus. Son fusil l'avait littéralement décapité. Les arbres autour en avaient été choqués, jamais ils n'avaient vu tant de sang d'un coup, même lors des plus belles chasses au sanglier. Le petit docteur et le petit commissaire, ils en tremblaient un peu, ils se regardaient du coin de l'œil pour savoir si l'autre tenait le coup. Heureusement, ce n'était pas un film d'horreur, on n'était pas dans le noir, il y avait le grand soleil de juillet qui faisait cligner des yeux et on pouvait accrocher son regard sur les branches des pins où les chenilles processionnaires avaient tissé leurs cocons blancs.

Mme Olivieri a bien géré la suite, pour ses enfants. On a liquidé l'affaire. Le fisc a été discret, un peu penaud peut-être, mais le fisc étant déjà acéphale, on ne peut rien lui reprocher.

Heureusement, la famille Olivieri ne vivait pas dans le luxe, ils travaillaient beaucoup, c'est tout. L'honneur a été sauf. Il ne restait que ces ombres de doute qui planaient sur le passé et ces bouts de cervelle séchée accrochés aux branches des pins.

A côté des cocons des chenilles processionnaires.

M. Friedrich était l'image d'Epinal de la réussite, né dans une Hollande riche à une époque prospère, il avait joué ses atouts physiques et intellectuels, tous gagnants. Il avait accumulé de quoi cesser de travailler vers cinquante ans. Il avait quitté femme et enfants, acheté un magnifique bateau qu'il avait gréé pour l'aventure oisive. Il en avait profité pour épouser une femme très belle, bien plus jeune que lui, qui l'avait suivi.

Ils passaient quelques mois par an dans leur villa provençale, ils n'étaient jamais malades, ils m'étaient donc encore inconnus. La première fois que j'ai vu M. Friedrich, c'était pour une entorse de la cheville survenue une dizaine de jours auparavant en descendant d'un trottoir. Il m'avait appelé car il constatait une aggravation des symptômes de son entorse. En l'examinant, je constate en effet une cheville très œdémateuse, bien trop pour une petite entorse ; je constate aussi que son mollet est enflé, rouge, chaud et douloureux.

Le diagnostic ne fait pas de doute.

Il s'agit d'une phlébite. J'en fais part à M. Friedrich en le mettant bien en garde sur la nécessité d'un traitement majeur et immédiat en raison du risque d'embolie pulmonaire. M. Friedrich ne met pas vraiment en doute mon diagnostic, mais il accuse une certaine surprise au sujet des risques potentiels. On dirait qu'il ne peut pas accepter l'idée même d'un petit accident de santé dans son parcours sans faute. J'ai aussi la désagréable impression qu'il n'accepte pas qu'une menace sur le monobloc de sa personne puisse lui être formulée par un médecin, disons quelconque, qui accourt servilement dès qu'on l'appelle. Il me suggère avec une certaine diplomatie de demander un deuxième avis auprès d'un éminent spécialiste de la cité voisine. Je m'empresse d'accepter et de l'encourager dans ce sens, car je suis certain qu'il le fera de toute façon, et il faut absolument convaincre ce patient sceptique de se soigner de toute urgence.

Si je me permets souvent de railler et de dénoncer les excès marchands d'une médecine souvent inutile, voire dangereuse, c'est parce que je suis un inconditionnel de la médecine indispensable. La phlébite et l'embolie pulmonaire appartiennent à la catégorie des maladies où la médecine scientifique est incontournable. Ce sont des maladies de l'espèce humaine qui n'a pas encore fini de s'adapter à la station debout ; le poids du sang est trop élevé pour les veines fragiles de nos membres inférieurs. C'est une tare dont l'humanité se passerait bien, un de ces fléaux contre lesquels la médecine essaie de lutter en permanence. Elle y réussit assez bien, grâce aux anticoagulants qu'il faut prescrire de toute urgence.

Le spécialiste consulté confirme le diagnostic et le traitement. M. Friedrich, convaincu, toujours très confiant en sa bonne étoile, me remercie sincèrement et se soumet volontiers à la suite des soins. Hélas, la bonne étoile de M. Friedrich avait dû cesser de briller, car malgré les anticoagulants, il est mort exactement vingt-quatre heures plus tard d'une embolie pulmonaire massive.

Mais l'histoire serait banale si elle s'arrêtait là.

En réalité elle s'articule avec une autre histoire tragique qu'il m'est encore douloureux de raconter. Le jour où M. Friedrich a fait son embolie pulmonaire massive était le jour de mon départ en congé d'été. J'avais une remplaçante régulière, Alice, qui terminait sa spécialité de psychiatrie. Nos enfants étaient du même âge, nos couples avaient des goûts communs et nous étions devenus assez proches. Alice n'aimait pas la médecine générale, mais elle faisait des remplacements car elle estimait qu'une connaissance minimale de médecine organique était nécessaire pour bien exercer la spécialité de psychiatre. Elle m'avoua souvent qu'elle avait horreur de l'urgence, qu'elle redoutait d'avoir à affronter la mort, la seule idée qu'une vie puisse dépendre de sa décision lui était insupportable. C'est pour cela qu'elle avait choisi la psychiatrie qui lui permettrait de soulager la douleur sans avoir à affronter des organes porteurs de mort potentielle. Je plaisantais souvent en lui disant que le cerveau est certainement celui de tous les organes qui a généré le plus de morts, et nous repartions alors dans d'interminables discussions sur la prépondérance du psychique ou de l'organique. Alice faisait son premier jour de remplacement lorsque Mme Friedrich a appelé en disant que son mari n'allait pas bien du tout. Je n'étais pas encore parti en vacances. Alice me demande de l'accompagner. Je l'encourage à s'y rendre seule et à m'appeler au besoin. Cinq minutes plus tard, elle m'appelle catastrophée. M. Friedrich était en coma profond avec arrêt cardiaque. L'embolie était réellement massive.

Nous n'avons rien pu faire.

Alice m'a remplacé encore quelques fois, puis elle s'est installée comme psychiatre. Nous nous sommes parfois revus en évoquant ce remplacement dramatiquement commencé.

C'est par la presse que j'ai appris, trois ans plus tard, qu'elle avait été assassinée par un de ses patients. Elle laissait trois enfants. J'ai alors pensé aux organes non achevés d'Homo sapiens comme ses veines qui le tuent, mais j'ai maudit le plus inachevé de ses organes, son cerveau qui tue bien davantage.

Alice avait choisi la psychiatrie pour ne pas affronter la mort en direct.

M. Herbert était un officier supérieur de la Légion toujours en activité. Un athlète complet à la musculature compacte. Sportif, baroudeur, il avait tout vu à la Légion. Il venait passer ses vacances dans sa belle-famille où il paraissait s'ennuyer considérablement. Il était tellement adapté à la vie militaire que toute vie hors de sa caserne corse lui paraissait futile.

Il m'appelle un matin pour une petite douleur cardiaque. Comme il était fumeur, je m'en inquiète un peu malgré son entraînement sportif.

— Comment avez-vous mal ?

— Ça me serre un peu ici, mais pas trop, j'ai l'impression que ça va déjà mieux.

Je pense qu'un homme de ce gabarit ne peut pas avoir simplement de petites douleurs neurotoniques et qu'il faut le prendre au sérieux. Il doit percevoir ce doute inquiet sur mon visage. Je lui dis de s'allonger afin de faire un électrocardiogramme. Je n'ai même pas le temps de l'ausculter, car au moment précis où je lui demande de s'allonger, il tombe sur le lit.

Raide mort.

Il devient violet en une minute. Probablement de graves troubles du rythme. Mes misérables massages cardiaques n'y font évidemment rien. Je ne peux que constater la mort de M. Herbert. J'appelle les pompiers pour la forme, mais à son arrivée en cardiologie, on constate que la mort était irréversible depuis longtemps.

J'ignore si ma présence peut déclencher des émotions mortelles, mais en dix ans, j'ai vécu trois fois exactement la même scène à une virgule près. Toujours des hommes entre trente-cinq et quarante-cinq ans. Tous gros fumeurs. Aujourd'hui, lorsqu'un patient se présente avec une douleur cardiaque, je le rassure immédiatement, car je suis certain que le spasme des artères coronaires par la seule émotion de l'acte médical est une réalité qu'il faut prendre en compte, surtout chez les gros fumeurs.

Manuel Spica était un motard passionné. Son boulot de maçon lui avait permis d'acheter une grosse cylindrée, ce qui est rare à vingt ans. Né dans une famille nombreuse, Manuel ne se plaignait pas souvent. Il n'avait pas d'interrogations majeures sur son métier et son avenir. Il appartenait à cette catégorie de personnes pour lesquelles le métier a une fonction essentiellement alimentaire. Cela ne signifie pas que le métier est haï ou mal fait, non, le boulot, il faut y aller, c'est tout. Comme tous les membres de sa famille, il travaillait et ne manquait de rien d'essentiel.

Manuel avait pourtant une bonne raison de se plaindre, il était atteint d'une mucoviscidose. Ce mot ne voulait rien dire, ni pour lui ni pour ses parents. Un jour, on leur avait dit ce mot et on avait tenté de leur expliquer cette maladie génétique. Ils avaient traduit mentalement « maladie assez grave », « mort possible avant les autres à l'âge adulte ». Alors que faire de plus qu'aujourd'hui, puisqu'ils pensaient faire de leur mieux pour donner à Manuel l'éducation qui lui permettrait de gérer sa vie ?

Donc sa mort.

Bref une fatalité de plus, une malchance parmi d'autres, encore un truc pour lequel il faut se battre. Et puis, ça veut dire quoi ça, « mort possible avant les autres », on meurt toujours avant un autre. Une mort possible, mais seulement à l'âge adulte, ça doit être une phrase pour rassurer les parents, ça veut dire que l'enfant peut vivre, les parents peuvent être rassurés. Ça veut dire que quand Manuel sera majeur, on lui dira de prendre tout seul en charge l'angoisse de sa mort possible. Eh bien ça veut dire qu'il fera comme nous, il s'en remettra au bon Dieu pour décider du jour. Chez les Spica, on n'allait ni s'attendrir, ni se lamenter, ni se poser des questions inutiles sur une maladie contre laquelle personne ne pouvait rien.

Pas plus eux que les autres.

La plupart du temps, la mucoviscidose ne posait aucun problème à Manuel. Il se rappelait, de temps à autre, qu'il n'était pas exactement comme les autres, par exemple, lorsqu'il avait une bronchite ou une diarrhée tenace. On lui répétait alors le mot : mucoviscidose. « Ah oui, c'est vrai que j'ai un truc spécial qui fait que je suis différent des autres. J'espère que c'est pas trop grave au moins. Ça ne doit pas être si terrible car le reste du temps, je suis bien. » Le concept de maladie grave lentement évolutive est un concept difficile à intégrer. Pour Manuel, une maladie que tu as depuis la naissance et qui ne t'empêche pas de faire de la moto, ça ne peut pas être bien grave.

Pourtant, depuis un an ou deux, les diarrhées étaient plus fréquentes. L'été dernier, sur le chantier, il avait été obligé de s'arrêter deux jours à cause d'une déshydratation aiguë. Quand on s'arrête de travailler, on passe vraiment pour un minus, ça laisse croire aux autres qu'on n'est pas en bonne santé. Heureusement qu'il y a la moto qui impose le respect. Une grosse cylindrée, c'est pas pour les mauviettes. Les bronchites aussi plus fréquentes, ça ce n'est pas grave, il n'avait qu'à fumer pour laisser croire que c'était à cause de la cigarette.

Non, le seul truc vraiment embêtant, c'est que là, aujourd'hui, il est « salement fatigué » avec cette « vacherie de diarrhée » et qu'il se demande s'il pourra aller assister au Bol d'or avec les autres. Une grande fête de la moto.

Non.

Ce jour-là, Manuel n'a pas pu aller au Bol d'or, il a dû rester à la maison. Il m'a bien montré qu'il était très en colère contre la médecine et les médecins.

— Elle va encore m'emmerder longtemps comme ça, cette putain de maladie ? Je peux même pas aller au Bol d'or aujourd'hui, je tiens plus sur mes cannes.

— Désolé pour toi, Manuel, tu iras l'année prochaine.

— Oui, mais ça remplace pas...

Manuel s'était tu, il ne voulait pas discuter avec moi. Je ne comprenais décidément rien ni à la mucoviscidose, ni au Bol d'or.

Comme si un Bol d'or manqué, ça pouvait se remplacer.

Quand il avait dit « ça remplace pas », il y avait juste le début d'un début de sanglot sur le « s » de pas. C'est cette petite intonation qui m'a fait comprendre que Manuel avait bien fini par intégrer le fait que sa vie était un peu chienne.

A la sortie du village, il y a un grand virage avant la ligne droite de la départementale. C'est là qu'on a récupéré Manuel huit jours plus tard. Sa moto s'était encastrée dans un camion qui roulait bien à droite. On n'a pas voulu montrer le corps à sa famille avant de l'avoir rendu un peu plus présentable. D'après tous les observateurs, il allait très vite, vraiment très vite. En tout cas bien plus vite que sa maladie. Une maladie qui l'aurait laissé vivre encore deux ou trois ans.

Deux ou trois ans sans Bol d'or.

Comme la route, la rivière aussi peut aider un peu ceux que la mort lente agace. Martine avait douze ans quand elle s'est noyée dans la rivière. Pourtant c'était une gentille rivière, il n'y avait pas plus d'un mètre de fond, mais l'eau était encore froide au début du printemps. Martine venait de faire la cinquième poussée de sa leucémie.

Une gentille rivière, mais une méchante leucémie.

10 – Médicaments

Un médecin peut légitimement exprimer son avis sur la médecine, mais aussi longtemps que la médecine le nourrit et l'occupe plus de soixante heures par semaine, cet avis risque de manquer de pertinence.

Après sept années d'abandon provisoire de la médecine pour travailler dans l'industrie pharmaceutique, j'avais la vaniteuse impression d'y voir plus clair. Inversement, mon opinion sur les médicaments devenait moins pertinente dans la mesure où ces derniers m'assuraient un revenu conséquent et que je m'employais avec passion à les diffuser de par le monde. De retour à la médecine, j'ose croire que ma réflexion sur les médicaments est devenue plus objective. La démission, acte négatif, peut donner un recul qui positive le retour à l'action.

Peut-on avoir un avis sur la course à pied sans avoir jamais couru ? Peut-on être objectif sur la course à pied en ne cessant jamais de courir ?

M. Ruiz entre dans mon bureau :

— Docteur, le médicament que vous m'avez prescrit la dernière fois a été vraiment miraculeux, il m'a soulagé de presque tous mes maux.

Une telle flatterie m'est agréable, je lui réponds, faussement modeste :

— J'en suis ravi pour vous, mais je n'ai fait que mon métier.

Il sort alors de sa poche le médicament miracle. Je dois honnêtement constater que je ne lui ai jamais prescrit ce médicament pour la bonne raison que je ne le connais même pas. Mais M. Ruiz tient absolument à ce que j'en sois le prescripteur. Il m'est difficile de m'en défendre.

J'apprends ainsi deux choses, la première est que M. Ruiz consulte différents médecins dont il confond les prescriptions, la deuxième (après vérification) que le médicament susdit est un générique d'une molécule que je connais fort bien et dont l'efficacité clinique est proche de zéro.

Les symptômes de M. Ruiz avaient probablement disparu naturellement après avoir terminé leur cycle ou grâce à l'effet bénéfique d'un quelconque facteur de son environnement affectif ou professionnel. Mais cela, M. Ruiz ne pouvait pas l'imaginer, il avait besoin de deux causes pour expliquer sa guérison : un bon médecin et un bon médicament.

Hélas, le « bon médecin » n'était pas moi, mais M. Ruiz voulait absolument qu'il en soit ainsi, je ne pouvais le contrarier plus longtemps. Le « bon médicament » n'était pas non plus le bon, car il avait échoué à tous ses examens de passage aux fameuses « études en double aveugle contre placebo ».

En gros, il était inefficace.

M. Ruiz, Mme Duschmoll ou M. Mougeot, comme la plupart de leurs contemporains, ne peuvent pas imaginer l'absence de la causalité directe.

L'absence de la causalité directe génère chez eux l'angoisse.

Les oiseaux ont des ailes pour voler, le soleil brille pour éclairer la terre, le monde existe parce que Dieu l'a créé, il faut brûler les sorcières parce qu'elles sont en relation avec le diable, il est président parce qu'il est le plus intelligent. Il leur est impossible de concevoir que les ailes, le soleil, le monde, les sorcières, les présidents ne sont qu'un hasard de la complexité néguentropique du monde.

Expliquer vingt fois par jour ce qu'est la « complexité néguentropique du monde » serait si difficile que je préfère être partiellement en accord avec M. Ruiz et dire que ses symptômes ont bien guéri par causalité. Mais les causes se résument très rarement au bon médecin et bon médicament. Dans le cas de M. Ruiz, elles ont dû être multiples : l'aspect rassurant du médecin, le caractère institutionnel de la médecine, l'effet placebo du médicament, la réconciliation avec sa femme, la réussite de son fils au bac, la signature de son dernier contrat avec un gros client et bien d'autres encore.

Mais c'est tellement plus simple et plus rassurant de garder le médicament dans la poche en se disant que si ça recommence, il suffira de l'avaler pour guérir d'un seul coup. Sous-entendu : avaler le comprimé qui permettra d'avoir d'un seul coup le bac du fils, le nouveau contrat, le couple heureux, la médecine infaillible et l'ordre causal du monde.

Hélas, la prochaine fois que M. Ruiz avalera de lui-même le médicament miracle, sans consulter le médecin, dans un contexte différent et avec ses doutes existentiels, ça ne marchera plus.

Toute l'industrie pharmaceutique vit de ce dogme de la causalité primaire et tous ses efforts consistent à chercher les moyens les plus sophistiqués pour donner une preuve scientifique de l'existence des liens de cette causalité.

Très rarement, mais heureusement pour l'industrie et pour la médecine, un lien existe, plus ou moins ténu. On le met alors en évidence statistique par les fameux « essais cliniques en double aveugle contre placebo ». Ces essais cliniques sont un art très subtil. Les biais dus aux patients et aux cliniciens sont multiples. Les pressions financières et marchandes sont fortes. Souvent, le double aveugle du départ fait des millions d'aveugles à l'arrivée. Plaisanterie mise à part, il y a tout de même quelques beaux résultats dans l'histoire des médicaments.

Depuis Gallien, la médecine a tâtonné, jusqu'à ce que Pasteur découvre les microbes et Fleming les antibiotiques. Ça, au moins, c'était de la causalité directe : la méchante petite bête qui donne la maladie et le fusil pour la tuer. Le succès médiatisé de l'antibiotique a été tel qu'il est devenu dans l'usage courant synonymique de médicament allopathique.

Pour preuve ce dialogue mille fois vécu avec certains patients.

— Docteur, d'habitude je me soigne avec l'homéopathie.

— Très bien, mais pour quelle maladie vous soignez-vous ?

— Oh non, pas de maladie particulière, c'est juste de la prévention, c'est pour l'état général.

— Ah ! tant mieux, vous êtes donc en bonne santé.

— Oui, si on peut dire, mais aujourd'hui, je sens que c'est plus grave, je veux des antibiotiques.

Traduction : quand je n'ai rien, je me soigne quand même — on ne sait jamais — mais avec de l'homéopathie, et, quand je suis malade, je veux des antibiotiques.

Interprétation : si c'est grave, c'est que c'est un microbe, et si c'est un microbe, l'antibiotique va le soigner.

Ceci est archifaux pour au moins trois raisons : les trois quarts des maladies graves ne sont hélas pas infectieuses, trois quarts des maladies infectieuses sont virales ou parasitaires donc insensibles aux antibiotiques, plus de trois quarts des maladies microbiennes guérissent seules sans le secours de l'antibiotique ou y sont résistantes.

Mais ce succès des antibiotiques, dont la médecine est aujourd'hui victime, a fait le bonheur de l'industrie pharmaceutique qui s'est engouffrée dans la brèche ouverte par la preuve irréfutable de la causalité directe.

Il reste d'ailleurs à prouver que les antibiotiques, qui constituent un réel progrès pour la santé individuelle, sont bien un progrès aussi décisif sur la santé publique. N'oublions pas que l'arrivée des antibiotiques a coïncidé avec la généralisation de l'eau courante à domicile et du tout-à-l'égout qui sont une véritable révolution au niveau de la santé publique. Par ailleurs, leur usage intempestif dans tous les secteurs de la santé et de la chaîne alimentaire est source de nouveaux problèmes sanitaires plus insidieux.

— Docteur, j'ai la crève, donnez-moi un remède de cheval, j'ai un rendez-vous important demain matin.

— Effectivement, monsieur Wintzer, vous avez une petite rhinopharyngite avec une fièvre désagréable, c'est la maladie de saison, mais ça va passer en trois à quatre jours.

— Ça ne fait rien, donnez-moi quelque chose de costaud.

— Je vais vous donner de quoi calmer vos symptômes gênants pour pouvoir être un peu plus efficace pour votre réunion de demain.

Je prescris alors quelques vasoconstricteurs légers, de l'aspirine et de la vitamine C pour dissimuler le mal, le temps de la réunion. M. Wintzer rentre chez lui, constate l'absence d'antibiotique sur l'ordonnance et se convainc que mon traitement ne sert à rien. Il le prend quand même, mais il vide aussi sa pharmacie personnelle afin, pense-t-il, d'ajouter de l'efficacité en cumulant les produits. Il ressent ensuite quelques effets secondaires désagréables des médicaments. Sa réunion ne se passe pas aussi bien que prévu. Il attend encore vingt-quatre heures avant de me rappeler.

— Docteur, ce que vous m'avez donné ne m'a rien fait, j'ai encore de la fièvre, j'ai mal à la tête et je veux être en forme pour le week-end.

Décidément, que ce soit pour la réunion de travail ou pour le week-end, il faut à tout prix être vite en forme. La petite maladie, pourtant indispensable à notre relation avec l'environnement, n'est plus compatible avec la vie moderne.

— Patientez un peu, vous êtes solide, vous vous défendez bien, ça ne fait que quarante-huit heures que vous êtes malade. Deux jours, c'est bien peu.

Ma force de conviction, mon « pignon sur rue » arrivent à le décider encore une fois à m'écouter, mais je sens bien que ce sera la dernière. Le surlendemain, alors que nous sommes à deux doigts de la victoire, alors que nous sommes presque sur la ligne d'arrivée, il me téléphone encore en me disant que ça ne va pas, qu'il veut un rendez-vous aujourd'hui même. J'accepte le rendez-vous, c'est mon rôle, je tiens sagement ma « boutique » et je dois respecter mes « clients ».

J'examine M. Wintzer pour la troisième fois, je découvre la même rhinopharyngite, mais en fin de parcours. La toux est évidemment un peu plus grasse, un peu plus « mûre ». Il faudrait encore expliquer que la toux est un bon symptôme qui facilite la guérison, mais je suis un peu fatigué

Alors je craque.

Je donne l'antibiotique tant attendu. Je sais que l'effet placebo sera, dans ce cas, le seul effet de cet antibiotique. Je sais que la maladie est à son terme et que le virus insensible à l'antibiotique est déjà en train d'agoniser sur les muqueuses de mon patient. Je sais que le patient sera convaincu que c'est l'antibiotique qui l'a guéri. Je sais que l'industrie pharmaceutique qui vend l'antibiotique saura me convaincre avec des tas de courbes et de diabolisations que le patient avait une surinfection par un microbe sensible à son antibiotique.

Bilan de l'opération : trois consultations à cent francs, deux à trois cents francs pour l'industrie pharmaceutique, fausse impression de gratuité pour le patient, six cents francs pour le trou de la Sécu, un cobaye de plus pour que les microbes s'entraînent à rechercher les bonnes mutations de la multirésistance aux antibiotiques, et enfin, un lâche : moi.

Demain, la télévision parlera du dernier cas de méningite découvert en France et inquiétera la population sur les dangers mortels des microbes. On inventera toujours de nouveaux antibiotiques, de nouveaux malades, de nouveaux microbes.

Le progrès est en marche.

Mes confrères pensent comme moi, mais ils sont fatigués eux aussi. Comme moi, ils ont le nez dans le guidon, ils voient vingt ou trente patients par jour pour répondre à une demande inflationniste d'actes remboursés. Comme moi, ils sont libéraux dans l'âme et fréquentent peu les syndicats. Comme moi, ils se demandent pourquoi leurs aînés ont signé un jour une convention avec un organisme d'Etat, ça devait être bon pour tous à cette époque. Il faut bien reconnaître que la Sécurité sociale pour tous, c'était une très belle idée qu'il faudrait pouvoir encore défendre longtemps. Mais ils se demandent comme moi pourquoi ils sont devenus des sous-fonctionnaires et des sous-libéraux. Comme moi, ils savent que la France a les moyens de se payer tout ça pour longtemps encore, mais que c'est quand même bien du gâchis. Comme moi, ils savent que la santé c'est « électoralement sensible » donc figé, immuable, pétrifié. Je suis fatigué ce soir, j'appellerai mes confrères demain. Demain, je leur dirai que tout système humain, social, vital a sa phase d'ascension, son apogée et sa phase de déclin. Je leur dirai que le système de santé et de protection sociale à la française est un système humain sur sa phase de déclin et je leur demanderai si nous avons intérêt à accélérer ou ralentir cette phase de déclin. Je leur dirai que c'est nous, médecins, qui devons contribuer à essayer de trouver le système de remplacement afin d'en empêcher la gestion par les seuls énarques ou financiers.

Je suis bien las ce soir. Les antibiotiques de M. Wintzer ont dû m'épuiser. On m'avait bien dit que ça fatiguait.

Je vais me coucher.

Le lendemain matin, le téléphone sonne à sept heures, c'est Mme Wintzer qui m'appelle :

— Docteur, vous savez, l'antibiotique que vous avez donné hier à mon mari.

— Oh oui, madame, je sais !

— Il ne l'a pas supporté, ça lui a donné des vertiges, d'ailleurs c'est marqué sur la notice que ça peut donner des vertiges.

— Eh bien, madame, si c'est marqué sur la notice, ce doit être ça ! Dites-lui d'arrêter.

— D'ailleurs, docteur, ce matin, il va beaucoup mieux.

— Je m'en doutais, au revoir, madame.

Un ange passe par le fil du téléphone.

Cela s'appelle les mentions légales, le fabricant doit absolument marquer sur la notice tous les effets indésirables possibles même s'ils sont rares. Cela a pour but entre autres d'essayer de contrôler la consommation pharmaceutique ! Pourtant, une boîte d'antibiotiques aura été vendue pour rien, elle finira à la poubelle et contribuera tout de même à la dégradation écologique.

Je crois que ce matin, je suis déjà fatigué.

Je vais peut-être aller me recoucher tout de suite.

— Bonjour, madame Charnay.

— Bonjour, docteur.

— Alors qu'est-ce qui vous amène aujourd'hui ?

— Docteur, je viens pour renouveler mes médicaments, ceux que vous m'avez donnés et ceux du cardiologue et du rhumatologue.

Je jette un œil effaré sur la longue liste qu'elle me tend.

— Oh là là mais vous prenez tout ça ensemble, madame Charnay !

— Ben oui, c'est ce qu'on m'a donné

— Mais vous vous rendez compte que vous prenez tous les jours quatorze médicaments différents.

— Ça fait beaucoup, docteur, pourtant, je ne suis pas médicaments.

— Madame Charnay, est-ce que vous avez des plantes d'appartement ?

— Ben oui, pourquoi cette question bizarre ?

— Madame Charnay, si tous les matins, vous mettez quatorze produits chimiques différents dans les pots de vos plantes d'appartement, je pense qu'elles ne vivront pas longtemps.

— Vous avez bien raison, docteur.

— On va donc essayer de supprimer un maximum de médicaments.

— Oh oui, docteur, vous avez bien raison.

Je commence par proposer d'enlever le premier de la liste.

— Oh ben non, docteur, celui-là c'est pas possible, c'est pour ma décalcification.

J'essaie avec le deuxième.

— Oh ben non, docteur, celui-là, il me le faut, c'est pour mon cœur.

J'essaie avec le troisième.

— Oh, mais celui-là, c'est pour mes jambes qui gonflent.

— Oui, mais c'est le médicament du cœur qui vous fait gonfler les jambes, madame Charnay.

— Mais, il faut bien que je prenne quelque chose pour mon cœur.

— Il va très bien, votre cœur, madame Charnay.

Je passe au quatrième.

— Celui-ci c'est pour ma mémoire, vous savez ma mémoire diminue, docteur.

— Mais, madame Charnay, apprenez des poésies, ce sera meilleur pour votre mémoire, les médicaments pour la mémoire, ils sont inefficaces, d'ailleurs vous dites vous-même que ça ne va pas mieux. Pourquoi prendre un médicament dont vous dites vous-même qu'il n'a pas d'efficacité.

J'arrive enfin à supprimer le médicament pour la mémoire. Le cinquième c'était pour dormir, le sixième pour se réveiller, le septième pour les nerfs, le huitième pour les rhumatismes, le neuvième pour la tension, le dixième pour le cholestérol, plus quelques babioles accumulées au fil des consultations pour des pathologies chroniques inexistantes ou de la prévention à long terme illusoire et ridicule chez une personne de soixante-quinze ans.

Après dix minutes de négociations, j'avais ramené l'ordonnance à douze médicaments. La prochaine négociation sera encore plus difficile, car Mme Charnay aura de nouveaux symptômes et elle ne pourra pas s'empêcher de penser que c'est à cause des médicaments supprimés. Il faudra alors lui dire qu'au contraire, les symptômes sont dus à des médicaments qu'elle prend encore et la négociation durera plus de dix minutes. Mais je ne craquerai pas, j'y arriverai.

La fois suivante, je suis arrivé à dix médicaments. J'étais fier de mon exploit.

Puis j'ai revu Mme Charnay trois mois plus tard, elle était remontée à douze médicaments car entre-temps, elle avait vu le phlébologue qui en avait rajouté deux.

Un matin, Mme Charnay a eu un petit malaise au réveil.

Ce malaise était sans gravité, mais j'ai vu en lui une bonne opportunité pour arriver à mes fins. J'ai fait ma plus belle lettre au chef du service de médecine interne de l'hôpital voisin avec une seule recommandation écrite en gras : supprimer tous les médicaments de ma patiente.

Mme Charnay n'a pas pu résister à l'autorité des grands professeurs spécialistes de l'hôpital, ils ont tout enlevé et l'ont gardée pour surveillance.

Un matin, je passe voir Mme Charnay à l'hôpital.

— Alors, madame Charnay, vous n'êtes pas morte et vous ne prenez plus de médicaments.

— Ah, docteur, vous êtes un moqueur.

J'ai revu Mme Charnay après sa sortie d'hôpital, elle avait quelques maux de tête, quelques bourdonnements d'oreille.

— Mais, madame Charnay, ces symptômes, ils vous donnent la preuve que vous êtes bien vivante.

— Ah, docteur, vous êtes trop moqueur, donnez-moi juste quelque chose pour me soulager quand ça me fera trop mal.

Et on allait sans doute recommencer tout doucement l'escalade thérapeutique, de spécialiste en spécialiste, d'arthrose en perte d'équilibre.

Il faut se rendre à l'évidence, les marchands de médicaments sont vraiment plus persuasifs et plus insidieux que moi.

Et puis les médicaments, comme dirait Coluche : « Il suffirait que les gens n'en achètent pas pour que ça ne se vende plus. »

Médicaments, prothèses chimiques destinées à compenser une carence supposée, écrans pour masquer des symptômes utiles, prévention d'une maladie à venir, protection contre les excès alimentaires, granules vides pour créer un lien avec son médecin, liquides colorés pour stimuler l'énergie, emplâtres sur jambes de bois, somnifères pour oublier la vie, pilules pour couper l'angoisse, pilules pour aller danser, sérums de Bogomoletz, poudres de perlimpinpin, jouvences d'ecclésiastiques, crèmes pour rajeunir, comprimés pour le cas où, gouttes pour la mémoire, ordonnances pour plaire.

Placebo. Je plais.

Alors déplaisons.

Cinquante pour cent des médicaments de la pharmacopée actuelle allopathique ou homéopathique sont soit seulement inefficaces, soit inefficaces et toxiques, soit trop toxiques en regard de l'efficacité, soit ne changent pas le pronostic des maladies à moyen et long terme.

Voilà pour les fabricants.

Parmi les cinquante pour cent restants, les trois quarts des prescriptions sont abusives.

Voilà pour les marchands zélés et les médecins zélateurs dont je ne prétends pas être exclu.

Parmi le huitième restant, la moitié des prescriptions est encore inadaptée.

Voilà pour les médecins négligents ou pressés dont je ne prétends pas non plus être exclu.

Alors de quoi se compose le seizième restant ? Essentiellement les vaccins, quelques anticancéreux et immunosuppresseurs, les antibiotiques antiparasitaires et antiviraux bien prescrits (très rare), les solutés pour perfusion, les anticoagulants, les médicaments de l'anesthésie, les analgésiques puissants, les neuroleptiques dans de strictes indications, les corticoïdes, l'insuline, le sang et ses dérivés, les médicaments des insuffisances cardiaques et respiratoires bien prescrits, les anti-ulcéreux bien prescrits, la pilule contraceptive, les antiépileptiques. C'est déjà bien.

Mais ce seizième, le seul qui justifie une prise en charge par les Etats, le seul indispensable à la santé individuelle et publique, est bien insuffisant pour le développement de l'industrie pharmaceutique qui s'oriente de plus en plus vers deux axes commerciaux qui sont :

— l'automédication avec publicité directe sur le grand public ;

— les médicaments sur ordonnance, mais non remboursés.

Le marketing cible non seulement les médecins, mais aussi le grand public par l'intermédiaire d'articles pseudo-scientifiques diffusés sur les grands médias. La publicité est judicieuse ; elle consiste à médiatiser non pas directement un médicament, mais une maladie réelle ou supposée ou même un fait social : le tabac, la migraine, l'impuissance, l'obésité, pour ne citer que quelques exemples tapageurs récents. On voit ainsi fleurir des médicaments parfois efficaces, non remboursés, donc moins surveillés, mais aussi potentiellement toxiques que les autres. Nouvelle source de pathologies venant réalimenter le marché de la santé.

Il est toujours difficile de nommer un coupable. Nous le sommes tous. Constatons seulement la puissance du marketing, la cupidité des financiers, la démission du corps médical, l'incohérence des médias, la stupidité du consommateur, la savante complicité des leaders d'opinion et l'impuissance ou l'abandon des pouvoirs publics.

Acceptons néanmoins l'impact favorable sur la consommation, donc sur l'emploi qui est la meilleure thérapeutique pour la santé individuelle ou publique.

— Bonjour, monsieur Combel, comment allez-vous ?

— Très bien, docteur, je viens pour mon renouvellement.

C'est vrai qu'ils sont faciles ces malades dociles qui viennent tous les trois mois rechercher leurs médicaments pour une hypertension, un diabète ou une hyperlipidémie modérés.

Ils ne me fatiguent pas, ils sont contents, car les chiffres sont bons. Et puis, je n'ai rien à me reprocher, ce n'est pas moi qui ai dit que l'hypertension est dangereuse, c'est écrit dans toutes les revues internationales sérieuses. Ça me fait cent francs tous les trois mois, ça fait une bonne coopération entre l'industrie pharmaceutique et les médecins prescripteurs. On se tient par la barbichette. Un jour, si j'ai le temps, je vérifierai qui finance les revues et les congrès scientifiques sérieux, j'essaierai de comprendre pourquoi les chiffres officiels de la bonne tension, du cholestérol et du diabète indiqués par l'OMS sont de plus en plus bas. Ça ne peut pas être seulement parce que l'OMS est en Suisse.

La tension de M. Combel n'est pas trop mauvaise.

Si je la lui prenais, comme on me l'a appris, après cinq minutes de repos allongé, elle serait correcte. Je devrais aussi lui recommander d'aller à son boulot à pied et de faire un petit régime. Mais M. Combel est persuadé que la prise de son médicament est la solution la plus simple et la plus directe. Pour moi aussi c'est plus facile de marquer tous les trois mois son médicament sur l'ordonnance. Même le cardiologue est d'accord ; il lui fait un grand contrôle avec des tas d'examens tous les ans. Ça rassure M. Combel, ravi de ces va-et-vient entre son cardiologue et son médecin. Un grand professeur a même parlé de son médicament à la télé. M. Combel est parfaitement inséré dans l'ordre du monde. Je ne vais tout de même pas casser cette belle harmonie en lui expliquant ma façon de voir les choses, ce serait un stress inutile pour M. Combel qui n'a pas envie de refaire le monde.

Cela ferait inutilement monter sa tension.

Après cinq années en Afrique où j'avais pratiqué de nombreux accouchements, je ne souhaitais pas me priver de cette pratique très gratifiante. En France, jusqu'à il y a dix ans, les médecins généralistes le désirant pouvaient encore accoucher eux-mêmes leurs patientes. Cette pratique a presque disparu en raison de la tendance à l'hyperspécialisation.

Je viens rendre visite à ma première jeune Provençale que j'avais accouchée la veille dans la maternité privée de la région.

— Bonjour, madame, comment allez-vous ce matin ? Avez-vous récupéré ?

— Je vais bien, je me sens en pleine forme. Merci, docteur.

— Et ce magnifique bébé, a-t-il bien dormi ?

— Oui, il a juste un peu pleuré, les infirmières lui ont donné un peu de lait au biberon.

— Comment ça, on ne l'a pas mis à votre sein ?

— Si, j'ai voulu le mettre, j'étais si heureuse et excitée, mais rien ne sortait. Elles m'ont dit qu'il valait mieux le mettre au biberon.

— Mais c'est tout à fait normal que rien ne sorte de votre sein pendant vingt-quatre ou quarante-huit heures, excepté un peu de liquide appelé le colostrum. C'est le bébé qui déclenche la montée de lait en tétant votre sein.

— Ah bon, mais elles m'ont dit que chez moi, ça n'avait pas l'air de bien fonctionner et qu'il valait mieux mettre le bébé au biberon.

— Mais, madame, est-ce que vous avez vraiment envie de lui donner le sein ?

— Bien sûr, mais je ne sais pas tout, je ferai comme on me dira, pourvu que ce soit le mieux pour le bébé.

— Alors, madame, il ne faut plus hésiter. Le mieux pour le bébé, c'est votre sein.

Je laisse ma patiente un peu perplexe et je reviens la voir le lendemain.

— Alors, la mère et l'enfant vont-ils bien ?

— Toujours en forme tous les deux.

— Et ce lait, est-ce qu'il commence à venir ?

— Hélas non, docteur, les infirmières ont dû le remettre au biberon, car mon lait n'est pas bien venu, elles m'ont dit que ce serait difficile de l'allaiter moi-même.

On m'avait plus ou moins prévenu des mœurs françaises. Je savais que les jeunes mères se laissaient facilement convaincre par l'allaitement artificiel et qu'elles étaient souvent de piètres nourrices. J'avais de la peine à accepter cette différence avec les mères africaines. Je souffrais, pour nos femmes, d'un complexe d'infériorité raciale, pourtant mes deux enfants nés en Afrique avaient été allaités par leur mère. Etait-ce le soleil africain qui faisait gonfler les seins des nourrices ? Non, je ne pouvais pas le croire. Il y avait autre chose.

Pourtant, comme cette première patiente, je me suis laissé influencer par les sages-femmes et les infirmières.

Il ne m'a pas fallu longtemps pour comprendre les diverses pressions exercées par les marchands de lait artificiel pour convaincre le personnel des maternités et les parturientes. Petits cadeaux, risque esthétique sur le sein, incompatibilité des horaires de l'allaitement avec la vie professionnelle, excellente qualité des laits artificiels, etc.

Voici qu'arrive une deuxième gestante qui vient me confier le suivi de sa grossesse et son accouchement futur. Je lui demande son avis :

— Avez-vous l'intention d'allaiter votre enfant ?

— Oh oui, docteur, je voudrais bien, si c'est possible.

— Et pourquoi ce ne serait pas possible ?

— Je ne sais pas, il paraît que des fois, on manque de lait, j'ai plusieurs collègues de travail qui n'ont pas pu.

Evidemment, pensé-je, l'environnement prépare déjà à l'échec. La préparation des mères au lait artificiel est un travail publicitaire long et insidieux. Il fonctionne à merveille.

— Mais oui, vous pourrez allaiter votre enfant, si vous en avez envie. N'écoutez pas ce que vous diront les infirmières de la maternité, et appelez-moi sans hésiter si vous avez un doute ou une inquiétude.

Le lendemain de son accouchement, je suis allé voir cette mère. La scène s'est reproduite exactement comme la première fois. Identique mot pour mot.

Alors la colère m'a pris.

Une sainte colère, une vraie colère de diva. Une colère comme je les aime, théâtrale, mesurée, avec chaque mot pesant de tout son poids. Celle où l'on croit que vous perdez votre sang-froid, alors que tout est minutieusement calculé. Une vraie fausse colère. Un régal. La colère du juste. Un luxe que l'on ne peut s'offrir que deux ou trois fois dans la vie. Il faut avoir à la fois l'enthousiasme et l'inconscience de la jeunesse et quelques années d'expérience. C'est entre trente et quarante ans que peuvent éclater ces colères doctorales et péremptoires. Après, c'est trop tard, on est déjà happé par le lobby du juste milieu, on est atteint de la maladie du compromis, on est déjà consensuel, pragmatique, résigné. On connaît ses limites et ses faiblesses, on doute davantage. Si les marchands de lait avaient raison, si les femmes françaises n'avaient vraiment pas de lait, voire si les femmes blanches avaient du lait noir ? L'affreux doute, la peur d'être trop sûr de soi, d'être ridicule lors de sa prochaine erreur.

Mais là, non, c'était la colère d'un docteur encore jeune et déjà « à bouteille », un docteur qui était certain de sa vérité. J'ai convoqué toutes les sages-femmes, toutes les infirmières, et même le patron de la clinique qui ne tenait pas à perdre ses généralistes accoucheurs :

— A partir de maintenant, il est interdit, vous m'entendez bien, interdit de donner le moindre biberon à l'un quelconque de *mes* nouveau-nés sans en avoir parlé à sa mère en ma présence. Vous mettrez tous *mes* nouveau-nés au sein, dès les premières heures et vous arrêterez de dire des stupidités aux mères dociles, car *mes* mères ne seront plus dociles.

Un vrai macho, un vrai cabotin. J'en frémis encore. J'aurais recommencé la scène deux ou trois fois, rien que pour le plaisir. Et ça a marché. Le pourcentage d'allaitement au sein est remonté en flèche dans ma clientèle. Lorsque j'ai quitté le village, il était à presque cent pour cent. Légitime fierté pour cette authentique victoire dans la bataille de l'éducation sanitaire.

Que les marchands de médicaments vendent des médicaments inutiles à de faux patients, je veux bien, c'est bon pour le commerce. Mais qu'ils vendent du lait à des mères qui en ont et qui désirent allaiter, non, non et non, je ne pourrai jamais l'accepter.

Cette reprise de la grande scène de la colère vient de me tonifier.

Je continue à remplacer quelques amis dans la région lyonnaise. Comme je ne connais pas leurs patients, je suis obligé de faire à chaque fois un interrogatoire plus poussé pour leur faire expliquer leur cas. Une de mes plus grandes surprises est de constater que lors de ma question : « Qu'avez-vous ? », plus de la moitié des patients me répondent en sortant leur ordonnance pour me montrer ce qu'ils prennent.

Il faut se rendre à l'évidence, le traitement est aujourd'hui plus important que le diagnostic. Résultat logique d'une formation médicale continue assurée par les seuls laboratoires pharmaceutiques.

Lors de mes études, j'ai appris à faire des diagnostics. Le traitement était relégué en dernière année. On apprenait que beaucoup de diagnostics ne sont pas nécessairement suivis de traitement car la nature décide seule de la guérison ou de la mort. Les traitements ont certes progressé. Dieu merci. Mais il est intéressant de constater qu'aujourd'hui, à l'inverse, les traitements ne sont pas toujours accompagnés de diagnostics. Je ne blâme pas mes confrères. Leurs patients ne leur en demandent pas davantage ; ils sont conditionnés par le tapage médiatique de la médecine qui peut tout soigner et tout prévenir.

Le plus grand succès de la collusion pharmaceutico-médiatique est celui de ce que j'appelle les « maladies à chiffres ».

— Docteur, je viens pour mon cholestérol, mon sucre, mon acide urique, ma tension, mon fer.

Ces patients en bonne santé n'ont qu'un chiffre malade. Bel exemple de causalité primaire, comme celui des antibiotiques, un médicament pour modifier un chiffre. L'avantage considérable pour le marché pharmaceutique est que les médicaments pour chiffres doivent être pris à vie par des gens bien portants. De belles années de vente assurées. Il est partiellement vrai que le dérèglement de ces chiffres peut faire le lit de maladies plus ou moins graves. Mais les chiffres délétères du poids, du nombre de cigarettes, de cocas ou de pas quotidiens n'ont pas obtenu le même succès publicitaire que le seul chiffre modifiable par un médicament.

Incontestable succès du marketing pharmaceutique.

S'il ne fallait emmener sur une île déserte que deux ou trois choses de toute l'histoire de la médecine, ce serait assurément les vaccins, la chirurgie orthopédique et traumatologique, quelques antalgiques et du savon. Les vaccins sont la seule véritable noble conquête de la médecine sous ses deux aspects de santé publique et de santé individuelle. Les mères africaines l'avaient bien compris, qui se bousculaient jusqu'à l'émeute lors de nos campagnes de vaccination. Hélas, les colons arrivent avec leurs prêtres et font suivre leurs marchands. L'histoire se répète toujours. Les marchands de lait en poudre ont suivi les prêtres de la vaccination, avec beaucoup de perverse propagande entraînant des cas de malnutrition du sevrage par utilisation conjointe du sein et de lait mal reconstitué.

Le génie du marketing est de semer la confusion dans les causalités. On prend des médicaments pour soigner les maladies induites par les médicaments, on perfuse les enfants pour compenser les carences induites par le lait importé, on vend des tapis roulants de marche pour redonner la forme à ceux qui vont à leur bureau en voiture, on donne du lait en boîte pour remplacer le sein que l'on a vidé.

L'Afrique aura-t-elle un jour la puissance de mondialiser le lait de ses nourrices ?

11 – Alternatives

Les Bergasse formaient un vieux couple de paysans dont le mari analphabète savait construire des « restanques » en pierre sèche mieux que personne dans tout l'arrière-pays et dont la femme savait « enlever le soleil ».

Construire des restanques est un art difficile qui s'apprend à la sueur de son front, mais « enlever le soleil » est un don qui vous vient par filiation matriarcale de trisaïeule à bisaïeule en faisant parfois le détour par une tante piémontaise un peu sorcière et en tout cas peu fréquentable.

Bien « enlever le soleil » nécessite plusieurs acteurs et plusieurs étapes :

1. Il faut d'abord un patient qui ait « pris le soleil ». Ne prend pas le soleil qui veut. La peau doit résister assez longtemps au soleil pour permettre une exposition insouciante assez prolongée. Un pâle touriste ne peut pas attraper le soleil, car sa peau est tellement blanche qu'il attrape un coup de soleil bien avant d'« attraper » le soleil lui-même. Le coup de soleil est mesquin, vulgaire, voire risible, c'est un truc d'« estranger » à moins que ça ne soit le coup de soleil du neveu de Paris, dans ce cas, c'est un mélange entre le coup de soleil et l'« attrapage du soleil », on peut alors le traiter comme ce dernier, isolément.

2. Il faut ensuite que des parents de la victime enfant ou adulte fassent le diagnostic, avec certitude, ce qui n'est pas

donné à tout le monde. J'avais pour ma part la plus grande difficulté à faire ce diagnostic, et malgré mon amitié pour Mme Bergasse et notre complicité de thérapeutes, j'ai souvent porté par excès le diagnostic de coup de soleil. Je suis sur ce point longtemps resté un « estranger ».

3. Il faut alors consulter la grand-mère Bergasse, avec ou sans la victime. La présence du patient n'a effectivement aucune importance lors du traitement. Nous voyons sur ce point majeur que la pratique thérapeutique de l'« enlèvement du soleil » n'a rien à voir avec les pratiques académiques de la faculté, y compris de la faculté de Marseille.

4. Enfin, c'est dans la solitude, au-dessus de ses gamelles et avec ses incantations, que la grand-mère Bergasse enlève ou plus exactement « lève » le soleil. Dieu doit certainement intervenir dans tout cela ou au moins ses saints, car malgré l'utilisation des sels et de la vapeur d'eau bouillante, la grand-mère Bergasse m'a avoué un jour qu'elle les invoquait, y compris saint Fiacre. Cela m'a rassuré sur mon incapacité à « lever le soleil » autrement qu'avec de l'aspirine, car mes relations avec les saints ont toujours été peu suivies.

5. Finalement, on sait un peu plus tard si le soleil a bien été enlevé. Si ça prend moins de vingt-quatre heures, la réussite est parfaite. Si ça prend plus de vingt-quatre heures c'est que c'était un gros soleil.

La foi et les croyances de chacun font tellement partie du cheminement intime du développement cérébral qu'il est toujours vain de vouloir les contester. Il peut même être déstructurant de le faire, ou risque d'enfermer le croyant dans un obscurantisme de révolte. Créer la polémique autour d'une croyance telle que l'astrologie ou d'une pratique médicale alternative ne fait que renforcer les arguments les plus stupides, de la part de l'adepte comme de la part de l'accusateur. On verra alors les deux parties évoluer de façon dogmatique et non scientifique. A l'inverse, prêter une oreille attentive à toutes les croyances même les plus farfelues amène plus facilement sur le chemin de leur critique raisonnable.

J'ai toujours été aussi sceptique envers la médecine traditionnelle qu'envers les médecines dites parallèles ou alternatives. Toutes ayant leur part d'irrationnel et d'invérifiable, leurs gourous, leurs adeptes et leurs détracteurs.

La bonne médecine consiste à découvrir les chemins du patient et à rechercher toutes les voies de la guérison, y compris les voies de l'autosuggestion. Il est important de ne pas négliger ces voies suggestives, tout en essayant d'en définir les limites. C'est-à-dire en évitant de faire sombrer les patients dans le fanatisme ou le sectarisme, voire le mysticisme. Car c'est bien le fanatisme des patients qui favorise l'émergence du charlatanisme des soignants.

Dans la multitude des maladies, des symptômes et des syndromes, une toute petite minorité seulement répond aux exigences de la médecine universitaire ; ce sont les maladies ayant une cause identifiée, un diagnostic consensuel, et un traitement clairement efficace. Le nombre de maladies répondant à ces trois critères est très faible. Le nombre des autres est illimité, pour lesquelles toutes les médecines se rejoignent par la médiocrité et l'inconstance des résultats.

Nul aujourd'hui ne songerait à soigner une tuberculose autrement qu'avec deux ou trois antituberculeux spécifiques, car il s'agit d'une maladie avec cause identifiée, diagnostic précis et traitements efficaces. Les médecines alternatives n'y ont pratiquement plus cours. A l'inverse, les traitements officiels et alternatifs foisonnent dans des maladies comme l'ulcère gastrique, la migraine, les allergies ou l'obésité.

Le plus gros abus médiatique de la médecine officielle, aidée en cela par l'industrie pharmaceutique, est de laisser croire qu'à toute maladie ou symptôme correspond un traitement efficace. Ce sont les impressions d'échecs, consécutives à cette supposition erronée, qui laissent un énorme champ libre aux médecines alternatives.

De plus, les progrès fantastiques des investigations intracorporelles et de l'imagerie ont donné une fausse impression que toutes les maladies avaient une cause visible, donc supposée tacitement curable. Il se trouve en effet toujours une petite image *bizarre* ou *limite* à signaler lorsque le corps est exploré avec tant de précision. Si vous n'avez jamais vu de cheveux, et que subitement on vous montre des milliers de cuirs chevelus humains, vous mentionnerez longtemps les roux comme éventuellement pathologiques, avant de les intégrer dans la statistique normale.

Les excès de ces investigations aboutissent à des pseudodiagnostics sans traitement approprié et donnent encore de nouvelles impressions d'échecs.

Les charlatans s'engouffrent dans la brèche de ces échecs.

Enfin, à l'inverse du médecin qui doute, le charlatan a des certitudes, et des explications plus faciles à comprendre car elles sont conformes à l'intuition du public.

Brigitte Courbon avait eu une vie mouvementée. Un divorce récent l'avait privée de ses enfants pour des raisons que je n'avais jamais pu lui faire préciser. Elle travaillait au café du village et vivait seule. Quelques amants de passage, courtisans de bar, jalonnaient sa vie tortueuse. Son corps commençait à porter les marques des excès, de plus en plus incompatibles avec la venue d'un prince charmant. Elle me confiait souvent ce désespoir. Je l'écoutais toujours. Elle consultait aussi beaucoup de charlatans et magnétiseurs divers pour soigner ses symptômes de langueur.

Une ou deux fois j'avais croisé chez elle un homme, un ami de longue date, m'avait-elle dit, de passage. Puis, Brigitte s'était mise à consulter une voyante assez régulièrement. Connaissant mon scepticisme sur l'intérêt de telles pratiques, elle cherchait toujours à m'en convaincre.

Un jour, elle m'annonce fièrement que sa voyante avait prédit le retour d'un homme à la maison, un ami d'enfance, et que ce serait le parfait amour. La voyante avait raison puisque le lendemain, l'homme était là, chez elle, avec armes et bagages. Le même homme déjà entrevu précédemment.

— Vous voyez bien que la voyante avait raison, me dit-elle.

Je ne voulais pas contrarier Brigitte dans son bonheur tout neuf et j'acquiesçai discrètement. Brigitte avait dû mille fois raconter à sa voyante, comme à moi et à ses amis, tout l'espoir qu'elle avait mis en cet ami d'enfance retrouvé ; lequel traversait aussi une phase difficile et avait dû lui laisser supposer qu'ils pourraient faire un bout de route ensemble.

La voyante n'avait qu'à cueillir le fruit des confessions subliminales.

L'ami ne resta même pas un an, et il repartit comme il était venu, avec armes et bagages. Brigitte en fit une grave dépression suivie d'une méningite dont elle faillit mourir.

La voyante n'avait prévu ni la dépression ni la méningite.

Le couple Terneuf habite sur la colline à l'est du village. Ils ont, tous les deux, dépassé leur quatre-vingtième année. Ils se portent comme le Pont-Neuf. Ils n'ont pas besoin du médecin et je ne les connaîtrais sans doute pas si je n'étais obligé de les déranger pour qu'ils m'indiquent la route chaque fois que je dois faire une visite sur la colline. Ils en connaissent tous les recoins. Ils savent faire le vin de noix à la lune montante pour qu'il soit meilleur. Ils savent exactement à quel moment la vigne doit être vendangée pour obtenir le meilleur degré ; ils sont capables d'attendre une ou deux semaines de plus si la lune n'est pas favorable. M. Terneuf a un don, il est sourcier. Tous les voisins m'ont décrit avec quelle dextérité il tient sa double baguette biconcave, comment elle bouge lorsqu'il approche de la source. Il ne se trompe jamais, là où il dit de creuser, on trouve de l'eau.

M. Terneuf est persuadé que je ne crois pas à sa pratique.

Pourtant, je pense n'avoir jamais laissé paraître le moindre scepticisme. Il est persuadé que les scientifiques sont toujours réfractaires à tout ce qui est un peu irrationnel. Je lui reproche parfois gentiment ses a priori sur les scientifiques et son erreur de penser que les médecins sont des scientifiques. Il me répète souvent en riant une phrase que je lui aurais dite un jour :

— Les médecins sont bien plus sorciers que les sourciers.

Je n'en ai pas le souvenir, mais j'en ris volontiers avec lui. Chaque fois qu'il me fait goûter son nouveau vin d'orange, il m'explique ses techniques de recherche de l'eau avec conviction et il énumère ses succès en citant le nom des propriétaires des sources. Je lui répète que je suis convaincu de l'efficacité de sa technique ; mais il voudrait à tout prix être contredit pour mieux me confondre en clamant ses prouesses. Il doit certainement être très déçu par ma crédulité qu'il croit feinte. Elle l'est peut-être, je n'en sais plus rien.

Les adeptes des sciences parallèles aiment beaucoup la contradiction, ils la recherchent comme s'ils en avaient besoin pour étayer leur démonstration.

Depuis quelque temps, je constate que le blanc de son œil est légèrement plus jaune, sa femme me confie un jour dans le couloir qu'elle est un peu inquiète, il a souvent mal au ventre et quelques nausées inhabituelles. M. Terneuf n'est pas homme à s'attarder à ce genre de petites misères.

L'envie me prend, irrésistible, de m'amuser un peu à ses dépens.

Un jour où je m'arrête pour le traditionnel vin de noix alors qu'il venait encore de m'indiquer un chemin sur la colline, il recommence à me parler de sa baguette magique. Je lui dis alors :

— Montrez-la-moi, cette baguette magique, je vais vous montrer que moi aussi, je sais m'en servir.

— Ah ben ! C'est bien la meilleure celle-ci, vous êtes sourcier, vous aussi, docteur ?

— Non, je ne suis pas sourcier, moi, je suis vraiment sorcier.

Je prends la baguette magique, je serre un peu les deux extrémités entre mes paumes, la baguette bouge imperceptiblement puis de plus en plus et cesse de bouger. Je la relâche et je lui dis :

— Il faut vous faire opérer d'urgence, pour enlever la vésicule, vous êtes sur le point de faire une cholécystite aiguë. Il ne faut pas trop attendre, car vous serez alors inopérable.

— Ah bien ça alors ! Comment vous faites pour savoir ça, docteur ? Elle est bien bonne, celle-là. Vous m'en bouchez un coin. Vous êtes bien sûr ?

— Mais, monsieur Terneuf, comment pouvez-vous mettre en doute votre baguette magique. Ce n'est pas moi, mais elle qui dit que c'est urgent ; j'appelle le chirurgien et l'ambulance immédiatement.

Ce que je fais séance tenante devant M. Terneuf qui n'en croit pas ses yeux. Il regarde sa femme, laquelle semble approuver ma décision.

M. Terneuf a été hospitalisé et opéré. Le chirurgien lui a confirmé à la fois le diagnostic, l'urgence de l'intervention et le risque fatal.

Depuis, M. Terneuf me prend vraiment pour un sorcier, il ne pouvait pas imaginer que sa baguette magique avait tant de pouvoir.

Il ne m'a jamais dit qu'il connaissait toutes les collines provençales comme sa poche, je ne lui ai jamais dit que je connaissais son ventre comme ma poche.

La baguette est restée magique.

Marie Charton en était à son troisième mariage, un enfant par mari. C'était pour « concrétiser », disait-elle. Pour elle, on ne pouvait prouver son amour à un homme qu'en lui faisant un enfant. Elle avait donc trois enfants. Ses trois hommes étaient partis, le premier après un délire dû à un excès d'amphétamines, le second d'un accident de la route mortel, le troisième fatigué sans doute de voir Marie de plus en plus mystique.

Fille et petite-fille de catholiques pratiquants, elle avait transformé sa pratique en mysticisme et priait de plus en plus souvent et de plus en plus ostensiblement. Etait-ce par le hasard de son prénom qu'elle adressait à Marie l'essentiel de ses dévotions ?

Comme toujours, Marie essayait de me convaincre et de me transmettre sa foi. Certes, les médecins sont en première ligne comme témoins des digressions spirituelles et ésotériques de leurs patients. Mais, je n'ai pas encore compris pourquoi on a essayé de me convaincre avec autant d'acharnement de la véracité de toutes sortes de pratiques médicales, instrumentales ou religieuses. Peut-être parce que le médecin traditionnel est le représentant le plus accessible de la science et du pragmatisme que l'on est supposé combattre.

Grâce à Marie, j'ai appris ce qu'étaient culte marial, pèlerinages dans les lieux saints, dévotions en groupe. Je n'en serais jamais arrivé à oser comparer ces pratiques religieuses excessives à des pratiques sectaires, si Marie n'avait fini par partir, presque ruinée par ses dons au culte, avec son enfant déscolarisé, pour rejoindre un village de Yougoslavie, où une église avait été miraculeusement épargnée des bombardements par la Vierge Marie.

D'autres Marie feront, pendant longtemps, le chemin en sens inverse pour venir faire leurs dévotions aux dieux de la consommation occidentale ou livrer leurs corps aux fantasmes de ses fantassins.

Les migrations des hommes durent depuis l'homme.

Les parents Bugori avaient sept enfants et étaient témoins de Jéhovah. En plus des transfusions sanguines qui leur étaient strictement interdites par leur religion, ils discutaient tous les traitements : ils étaient écologistes. Sur ces deux points, je ne peux que les féliciter, car ils avaient, de façon perspicace, anticipé les accidents transfusionnels dus au virus du sida encore inconnu à cette époque, et leur réticence à tous les médicaments ne me déplaisait pas. Dieu merci, je n'ai jamais eu de graves dilemmes ; leurs enfants étaient tous en excellente santé.

Pourquoi, un jour, dans cette famille assez harmonieuse, le virus de l'obscurantisme sectaire est-il entré ? Cela a commencé par le père, potier de son état, qui s'est laissé séduire. Il vendait ses poteries dans un village où sévissait une secte d'obédience pseudo-bouddhiste sous sa forme ersatz — succédané à tendance canal historique dans la mouvance luminus dei !

La mère a suivi, et les enfants, même les aînés ont suivi le chemin parental. J'ai longtemps pensé que le père avait été guidé par un intérêt financier, car cette secte avait de grosses connivences politiques régionales, donc des débouchés commerciaux. Le calcul du père n'a manifestement pas été le bon, car la famille a fini ruinée après le démantèlement de la secte. Je n'ai pas eu de nouvelles de cette famille pendant cinq ans car les médecins ne sont jamais appelés dans ces sectes fermées où personne, hélas, n'intervient. Lorsque j'ai revu la mère et ses enfants, le père avait disparu. Les plus jeunes enfants, restés plus de cinq ans sous l'influence du gourou sans être scolarisés, avaient de grosses séquelles psychologiques. J'ai alors déploré qu'une enquête plus minutieuse n'ait pas été faite sur les éventuels sévices physiques et sexuels.

L'état de prostration de la mère me laissait pourtant tout supposer.

N'agressons pas encore une fois les pouvoirs publics en criant avec les loups : « Mais que fait donc la police ? » Les politiques hésitent à proposer des lois qui raviveraient l'éternel débat démocratique de la liberté d'opinion et de confession. Il faut définir ce qu'est une secte. Entre ma mystique Marie Charton dévouée au culte marial et ma famille Bugori, témoin de Jéhovah, convertie au pseudo-bouddhisme sous sa forme susdite, la frontière est floue.

Avant de proposer de nouvelles lois, on pourrait tout simplement appliquer celles qui existent. L'une oblige les enfants à être scolarisés. La DDASS a pour mission de protéger les enfants en danger. Il serait bon de lui donner une plus grande souplesse de fonctionnement et plus d'autorité. On peut déjà faire beaucoup de choses sans promulguer de nouveaux décrets qui risquent de réveiller les médias.

Simone se trouvait trop grosse.

Elle me consultait régulièrement pour ce motif au printemps. Eté oblige. Chaque fois je lui répétais inlassablement les mêmes phrases :

— Simone, vous n'êtes pas trop grosse, votre poids se situe à peine au-dessus de votre poids idéal.

— Faites très attention à ne pas faire de traitements ou de régimes dangereux qui risquent de vous faire grossir davantage dans un deuxième temps.

— Il suffit de très peu d'efforts pour perdre deux ou trois kilos de façon durable.

— Ne prenez que les décisions que vous êtes certaine de pouvoir tenir longtemps. Par exemple supprimer les jus de fruits tout prêts. Ne jamais manger entre les repas, tout en ne vous privant de rien pendant les repas. Eviter les fast-foods. Marcher seulement un kilomètre par jour. Pas de chips ou de cacahuètes devant la télévision.

Simone était toujours déçue par mes consultations car elle en ressortait sans ordonnance et sans régime miraculeux. Je savais que sitôt sortie de mon cabinet, elle irait acheter l'un des nombreux magazines qui foisonnent avant l'été et qui exploitent largement la béate stupidité des pseudo-gros. On y trouve des régimes escrocs et des publications scientifiques d'éminents spécialistes de la non-obésité.

Elle revenait me voir un ou deux mois plus tard, après avoir perdu cinq ou six kilos. Je lui répétais alors tout aussi inlassablement :

— Simone, c'est risqué de perdre du poids trop vite. Ça fatigue. Et vous risquez de reprendre plus de kilos que vous n'en avez perdu car votre organisme n'aime pas les variations brutales autour de son point d'équilibre.

Au printemps suivant, je revoyais Simone. Elle avait repris tous ses kilos plus deux ou trois autres. Je répétais exactement les mêmes phrases.

Elle allait alors consulter un charlatan qui prescrivait des extraits thyroïdiens dissimulés dans une mixture sans nom. Le processus du poids yo-yo était reparti.

Au printemps suivant quand elle me disait :

— Docteur, je me trouve trop grosse.

Je pouvais alors lui répondre :

— En effet, votre poids dépasse maintenant largement votre poids idéal. Vous entrez dans la catégorie du surpoids, mais vous n'êtes pas encore obèse.

Je réenchaînais toutes mes phrases sans en changer une virgule, mais avec peut-être un peu moins de conviction ou une légère lassitude.

Le printemps suivant voyait revenir une Simone largement pléthorique.

Aujourd'hui, Simone est enfin obèse. Le temps lui a donné raison.

Le diagnostic est définitivement exact.

J'avoue avoir pratiqué le charlatanisme dans des circonstances exceptionnelles. En 1978, la deuxième guerre du Katanga ou Shaba a éclaté au sud du Zaïre avec comme dénouement, on s'en souvient, l'intervention des parachutistes à Kolwezi. Notre hôpital privé, près de la frontière zambienne, a été réquisitionné par les forces zaïroises. J'étais donc tenu de rester au Zaïre, comme médecin, mais il m'a paru plus prudent d'abriter ma famille en Zambie. Je n'étais de garde qu'un soir sur trois et je rejoignais Julie et nos deux enfants en Zambie les autres soirs pour revenir le matin à l'hôpital. Je connaissais tous les douaniers et policiers qui ne me faisaient pas trop d'ennuis, car je leur distribuais régulièrement de l'aspirine, de la nivaquine et des vitamines. Parmi ces bakchichs médicamenteux, il y avait aussi la très fameuse « poudre de taureau » réputée renforcer la vigueur sexuelle. Les Zaïrois polygames en étaient très friands. J'en glissais parfois des boîtes au milieu de la nivaquine et la frontière devenait encore plus perméable. Hélas, au plus fort des événements du Shaba, la frontière avec la Zambie a été officiellement fermée, c'est-à-dire que le bakchich de passage devenait plus important. Comme je tenais absolument à rejoindre ma famille deux soirs sur trois, mon stock de poudre de taureau s'épuisait dangereusement. Mes amis infirmiers, que je suspectais déjà de faire du trafic de poudre de taureau, disposaient de nombreuses boîtes vides de ce remède magique. J'en remplissais alors plusieurs avec des poudres quelconques et sans danger. Ceci me permit de passer la frontière jusqu'à sa réouverture, alors que mon stock de boîtes vides arrivait à sa fin. Le risque d'être dévoilé était faible, car je pense que mes infirmiers pratiquaient la supercherie depuis très longtemps. Je me demande même si l'importateur de poudre de taureau n'importait pas que des boîtes vides, laissant à chaque revendeur le soin d'y mettre le placebo de son choix. En tout cas, ma poudre a dû être aussi efficace que les autres, puisque je n'ai pas été tué par un douanier mécontent.

Dix ans plus tard, je travaillais dans un hôpital privé en Chine, non loin de la frontière avec Hong-kong où je devais me rendre environ deux fois par mois. Il n'y avait pas de guerre, mais la foule était si dense que le passage de la frontière prenait parfois plus de deux heures. Les Chinois aussi inquiets pour leur virilité que nos amis zaïrois utilisaient la fameuse poudre de corne de rhinocéros réputée miraculeuse.

Devinez à quoi j'ai pensé…

Cette histoire immorale a une morale. Si le rhinocéros, antérieur à l'homme, n'avait pas un jour croisé Homo sapiens qui décida de faire de sa corne un symbole phallique, son espèce n'aurait pas été menacée de disparition. On peut donc regretter que le placebo n'ait pas été inventé par l'évolution avant le rhinocéros. Ce charlatanisme-là eût été bon pour l'écologie.

A méditer.

12 – Déifications

Je suis le bon Dieu.

Il faut se rendre à l'évidence, je suis le bon Dieu. Ou au moins l'un de ses représentants sur la terre. Je fais des miracles à longueur de journée. Je fais marcher la vieille hystérique paralytique qui fait trois pas par amour pour moi, j'incise l'abcès qui avait empêché le sommeil deux nuits de suite, j'infiltre la fissure anale en apaisant d'un coup l'horrible douleur imposée aux hommes depuis le péché d'Adam et Eve, je pose le stérilet qui permettra d'ébranler l'histoire de quatre millions d'années de coïts, je donne la pilule qui défie la dominance masculine, je tapote la main anxieuse, apaisant d'un seul coup la crise de tétanie, je guéris l'asthme de l'enfant avec mon sourire, je traque la bête acide au fond des estomacs, je réduis la fracture par la ruse et la luxation par la force, je fais entendre les sourds, je distribue des certificats qui donnent à chacun le droit de se marier, de faire du sport, de ne pas aller à l'école, de ne pas aller au travail, de percevoir les indemnités de l'assurance, de ne pas mettre la ceinture de sécurité, de partir en vacances, en centre aéré, en colonie, d'annuler sa réservation de billet pour le voyage organisé et de se faire rembourser les arrhes, d'être enterré avec ou sans autopsie, de ne pas être enterré, de prendre un crédit, de conduire les voitures, les camions, les bateaux, j'enlève les corps étrangers dans les nez et les vagins, j'extrais l'arête de poisson qui préfigure la mort par étouffement ou le fécalome qui préfigure la mort par occlusion et empoisonnement, je dilate les bronches, j'introduis mes doigts ubiquistes dans tous les orifices, j'infiltre la chimie salvatrice au travers de mon aiguille argentée qui pénètre les chairs comme un glaive ou un pénis divin.

Parfois, je triche un peu, laissant croire que je fais vraiment le travail de Dieu. Par exemple, je laisse dire que je mets les enfants au monde, usurpant le travail des mères qui me laissent pavaner avec une étonnante bienveillance.

Je ressuscite parfois les morts, mais en réalité, ils n'étaient pas vraiment morts. J'interromps les grossesses, mais en réalité, elles s'étaient déjà interrompues dans la tête des géniteurs.

Le miracle absolu, incontestable, celui qui me conforte dans ma position de Dieu, c'est que parfois, je guéris sans rien faire, même sans imposer les mains, par ma seule parole et ma seule présence.

Cependant, je suis chagriné de voir sacrifier tant d'adultes et d'enfants bien portants sur mon autel, bien que j'explique depuis longtemps que je continuerai à faire tous ces miracles, même s'ils arrêtent de sacrifier tant d'individus. Je me demande si ces sapiens, pour lesquels j'éprouve une certaine sympathie, ne sont pas restés aussi stupides qu'au temps des dieux multiples, mes pâles prédécesseurs.

Redescendons sur terre.

Quel médecin n'est pas surpris de l'état de déification dans lequel le tiennent certains de ses patients ? S'il en tire une satisfaction bien compréhensible, il est le plus souvent surpris, voire embarrassé de tant d'admiration.

Il n'est pas étonnant que quelques médecins, plus prosélytes ou à l'ego plus réactif, basculent un jour dans la politique ou, plus grave, deviennent les gourous d'une secte quelconque. Encouragés dans de telles vocations ou débordements par l'admiration immodérée que certains accordent à la médecine et aux médecins.

Mme Fildier avait traîné son problème de colopathie de cabinet médical en cabinet médical, jusqu'à ce que je lui découvre finalement un cancer du côlon. Diagnostic relativement facile puisqu'il arrivait après de nombreux échecs thérapeutiques sur une diarrhée chronique que personne n'avait prise au sérieux. Fort heureusement, le diagnostic était encore assez précoce et le pronostic, bien compris par elle-même et toute sa famille, était assez favorable avec une excellente chance de survie à dix ans.

Mme Fildier était une bonne catholique, femme de charpentier, rigoureuse et fidèle en tout. Je ne sais pas si elle fit un transfert amoureux sur ma personne, mais je sais bien qu'elle fit un transfert de dieu. Je devins celui qui l'avait sauvée, qui savait tout, diagnostiquait tout, et, mieux, qui l'empêcherait de mourir. Très lourde responsabilité difficile à esquiver. Nos relations furent parfaites, sa santé fut excellente. Pourtant, un jour, je décidai de quitter notre village, j'en avertis tous mes patients ; certains comme Mme Fildier en firent une véritable dépression. Je m'en excuse encore vivement aujourd'hui, mais les dieux ont aussi leurs faiblesses et leur vie à gérer.

Mathilde et Gilbert Neboux habitaient dans une petite maison de pierre au bout du village et avaient tout pour vivre une retraite paisible. Le père, ancien mineur du Nord, avait une pension qui leur permettait de vivre simplement mais sans privations. Ils avaient une fille, deux fils déjà mariés et un dernier fils, Eric, beaucoup plus jeune.

Mathilde était de plus en plus fatiguée. Rien de médicalement palpable n'arrivait à expliquer cette fatigue. Bilans normaux. Le médecin têtu qui ne trouve plus rien dans le champ explorable cherche alors dans le champ de l'inexplorable, de l'indicible, de l'inexprimable. Faire parler Mathilde.

Ce fut long. Un soir, à bout, elle étale crûment sa détresse. Emouvante.

Leur dernier fils, Eric, ne s'appelait pas Neboux, comme ses parents, ses frères et sa sœur, mais Eric Zanussi. Pourquoi ?

C'était une longue histoire que Mathilde me raconta ce soir-là.

Les Neboux avaient eu un autre fils, l'aîné de la famille. Ce fils aîné avait eu, huit ans auparavant, un enfant naturel, Eric, avec son amie de l'époque : une demoiselle Zanussi. Comme Mlle Zanussi était plutôt volage, le père ne voulut pas reconnaître cet enfant, car il avait acquis la certitude qu'il n'était pas de lui. Mlle Zanussi avait d'ailleurs elle-même admis que cela était bien possible, elle pensait que le père pouvait bien être un autre de ses amants récemment décédé. En l'absence de père, elle décida de déclarer l'enfant de père inconnu, en lui donnant son propre nom : Eric Zanussi. Ainsi commença l'histoire d'Eric, improbable rejeton d'un imbroglio de copulations.

Mais le fils aîné des Neboux restait amoureux de sa volage compagne devenue mère. Pour ne pas perdre sa demoiselle Zanussi, il décida de vivre avec elle et d'élever cet enfant génétiquement suspect. Hélas, le couple se fit de plus en plus absent dans l'éducation de l'enfant. Les grands-parents Neboux furent vite mis à contribution. Ils participèrent à l'éducation d'Eric avec plaisir et pardonnèrent aux parents.

Dans les familles de mineurs, la vie est toujours plus forte que le péché.

Hélas, les deux parents furent tués dans un accident de voiture lorsque le bébé n'avait que neuf mois. Eric Zanussi, sans autre famille connue, fut tout naturellement confié aux grands-parents Neboux. Inutile de préciser qu'il fut choyé comme leur propre fils, et ce lien du sang, dont on n'était pas certain qu'il existât, devint un lien éducatif et affectif bien plus fort.

Ne subsistaient que ce lourd secret et ces deux noms différents qui devaient, tôt ou tard, poser un problème à Eric dans la construction de sa personnalité. Le problème fut repoussé d'année en année, jusqu'aux inévitables premières questions de l'enfant.

Par malheur, entre-temps, la mère de Mlle Zanussi, dont on ignorait jusqu'à l'existence, fit son apparition en estimant qu'elle avait des droits sur Eric en tant que grand-mère.

Parmi les gens les plus sordides que j'aie rencontrés, la palme revient incontestablement aux parents ayant un jour abandonné leur enfant et qui, devenant vieux, abandonnés de tous et en mal de compagnie, se souviennent qu'ils ont eu des enfants.

Ces enfants ont très souvent une grande faculté de pardon pour leurs géniteurs. La justice est également trop clémente avec ces parents indignes, elle privilégie trop souvent les liens du sang par rapport aux liens affectifs et éducatifs. En cela, malgré la noblesse et l'éclat dont elle se pare, la justice est restée une vieille primate qui n'a pas encore intégré toute la dimension culturelle de l'homme et de son apprentissage.

Il fallait à tout prix éviter le drame d'avoir à partager Eric avec quiconque. Pour cela, il fallait commencer par lui expliquer intégralement la vérité, celle de ses origines, celle du comportement laxiste de sa mère. Eric ne connaissait que la partie socialement émergée de la réalité : ses vrais parents étaient morts et ses grands-parents paternels avaient dû l'élever. Il connaissait des bribes de vie, des bouts de phrases, ses parents n'étaient pas mariés, ils s'aimaient beaucoup, ils étaient morts en voiture, il avait reçu le nom de sa mère pour d'obscures raisons administratives. Cela faisait déjà beaucoup de choses à digérer pour un petit garçon de huit ans. Pour cela, sans doute, Eric était déjà plus sage, plus secret et plus austère que les enfants de son âge.

La détresse des grands-parents était criante quand ils évoquaient le risque de perdre un seul petit bout d'Eric. C'était déjà tellement douloureux pour eux, de voir tous les jours, écrit sur ses cahiers d'école, un nom différent de celui des Neboux.

C'est pourquoi je les incitai à faire toutes les formalités

nécessaires pour reconnaître et adopter l'enfant, pour changer son patronyme afin d'écarter définitivement toutes les velléités de l'autre pseudo-grand-mère. Mais les tracasseries judiciaires et administratives à affronter paraissaient nettement au-dessus de leurs moyens et de leur patience.

Je demandai donc à Julie d'intervenir.

Bien que souvent présente au téléphone, Julie, dont la carrière était ailleurs, répugnait à être considérée comme la femme du médecin. Discrète dans le microcosme villageois, peu attirée par le statut de notable, elle fréquentait plutôt des lieux où elle n'était pas vue exclusivement au travers de son célèbre époux guérisseur. Je la comprenais bien, car nos aventures africaines et soixante-huitardes nous avaient donné un certain recul par rapport aux protocoles villageois dont nous avons le plus souvent beaucoup ri.

Julie, jusqu'ici, j'ai respecté ta discrétion, mais il m'est difficile de t'oublier dans cette histoire dont tu fus l'héroïne, la déesse. Je savais à l'avance quelle serait ta promptitude à accepter, puisqu'il s'agissait d'un drame de l'enfance. Ton domaine d'excellence depuis toujours.

Julie fit toutes les démarches nécessaires : collecter et remplir les formulaires et les dossiers, intervenir dans les enquêtes de moralité, stimuler les avocats, relancer les secrétaires. En six mois, l'affaire fut classée, Eric s'appelait Eric Neboux et il était enfin devenu le fils de Mathilde et Gilbert Neboux.

C'est quelques jours avant Noël que nous sommes allés leur porter le cadeau de la bonne nouvelle. Il paraît qu'après un tremblement de terre, on voit les gens vieillir d'un coup, les cheveux blanchir, la peau se flétrir, les yeux se cerner. Ce jour-là on a vu Mathilde et Gilbert Neboux rajeunir en cinq minutes. Le champagne qu'ils nous ont servi fut leur meilleur, ce n'était pas son goût qui était bon, c'étaient les bulles qui explosaient dans la bouche et qui faisaient un bruit de fête dans le verre, la vraie fête, la seule, celle de la famille réunie. Leur joie ne s'exprimait par aucun mot, elle ne s'extériorisait pas, ils la buvaient comme un sérum de jouvence. A la fin de la bouteille, ils avaient vingt ans de moins et un vrai fils en plus. Ce jour-là, il y avait une déesse de plus dans l'olympe provençal, la « femme du docteur ».

Comme celle des autres dieux, notre icône a dû finir par se ternir en ces temps agnostiques, mais nous figurons certainement encore en première place dans le panthéon de la famille Neboux.

Ne le dédaignons pas.

M. et Mme Desautier formaient un couple heureux d'anciens sportifs de haut niveau. Ils n'avaient pas encore atteint la soixantaine, ils avaient décidé de prendre leur retraite. Anticipée pour qu'elle soit plus longue, en Provence pour qu'elle soit plus ensoleillée. Le sport les avait maintenus en bonne forme, Mme Desautier restait encore une belle femme svelte que l'on regardait avec plaisir, M. Desautier ne pouvait dissimuler son corps d'athlète malgré la petite graisse superficielle qui l'enrobait.

Je n'ai toujours pas compris pourquoi il y a tant de sportifs et d'écologistes qui fument. Rien n'est plus antinomique que le sport et le tabac, que l'écologie et le tabagisme. Mais il faut bien avouer que je n'ai pas encore tout compris.

M. et Mme Desautier avaient fumé toute leur vie. Madame en avait gardé une voix rauque en harmonie avec son personnage. Monsieur, toujours très actif, semblait n'avoir aucune séquelle de ce tabagisme. Je voyais seulement Mme Desautier de temps à autre pour de petits désordres digestifs chroniques. Le jour où M. Desautier vint consulter pour lui-même, j'en fus surpris et attentif. Il toussait, ça l'inquiétait un peu. Un gros fumeur qui tousse, pour un médecin, c'est une radiographie immédiate.

Il revint me voir quelques jours plus tard avec sa femme, triomphant et moqueur.

— Docteur, j'ai mes radios, tout est négatif.

— Tant mieux, j'aime bien ces cas-là, chercher et ne rien trouver.

— Vous voyez que l'on peut fumer sans subir le châtiment du cancer.

— Heureusement, mais un début de bronchite devrait vous inciter à arrêter quand même pour éviter d'en arriver à la bronchite chronique si pénible à vivre.

— Je vais essayer de faire un effort, parce que franchement, j'ai eu la frousse.

— Tous les fumeurs disent ça. Mais regardons tout de même cette radio...

A cette époque, le scanner et l'échographie tenaient déjà la vedette de l'imagerie médicale et on regardait négligemment les radios comme survivance d'un temps révolu. La technique est ainsi faite, on évolue vite et on oublie de façon ingrate l'époque de papa. La médecine n'échappe pas à la guerre de la technique contre la tradition. L'irréductible Gaulois a peur que le placoplâtre tue nos staffeurs, et le scanner nos cliniciens.

L'image était pourtant bien là.

Le radiologue avait dû regarder très vite la radio de M. Desautier, car l'image était là, assez visible en haut du poumon droit, ronde, discrète, floue, mais incontestable. Je l'ai regardée longtemps cette image avant d'oser parler, je tournais le dos au couple Desautier, je sentais leur silence lourd dans mon dos.

— Il y a quelque chose qui ne va pas, docteur ?

C'était Mme Desautier qui avait parlé la première, son mari ne bougeait pas, sans doute avait-il compris, sans doute savait-il déjà. Les patients savent toujours inconsciemment si ce qu'ils ont est grave ou non. Il faut essayer de percer la vérité du patient pour connaître la gravité du symptôme.

Tout l'art du diagnostic est là.

Le médecin ne sait pas, alors que le patient connaît intimement et inconsciemment son mal. Si la maladie est grave, le patient attend et redoute à la fois la bonne réponse qui lui permettra de ne plus vivre seul son secret enfoui. Le médecin met longtemps à apprendre à démêler l'écheveau de cette ambiguïté.

Le diagnostic ne s'apprend pas à la faculté.

Le silence de M. Desautier signait mon diagnostic, M. Desautier savait, il venait de comprendre que je savais aussi. Nous étions tous deux certains de savoir sans encore oser nous l'avouer mutuellement.

Tous les autres examens devenaient soudain inutiles.

— Je n'en suis pas certain, mais il y a une petite image qui me chagrine sur la radio, ça ne doit pas être bien grave, car le radiologue ne l'a pas mentionnée, mais je voudrais en avoir le cœur net.

— Qu'allez-vous faire, docteur ?

C'était encore Mme Desautier qui avait parlé.

— Je vais aller demain voir le radiologue pour en discuter avec lui, ne vous inquiétez pas en attendant.

La phrase était inutile, stupide ; M. Desautier ne s'inquiétait plus, il savait.

Le lendemain, mon confrère radiologue a confirmé l'image et s'est excusé de sa négligence. Comme moi parfois, il devait voir trop de patients, trop d'images. L'erreur est plus volontiers pardonnée au clinicien qu'au technicien. Ce n'est pourtant jamais la machine qui fait le diagnostic, mais bien le technicien qui en interprète les résultats. Les machines n'ont que deux utilités : soit confirmer ce que l'on sait déjà, soit prouver à un patient incrédule qu'il n'a rien.

M. Desautier avait un cancer du sommet du lobe supérieur du poumon droit, ce cancer s'accompagne de douleurs violentes de la région. On appelle ça le syndrome de Pancoast-Tobias, l'évolution est terrible, le pronostic est redoutable. Ça fait partie des belles vacheries de la vie des hommes, c'est un trop lourd châtiment pour les fumeurs sympathiques comme M. Desautier et pour tous les autres.

Ensuite, les procédures habituelles ont suivi leur cours. Pneumologue, centre anticancéreux, scanner de confirmation, choix du traitement optimum.

La décision fut de ne pas opérer, car la tumeur évoluait vite, mais de faire une radiothérapie. Puisque j'approuvais cette décision et que le couple Desautier m'accordait une confiance illimitée, il acceptait aussi.

La radiothérapie fait partie de ces incontournables barbaries de la médecine. L'électrochoc en psychiatrie était une autre de ces barbaries progressivement remplacées par des médicaments. En cancérologie, hélas, la chimiothérapie n'a pas encore pu remplacer la radiothérapie. Il nous reste trois armes thérapeutiques principales : la chirurgie, efficace lorsque les tumeurs sont circonscrites ou débutantes ; la chimiothérapie, aux effets secondaires graves mais réversibles, qu'élimine les cellules cancéreuses restantes ou non opérables ; la radiothérapie, complémentaire des deux autres, mais aux effets secondaires souvent irréversibles.

La radiothérapie est un art véritable, elle doit viser avec une extrême précision, elle doit être ni trop puissante ni trop peu. La radiothérapie de M. Desautier fut une véritable catastrophe ; elle lui brûla des tissus nerveux au niveau du bulbe rachidien et de la moelle cervicale avec des séquelles neurologiques affreuses, des douleurs intolérables et un échec relatif sur son cancer qui continua à progresser assez vite. Le radiothérapeute est innocenté, il ne pouvait faire ni mieux ni moins bien sur ce cas dramatique.

A partir de ce jour, M. Desautier eut une seule demande à mon égard, l'euthanasie. Il souffrait trop, sa femme également, de le voir tant souffrir. Mme Desautier finit également par appuyer la demande d'euthanasie de son mari. C'était la première fois qu'un couple me faisait une réelle demande d'euthanasie active. C'est la seule fois de ma carrière où j'eus à affronter une demande aussi précise et déterminée. Ils avaient dû longtemps en parler ensemble et étaient unis dans cette décision comme ils semblaient l'avoir été dans la vie. Leur demande était sans équivoque, ils en avaient parlé à leurs enfants qui acceptaient aussi leur décision. Je me trouvais seul devant une famille unie qui me suppliait d'abréger au plus vite les souffrances du père. Ce fut une des plus dures épreuves de ma vie.

Les médecins ne sont pas programmés pour l'euthanasie.

Ils peuvent en parler à froid et trouver cette mort sur ordonnance digne d'intérêt. Ils peuvent estimer que cela mérite un vrai débat social. Ils peuvent aussi considérer que c'est bien l'un des grands progrès à accomplir sur notre chemin vers l'hominisation. Ils peuvent argumenter que l'acharnement thérapeutique a quelque chose de ridicule face à la fin programmée du destin d'un seul individu mortel d'une espèce également mortelle. Ils peuvent avoir un avis sur la façon de légiférer, sur la façon de procéder pour y parvenir honorablement. Ils peuvent participer activement et intelligemment à ce débat social. Mais, ils ne sont pas programmés pour cela. Allons jusqu'à dire qu'un soignant est obtus et rustre dans l'action, il soigne obstinément jusqu'au bout, considérant la vie dans sa globalité, et la mort, toujours comme un échec.

Non, les médecins ne sont décidément pas programmés pour l'euthanasie.

Les Desautier insistaient :

— Docteur, nous vous faisons une confiance absolue, nous vous certifions que nous n'en parlerons jamais à personne, nous vous remercions de tout ce que vous avez fait, mais, nous vous en supplions, abrégez définitivement ces souffrances insupportables pour tous.

— Monsieur Desautier, je vais vous faire de fortes doses de morphine qui vont vous calmer, mais ne me demandez pas ce qui m'est impossible et qui m'est interdit par la loi.

Alors, pendant quelques jours, ils n'insistaient plus.

Mais M. Desautier souffrait de plus en plus, sa conscience s'en allait parfois, autant à cause de la morphine que des troubles neurologiques, et dès qu'il avait un peu de lucidité, c'était pour demander à sa femme ou à moi-même qu'on en finisse.

Sa femme hésitait certes parfois, elle m'avoua un jour qu'elle avait caché le revolver, car elle aurait mal supporté de le voir se suicider. Elle m'avoua aussi ne pas être certaine qu'il l'aurait fait. Les enfants me confirmaient que c'était bien le seul désir de leur père. Je ne savais plus quoi leur répondre. Je devenais presque l'accusé, j'avais l'impression que la famille me considérait comme un faible, comme un bon médecin certes, mais trop conventionnel, et moins humain qu'ils ne l'auraient espéré.

J'ai accepté.

Je ne sais pas vraiment si c'est par fanfaronnade, par orgueil blessé, par témérité, pour avoir une expérience de plus, par amitié pour les Desautier ou simplement par gageure, qu'un jour je leur ai dit que j'allais tout faire pour accéder à cette demande.

J'allai voir mon ami l'anesthésiste, je lui expliquai la situation en détail. Il fut d'un grand secours pour moi, il me dit qu'il l'avait déjà fait, me donna la procédure et les ampoules à injecter en me certifiant qu'il n'y avait pas le moindre risque d'échec. Le patient n'aurait même pas une seule seconde conscience de sa mort imminente.

La conscience de M. Desautier vacillait de plus en plus, les douleurs étaient insupportables, la morphine inefficace. Je décidais donc de programmer le jour « M » comme mort avec Mme Desautier. Ce devait être le vendredi suivant, le matin. Je m'en souviendrai toujours. La veillée du jeudi soir fut terrible. Une veillée funèbre.

Le lendemain, j'allais tuer un homme.

C'est bien comme cela qu'il fallait dire. Ou bien, j'allais achever un homme, abréger ses souffrances. Ça sonne déjà un peu mieux.

Le lendemain matin, la femme et les deux fils étaient là ; M. Desautier eut la force de vaguement me saluer, sa femme me dit qu'il était au courant, mais elle n'était pas certaine qu'il avait bien compris que c'était ce matin. J'avais tout mon matériel dans ma sacoche. Je n'avais qu'à faire les injections directement dans la perfusion. Ce serait très facile.

Comme c'était moi seul qui allais exécuter ce travail difficile, comme j'étais le seul à pouvoir faire les injections, je leur demandai simplement de faire une dernière réunion familiale et de me confirmer tous ensemble qu'ils me donnaient bien l'autorisation de procéder aux injections. Je leur demandai cinq dernières minutes de réflexion pour eux et cinq minutes de repos et de concentration pour moi.

Dieu que j'ai bien fait d'agir ainsi !

J'étais absolument certain que la détermination de la famille était telle qu'ils allaient revenir en me confirmant leur décision et en me disant de faire les injections sous leur responsabilité pleine et entière. Quelle ne fut pas ma surprise lorsque je les vis revenir tous les trois au bout de cinq minutes et me dirent qu'ils avaient changé d'avis et qu'il valait mieux laisser faire la nature !

Je n'ai pas tué d'homme ce jour-là. Je ne suis toujours pas un assassin. La famille ne m'a pas donné l'autorisation de tuer le père.

Je n'étais plus Dieu.

Pourquoi ai-je eu cette dernière bonne idée de leur demander une prise de décision solennelle au dernier instant ? J'ai dû, ce jour-là, faire de la politique sans le savoir. Que se serait-il passé ensuite avec cette famille, si j'avais fait cela ? Je n'en sais rien.

Le soir de cet assassinat raté fut à l'inverse exagérément jovial. Nous étions invités chez des amis. Ce fut une soirée assez étrange, j'ai beaucoup plaisanté, j'ai bu plus que d'habitude, je crois que j'ai dû dire beaucoup de stupidités.

C'est si facile d'être stupide après s'être pris pour Dieu.

M. Desautier est mort quatre jours plus tard de sa bonne mort, son demi-coma avait diminué ses souffrances, elles furent cependant terribles presque jusqu'au bout.

J'ai encore d'amicales relations avec la famille Desautier, surtout depuis qu'ils ont compris que j'étais redevenu fréquentable puisque je n'étais pas le bon Dieu.

M. Barbier, c'était tout un poème. Un poème un peu glauque. Il avait eu une vie de routier mouvementée avec des femmes dans tous les ports. Il avait quelques enfants naturels dont certains qu'il avait reconnus, d'autres, non. L'alcool avait parsemé cette vie de ses effluves et de ses flots parfois excessifs. Il était également asthmatique et fumeur, chez les routiers, on n'est pas lâche, on ne va tout de même pas s'arrêter de fumer pour cette cochonnerie d'asthme. Il y avait eu aussi les coups et les blessures sans suites. Une fois cependant, une blessure allait changer le cours de sa vie.

Une nuit, sur une route de campagne, il est un peu embrumé par les derniers pastis qu'il n'aurait pas dû prendre, il fait un léger écart sur le bas-côté et un pneu du camion éclate. Il s'arrête avec toute la dextérité épargnée par le pastis et il commet l'erreur impardonnable de se mettre à changer sa roue en pleine nuit à la sortie d'un virage. Le semi-remorque d'un de ses collègues arrive peu après, le voit, évite le camion, mais n'a pas une réserve de dextérité suffisante — toujours le pastis — pour éviter M. Barbier en train de réparer sa roue. C'est la catastrophe. Fractures multiples dont une ouverte, très grave, à la jambe droite. On ne l'ampute pas, mais il reste une méchante boiterie et une plaie suppurante qui ne se refermera jamais. Pansements quotidiens à vie, un bon client pour l'infirmière, une plaie de plus pour notre dame Sécu. Faute à la nuit, faute au pastis, faute à la malchance, on ne saura vraiment jamais. Les routes des hommes sont parsemées d'embûches. M. Barbier devient boiteux à vie, mis en invalidité, l'asthme s'aggrave, la bronchite devient chronique, puis c'est l'insuffisance respiratoire. Notre dynamique M. Barbier trouve encore la force de renouer une relation copulatoire avec une de ses anciennes maîtresses qui avait dû être successivement putain, puis amante et enfin concubine.

Je les ai connus alors qu'ils formaient un couple stable dans une tranquille villa provençale jonchée de ferrailles et de chiffons épars, fatras des jours, derniers vestiges de leur passé volage et routier.

Je soignais M. Barbier de façon hebdomadaire. Nettoyage vigoureux de la plaie, parage, curetage, désinfection, pansement, puis les prescriptions pour l'insuffisance respiratoire et l'asthme. Plus quelques appels de nuit pour des crises d'asphyxie dont je n'ai jamais pu savoir si le déclencheur était une panne sexuelle ou un pastis de trop. Par expérience, je ne crois guère en effet aux crises ex nihilo, mais je peux me tromper.

Disons-le tout net, je soignais bien M. Barbier. Son cas m'intéressait et je le trouvais sympathique. J'avais un peu de mal à lui pardonner ses enfants naturels, mais mon pardon fut total lorsque j'appris qu'il en était un lui aussi. Il ne connaissait ni père ni mère. Tout s'explique toujours. Je stabilisais son asthme et sa bronchite chronique, son cœur tenait bon, sa plaie était stable.

La routine.

Pourquoi, un jour, M. Barbier décida-t-il de m'être infidèle ? Je ne le saurai jamais. Sans doute une seconde nature. Toujours est-il qu'un jour il changea de crémerie et alla voir un de mes confrères à la ville voisine. Plus de nouvelles de mon protégé pendant six mois. De quoi vous « ronger les sangs ».

Un soir, en catastrophe, il m'appelle, violet d'asphyxie, bouffi d'œdèmes de la tête aux pieds, paniqué, penaud, confus, mourant, suffoquant, misérable.

— Bon sang, mais dans quel état êtes-vous, mon pauvre ami.

— Docteur, pardon, je vous ai quitté, j'ai cru que vous ne me soigniez pas assez bien.

Quoiqu'un peu triste et déçu, je joue au grand prince :

— Ce n'est pas grave.

— Dès que je vous ai quitté, ça a été la catastrophe, il m'a tout changé, je ne me suis pas habitué, j'osais pas revenir.

— Ne vous énervez pas, ça vous essouffle. Je vais essayer de vous calmer.

Il n'est en aucun cas question de critiquer mon confrère qui avait donné un traitement équivalent au mien à un poil près. Mais il lui manquait la connaissance « pataphysique » du patient, il lui manquait la connaissance absurde de l'absurdité de sa vie, il lui manquait l'autorité qui savait mettre M. Barbier au pied, il lui manquait les détails de l'histoire passée, la compréhension de la relation pseudo-copulatoire et pseudo-amoureuse du couple Barbier-Mme X. Il manquait tout cela à mon confrère pour empêcher que toutes les insuffisances respiratoires et cardiaques ne basculent en quelques jours en « abandon » respiratoire et cardiaque. M. Barbier ne souffrait pas seulement d'insuffisances mais d'abandons. Rien n'est pire que l'abandon respiratoire ou cardiaque. Surtout que M. Barbier sentait qu'il en était la cause majeure, car il avait lui-même abandonné son fidèle médecin.

Le traitement d'urgence fut le pardon.

Ce pardon suffit presque à passer de l'abandon respiratoire majeur à l'insuffisance respiratoire grave. Pour le reste, quelques drogues eurent raison de l'insuffisance cardiaque et quelques tapes amicales refirent pencher la balance du côté de la vie. Après, ce fut une affaire de quelques jours, piqûres, discussions sur la vie, soutien complice de la concubine, blagues sur l'infidélité, quelques paillardises, et notre homme avait retrouvé son état stationnaire d'antan. Pas la première fraîcheur certes, mais la bonne maturité stable et éprouvée.

Et me voici encore l'objet d'un nouveau processus de déification.

Sacrifice suprême, comme il connaissait ma passion du bricolage, il m'offrit même quelques vieux outils auxquels il tenait beaucoup. Ce n'étaient pas des outils destinés à des dépannages radicaux, ni des outils sophistiqués destinés à bâtir du neuf, non, rien que des outils destinés à prolonger le provisoire. Un peu comme mes médicaments sur la santé de M. Barbier. C'est pourquoi je les tiens toujours en bonne place dans mon atelier tant l'incroyable capacité de survie de M. Barbier m'a appris sur la force du provisoire. M. Barbier est pourtant mort, il y a un an ou deux.

Merde alors.

La médecine rurale est extraordinaire et passionnante, car il s'agit d'une médecine globale. Le médecin rural, s'il le souhaite, peut presque tout faire. C'est parfois dangereux, on ne sait jamais tout faire, mais c'est aussi très gratifiant parce que l'on apprend vite tout en rendant de vrais services à un coût très modique pour la société. J'ai conscience d'être vraiment ringard en voulant encore faire des économies de santé, comme si je continuais à croire naïvement que l'acte médical se situe en dehors du marché. Alors que tout nous prouve que la gabegie des soins est là pour contribuer aussi à cette fameuse croissance qui est le poumon de notre société. Nombreux sont les financiers à avoir déjà compris quel énorme marché représentait la médecine et les soins du corps. Les familles y investissent une part sans cesse croissante de leur budget. Cette part est bien supérieure aux charges sociales déjà importantes retenues sur leurs salaires. Ils dépensent déjà beaucoup pour des soins du corps non remboursés : médicaments d'autoprescription, cosmétiques, fitness centers, articles de sport, psychothérapies diverses, revues médicales, voire commerce sur internet.

La médecine rurale, quant à elle, a plus ou moins conservé ce charme ancien des produits non marchands, robustes, qui, malgré une qualité et une rigueur parfois approximatives, donnent satisfaction complète aux deux parties : le soignant et le soigné. J'appelle toujours cela le « soin de base »

J'en veux pour preuve l'histoire tragi-comique de ma brave Mme Fantoni, cette robuste paysanne qui avait accouché de cinq enfants à la maison. J'avais déjà recousu plusieurs de ses petits rejetons qui s'étaient blessés sur l'un des nombreux outils tranchants jonchant la cour de la ferme. Quel plaisir de soigner la famille Fantoni ! Là aussi on me déifiait. La méningite virale du petit Marc auquel j'avais réussi à épargner l'hôpital tant redouté ; la ponction lombaire avait été faite à la maison et nous rassurait complètement sur le pronostic. La discrète IVG que l'on avait fait faire à la petite Geneviève âgée de dix-sept ans sans que ni les voisins ni les grands-parents n'apprennent l'infamie. La pneumonie du père, soignée aussi à la maison. La hernie étranglée du grand-père, opérée en urgence. Sans oublier toute la bobologie de la vie quotidienne, qui dans la famille Fantoni était franchement plus romanesque que celle des habitants de la ville voisine.

Mme Fantoni venait de se faire très sérieusement lacérer la main gauche en raison du retrait brutal de deux câbles d'acier de la lieuse. M. Fantoni avait tout empaqueté dans un torchon et il avait pressé fort pour éviter l'hémorragie, comme je le lui avais appris. C'est le fils qui avait conduit la camionnette devant les amener vers leur sauveur. La salle d'attente était presque pleine, la famille Fantoni arrive en catastrophe et je les prends en priorité en m'excusant auprès des autres patients habitués à ce genre de situation.

A l'examen, je vois immédiatement que les dégâts sont considérables, trois doigts au moins étaient sérieusement coupés dont un, le majeur, paraissait presque complètement arraché. Pour les deux autres doigts, auriculaire et annulaire, il semblait que les tendons fléchisseurs étaient sectionnés.

— Mme Fantoni, je ne peux rien vous faire ici, il faut tout de suite aller à l'hôpital en ville.

— Mais non, docteur, faites au mieux pour que ça cicatrise vite.

— Mais, ce n'est pas une simple coupure, vos doigts sont très abîmés, vous risquez d'en perdre un, peut-être deux.

— C'est pas grave, docteur, c'est la main gauche ; et puis vous en avez tant recousu, vous saurez bien recoudre tout ça.

— Mais, madame, c'est bien plus compliqué, il y les tendons à recoudre, les nerfs, il y a le risque d'infection, il y a un doigt qui risque d'être amputé.

— Eh bien faites ce que vous pouvez, docteur, s'il doit tomber, il tombera ici ou à l'hôpital.

— Mais non à l'hôpital, ils sont mieux équipés, et ils ont plus l'habitude que moi de ce genre d'accidents.

— Mais, docteur, vous aussi, vous savez faire, vous avez bien recousu le fils Grandet qui avait eu une profonde plaie à la cuisse avec la tronçonneuse.

Je me rappelle en effet que le fils Grandet n'avait pas voulu non plus aller à l'hôpital et que ça avait été laborieux de tout remettre en place.

— Oui, madame Fantoni, mais c'était la cuisse, c'était moins grave et moins important que les doigts.

— Mais c'est ma main gauche, c'est moins important, je suis droitière.

— Enfin, madame Fantoni, puisque je vous dis que je ne sais pas faire ça, je ne suis pas chirurgien, et puis ça va me prendre trop de temps, j'ai plein de patients dans la salle d'attente.

L'argument ne passait pas, elle savait que je faisais attendre mes autres patients en cas d'urgence.

— Mais, si ça vous dérange, docteur, je peux attendre dans la salle d'attente, et je passerai après eux.

Brave Mme Fantoni, prête à tout pour être soignée par son docteur, prête à souffrir encore deux heures dans la salle d'attente. La Sécurité sociale devrait distribuer des médailles à ces patients.

Quand je pense que j'ai vu récemment un citadin qui a passé deux jours à la clinique pour une intervention d'ongle incarné. Bilan global, en comptant les prix de journée, l'anesthésie, le chirurgien : quatre mille francs. Je faisais cela pour cent cinquante francs avec anesthésie locale et sans séquelles ni récidives. La Sécu devrait aussi distribuer des médailles aux généralistes qui retroussent les manches. Mais un ongle incarné c'est vraiment facile à côté de ce que me montrait Mme Fantoni.

— Mais, madame, je vais vous rater, vos doigts resteront déformés, vous me ferez un procès et on vous donnera raison car je n'aurais jamais dû vous opérer.

— Alors là, vous me fâchez, docteur, vous me faites de la peine, ne me redites jamais une telle chose, je vous fais confiance, un point c'est tout, vous faites ce que vous pouvez faire et je vous pardonne tout d'avance.

M. Fantoni, à côté, n'avait encore rien dit, mais il approuvait toutes les paroles de sa femme courageuse et il confirma :

— Doctour, vous nous faites de la peine de croire que l'on pourrait vous reprocher quelque chose.

Braves gens, comment faire pour de tels patients, sinon le mieux possible ? Que donner à ces gens, sinon ce que l'on a de meilleur ? Comment relever le défi qu'ils me lancent, sinon en faisant encore plus et mieux pour eux ? Trop tard, j'avais tout essayé pour les convaincre d'aller voir ailleurs, il fallait plonger dans l'inconnu.

Je préviens les patients dans la salle d'attente qu'ils en auront pour au moins une heure d'attente. Je demande à mon assistante de venir m'aider, ce qui était rare, mais elle aimait le métier d'infirmière qu'elle aurait sans doute voulu faire. Nous enfilons les blouses blanches et transformons le cabinet rural en un mini-bloc opératoire vaguement aseptisé d'urgence.

Sans donner les détails d'une intervention, inintéressante pour les profanes et banale pour n'importe quel chirurgien professionnel, disons que c'était épique et très nettement au-dessus de mes compétences.

« Voyons voir — cela doit bien être le tendon — il est sectionné — où est l'autre bout — ça doit être ça — on va toujours essayer de recoudre. L'os est fracturé — il va s'infecter — mettons de la poudre antibiotique — et cette artère qui saigne qu'est-ce qu'en j'en fais — laissons-la — elle va peut-être resservir un jour — lavons avec tous les antiseptiques que l'on a sous la main. Il ne faut pas refermer — on risque de cacher l'infection — il faut drainer — je vais drainer avec un bout de fil — je vais refermer à moitié — je vais mettre une attelle pour éviter au doigt de se rétracter et de devenir inutilisable. Bon passons à l'autre doigt — zut ! — le tendon est coupé aussi — mais on ne voit pas l'os — tant mieux — allons-y — maintenant on devrait savoir faire. Enfin, le dernier doigt, ça devrait être plus simple. »

Une heure après, Mme Fantoni était fière d'exhiber un magnifique pansement tout blanc qui enveloppait toute sa main.

— Vous voyez bien, docteur, que vous savez faire.

— Ça, madame, on ne le saura que dans un mois.

Changement de pansement tous les deux jours ? Ça évolue bien sauf pour le majeur qui se nécrose comme je le redoutais, la moitié du doigt semble morte, j'ai peur de la gangrène. J'attends un peu, je fais confiance à la bonne nature de Mme Fantoni.

Etat stationnaire. Une semaine après, je risque un coup de fil angoissé à mon ami chirurgien qui me rassure en me disant que les gangrènes des doigts sont rares et qu'on a le temps d'attendre. On attend. Mme Fantoni est un peu inquiète pour son doigt, mais probablement moins que moi.

J'enlève le drain, il ne sort pas trop de pus, mais du sang et quelques chairs mortes. On attend encore, je pense que la suture du tendon a peut-être lâché, mais tant pis, avec l'attelle, le doigt ne sera pas rétracté. Finalement de jour en jour tout semble s'améliorer, tous les doigts se mettent à fonctionner, sauf le majeur qui ne se plie que très légèrement, mais il n'y a pas de gangrène.

On a ensuite un peu rééduqué le doigt et la main, puis Mme Fantoni a pu utiliser sa main sans trop de difficultés, il n'y avait que le majeur qui accrochait un peu de temps en temps, il suffisait de s'habituer.

— Alors, docteur, vous voyez bien qu'elle marche ma main !

Elle fonctionnait en effet, ça aurait pu être bien pire.

Je suis évidemment convaincu qu'un chirurgien aurait fait beaucoup mieux, mais je pense que Mme Fantoni n'aurait pas été aussi contente des résultats.

Et comme je lui avais donné l'idée du procès, elle aurait été foutue de lui en faire un !

Au total, un acte d'un très involontaire bon rapport qualité/prix.

Et l'inaltérable foi de Mme Fantoni en son Dieu.

13 – Syndrome de la villa

Boris Cyrulnik évoque dans *La Naissance du sens* cette pathologie particulière, que les médecins de la Côte-d'Azur connaissent bien. Elle se traduit par une dépression, lors de l'arrivée des retraités en Provence. Quelque chose comme la perte des attaches (anaclitisme) associée au rebond d'une douleur affective ancienne. J'ai rencontré si souvent cette pathologie que je lui avais donné le nom moins savant de « syndrome de la villa » ainsi noté sur mes fiches.

Pathologie multifactorielle en réalité.

Dans la villa nouvellement construite, la pathologie latente des couples se manifeste. La dépression survient après la fièvre de la construction, le soleil promis ne brille pas autant que prévu, les vices de fabrication apparaissent, les procès avec le constructeur de villas en série épuisent la trésorerie. Les voisins sont jugés moins sympathiques que dans le Nord, les Provençaux ne vous ouvrent pas leurs cœurs, ils ne vous adoptent jamais comme un des leurs, ils ne vous ouvrent pas leur maison, même après plusieurs pastis sur le pas de la porte.

Mais, l'expérience des uns ne servant jamais aux autres, il est difficile d'éloigner certains retraités du leurre de la villa au soleil. Ils débarquent alors en Provence, contribuant au désastre écologique des myriades de ponctuations Bouygues ou

Phoenix dans le vert de la forêt provençale. Heureusement, beaucoup d'autres, plus sages, comprennent qu'une retraite heureuse se déroule à côté des anciens collègues de travail, dans la ville où la vie s'est construite.

Ne blâmons pas sans preuves les collectivités territoriales qui gèrent le vénérable plan d'occupation des sols, mais étonnons-nous naïvement de découvrir, à chacun de nos retours en Provence, une nouvelle colline envahie de clôtures hétéroclites ceignant des villas clés en main avec vérandas, piscines, gargotes, barbecue, pavages romains ou castoramesques et autres entrelacs de toits typiques aux tuiles garanties rustiques.

Mme Joyeuse avait un nom terrible à porter.

Elle passait le plus clair de son temps à se lamenter sur son sort. Son mari avait acheté une des dix-huit villas du lotissement de la Combe et ils venaient de s'y installer. Elle s'était décidée à quitter sa Lorraine natale, car M. Joyeuse en préretraite souhaitait s'éloigner de la fonderie où il avait passé trente-cinq ans à travailler dans le bruit et la poussière.

La villa leur avait été vendue sur plans avec toutes les options à la demande : vélux, terrasse, véranda, portail du jardin, porte électrique du garage. Le rêve enfin se réalisait, celui des économies transformées en accès à la propriété, le soleil provençal comme sur les revues du coiffeur, la sieste autorisée, le jardinage et le bricolage. Mais Mme Joyeuse qui avait laissé ses enfants et ses amies en Lorraine trouvait le soleil trop brûlant, la terre trop sèche.

Arrive l'automne. Le toit de la villa ne supporte pas les pluies torrentielles. Soit l'architecte avait conçu une villa lorraine pour pluies fines, soit le promoteur et l'artisan avaient un peu triché sur les matériaux. Les fuites se succèdent, les murs moisissent, les peintures se salissent. M. Joyeuse se venge en se réfugiant dans les travaux du jardin. Mme Joyeuse se venge en faisant un procès à tout le monde : architecte, promoteur, maire, artisans, Provence, mari et même à la vie qui ne lui paraissait pas très claire dans cette sombre affaire.

La rage redonne un peu de tonus à Mme Joyeuse qui gagne son combat. M. Joyeuse se tapit dans l'ombre en attendant la suite. Puis, les lamentations de Mme Joyeuse reprennent de plus belle. Antidépresseurs, maisons de repos, cures thermales, rien n'y fit. Mme Joyeuse avait attrapé le syndrome de la villa.

C'est pourtant M. Joyeuse qui est parti un jour, sans laisser d'adresse. Certains disent qu'on l'a vu, une nuit, rôder autour de sa fonderie lorraine.

M. Bernier était banquier, son père était banquier, son grand-père aussi. Il avait grandi dans le cuir des fauteuils de direction. Il avait respiré les vapeurs des produits d'entretien du cuir et du bois. Il avait bu les meilleurs crus et mangé les meilleurs caviars. Le golf était son sport favori, son seul sport.

Devenu propriétaire en Provence d'une luxueuse propriété digne de son rang, il l'avait aménagée avec goût. Le jardin était propre comme un salon, le salon était orné comme un jardin. Il avait décidé de devenir maçon et jardinier, de refaire les vieilles restanques de sa colline, d'entretenir les oliviers et de planter des vignes.

C'est à la troisième restanque qu'apparut la première sciatique, qui fut suivie quelques mois plus tard d'une cruralgie au moment des vendanges. Les oliviers eurent raison des tendons de ses épaules. L'impotence était devenue quasi générale alors qu'il n'en était qu'au premier tiers de sa grande œuvre.

Son dos et ses épaules n'avaient connu que le poids des billets de banque. Hélas, toutes les monnaies du monde ne pouvaient acheter une éducation complète du dos. L'éducation du dos est entièrement gratuite, on la commence à quinze ans en allant sur le chantier avec son père maçon ou déménageur.

Les maçons peuvent avoir un jour un jardin de banquier, les banquiers ne peuvent jamais avoir un jardin de maçon.

Qui oserait dire encore qu'il n'y a pas de justice ?

M. Boirard était général deux étoiles. Une partie de sa vie s'était déroulée dans les rigueurs du désert à Colomb-Béchar. Bel homme sportif et racé. Il avait tout vu dans l'exercice de ses nobles fonctions. Il aspirait à une retraite au calme et au soleil. Sa femme, authentique femme de général, savait recevoir comme au second Empire, elle aspirait à une belle maison où les enfants et les amis pourraient venir en toute simplicité pour goûter aux délices méridionales et en humer les senteurs.

Après des études brillantes et les honneurs de la République, tout était prêt pour qu'ils abordent en couple cette troisième étape de leur vie dans le calme, le romarin et les certitudes.

Il y eut d'abord les cigales.

En juillet et août, elles faisaient un bruit véritablement assourdissant pour une oreille exercée au seul bruit des canons. Les cigales ont par ailleurs l'outrecuidance de ne pas attendre les ordres pour démarrer leur chant, pas plus que pour le cesser. Lorsque les cigales ne chantaient plus, M. Boirard m'appelait, car il percevait des acouphènes qui lui rappelaient étrangement le bruit des cigales. Je pense qu'elles lui manquaient en hiver autant qu'elles l'exaspéraient en été.

Mme Boirard se plaignait que le soleil n'était pas au rendez-vous, et que finalement l'été en Provence n'était pas plus long que l'été à Paris et infiniment moins long qu'à Colomb-Béchar. Il était assez difficile d'organiser des réceptions dans le jardin en dehors de la période estivale, car le risque de pluie était le même qu'ailleurs. La météo nationale montrait toujours le sud de la France ensoleillé, mais la réalité était tout autre selon Mme la générale. Elle avait été trompée sur la marchandise.

Les enfants ne venaient pas aussi souvent qu'espéré, car ils préféraient, à l'instar de leurs parents, voyager de par le monde. Les parents, égoïstes, voudraient que le nomadisme de leurs enfants cesse avec le leur. Ils voudraient que la notion de vacances soit indissolublement liée à la notion de grands-parents. Ils voudraient que le confort d'une belle villa provençale soit leur idéal d'aventure.

Ensuite, il y eut le transformateur.

Dans le calme de l'hiver, sans les enfants, sans les cigales, sans les réceptions, sans les orages, c'étaient les câbles électriques qui passaient au-dessus de la maison en sortant du transformateur voisin qui faisaient un bruit gênant. J'ai longtemps pensé que M. Boirard soufrait d'acouphènes de transformateur comme il souffrait d'acouphènes de cigales, mais j'ai dû honnêtement reconnaître qu'effectivement les câbles électriques faisaient un bruit bourdonnant, continu et très audible. Il me semble que ce bruit ne m'aurait pas dérangé comparé au bruit des canons, des moteurs et des climatiseurs à Colomb-Béchar.

Mais le brouhaha de la vie que l'on construit à trente ans est infiniment plus supportable que les bourdonnements de la vie que l'on essaie d'insonoriser à soixante ans. Et cela même dans une belle villa.

Je suis certain que c'est dans un souk à Colomb-Béchar ou dans une action humanitaire que M. et Mme Boirard auraient eu une retraite silencieuse. Eu égard à leur rang, je ne pouvais pas le leur dire, ils auraient été choqués par mon non-conformisme provocateur, voire indiscipliné. Il ne me restait que les tranquillisants et les antidépresseurs à leur proposer.

Emplâtres sur les cigales et les transformateurs.

Clic. Clic. Clic. La valve cardiaque de Mme Carret faisait un bruit parfaitement audible pour son entourage. C'était une des premières valves mitrales prothétiques en forme de cage à oiseau avec une balle de ping-pong à l'intérieur qui venait obturer l'orifice mitral à chaque systole. Comment des médecins ingénieurs avaient-ils pu inventer une chose aussi barbare ? Comment avaient-ils pu convaincre des patients de se la laisser poser ? Comment les patients supportaient-ils un tel vacarme toute leur vie ? Ce sont les mystères des « trente glorieuses » où tout était permis, tout était possible, on croyait en l'infini progrès, l'infaillibilité de la technologie. Je ne dirais pas que les temps ont vraiment changé, car les patients continuent à tout accepter, les médecins continuent à tout proposer, mais le niveau d'exigence est tout de même plus élevé des deux côtés. Il faut espérer que les patients, mieux informés, mieux défendus, accepteront de moins en moins d'interventions abusives. A cette époque, si j'avais eu à choisir entre mes vieilles valves défectueuses mais charnelles et cette monstruosité de métal, j'aurais sans hésiter gardé mes valves, même avec leur potentiel morbide ou mortel.

Mourir en silence, quel plaisir.

Mme Carret supportait son clic-clic avec une surprenante indifférence et son mari n'y prêtait plus attention. L'amour est aveugle, il devient également sourd à partir d'un certain âge.

M. Carret avait été boxeur professionnel, puis après quelques mauvais coups, il avait cessé. Il avait monté une petite affaire d'articles de sports en gros. Ils y avaient beaucoup travaillé tous les deux. Les affaires avaient prospéré. Leurs moyens leur permettaient de s'offrir le meilleur de la médecine. Les chirurgiens se régalaient à opérer ces cobayes si consentants et si reconnaissants. Après quelques pontages, colectomies, prothèses valvulaires, prothèses de hanche, pacemaker, ramonages de carotides et autres cholécystectomies, vint enfin l'heure de la retraite.

Repos bien mérité des corps, des esprits et de la quincaillerie.

M. et Mme Carret plaisantaient en arborant leurs multiples cicatrices, Mme Carret faisait entendre son clic-clic, M. Carret faisait toucher la pile régulatrice de son cœur, ils se comparaient à des robots et ça les faisait beaucoup rire. C'est évidemment en Provence que devait échouer toute cette ferraille, il y pleut moins, le risque de rouille y est moindre.

Le lotissement du Château offrait un paysage de vingt-cinq villas toutes différentes avec des clôtures en béton ondulé, en béton boisé, aéré ou poché selon les humeurs du bétonneur local et le budget consacré à la clôture. Le haut niveau de standing du lotissement imposait de n'y pas plaisanter avec la sécurité. Les systèmes d'alarmes et de caméras, divers et ingénieux, se déclenchaient tour à tour selon le bon vouloir des enfants et des mouches, dans l'indifférence générale. Le bruit régulier des sirènes rappelait aux habitants que même au fond de la pinède centenaire, la civilisation restait proche.

M. et Mme Carret vivaient en bon voisinage avec les autres lotis avec lesquels ils n'avaient rien à partager en dehors du règlement du lotissement.

C'est trois mois après leur arrivée que Mme Carret heurta un parapet de béton, il y avait bien plus de béton ici que dans sa Sarthe natale. Il s'ensuivit une méchante plaie infectée et ulcérée suivie d'une phlébite qui faillit l'emporter.

C'est six mois après leur arrivée que M. Carret fut pris des premiers tremblements annonciateurs d'une rare et redoutable maladie qui s'est révélée être une maladie de Charcot. Il a mis un an à mourir. Je me suis demandé pourquoi la maladie en sommeil avait attendu la villa pour s'éveiller.

Mme Carret avec sa jambe encore malade a ramené le corps dans la Sarthe où elle a retrouvé ses vieux amis. Ce fut un bel enterrement, les retrouvailles lui donnaient une note de gaieté. Ses amis la dissuadèrent de retourner dans la villa maudite, mais elle rétorqua que c'était le lieu choisi par leur couple, elle devait y retourner pour y mourir aussi.

Elle mourut trois mois plus tard d'un accident vasculaire cérébral possiblement favorisé par les anticoagulants. Ainsi, on peut finalement dire que c'est la médecine qui l'a tuée. Le lotissement est innocenté. Le corps fut rapatrié dans la Sarthe. Ce deuxième enterrement des retrouvailles fut moins gai que le premier. Les héritiers ont vite vendu la maison. Les villas provençales ne restent jamais vides longtemps.

Toute l'Europe frappe à la porte du soleil terminal.

M. Martinon était devenu un véritable bûcheron, il était obsédé par les feux de forêt, il entretenait sa pinède comme un jardin, les herbes, les branches et les taillis étaient coupés et ramassés. Il avait quitté deux ans plus tôt la sous-préfecture de la Nièvre où il exerçait le métier de chauffeur et il s'était transformé en bûcheron. Sa femme semblait déprimer au fond de cette pinède, et M. Martinon, peu enclin à lui faire une psychothérapie de soutien, avait choisi la tronçonneuse pour compagne, certes plus bruyante, mais plus facile à comprendre.

Du moins le croyait-il, car les tronçonneuses ont aussi leurs caprices. Un jour, en haut d'un arbre, sa tronçonneuse s'est retournée sur l'avant-bras et l'a sectionné aux deux tiers.

Quand je suis arrivé en catastrophe, Mme Martinon au bord de la crise de nerfs épongeait le sang qui coulait par terre et salissait la terrasse. J'ai dû comprimer vigoureusement le membre pour stopper l'hémorragie car M. Martinon commençait à être choqué et proche du collapsus. Je pense que Mme Martinon l'aurait regardé mourir en pleurant et en épongeant la terrasse. Je me demande si la pinède et les tronçonneuses n'avaient pas un peu cassé le couple. Peut-être était-il un peu brisé auparavant, lorsqu'ils étaient encore dans la Nièvre ? Mais dans la Nièvre, il n'y a pas de pinèdes et le soleil ne tourne pas la tête aux tronçonneuses.

Ce jour-là, j'ai conduit moi-même à toute allure M. Martinon à la clinique en ville, on a pu lui sauver le bras. Mais c'en est terminé des tronçonneuses.

Il sera bien obligé de la faire tôt ou tard, cette psychothérapie de soutien à sa femme.

M. de Champavier n'était pas n'importe qui. Avec un tel nom, on n'est à priori pas n'importe qui. Mais lui, c'est à posteriori aussi qu'il avait fait ses preuves. Création de plusieurs entreprises florissantes dans le nord de la France, montages financiers réussis, conglomérats, introductions en Bourse. La réussite en somme. Ces gens-là travaillent longtemps, souvent plus longtemps que les autres. Mais arrivé à soixante-huit ans, il estimait être en droit de se retirer avec sa femme loin des tracas de la finance et des mondanités.

Evidemment, encore et toujours la Provence.

C'est une destination démocratique, elle attire indifféremment les prolétaires et les aristocrates. Les uns choisissent le lotissement avec la villa clés en main, les autres la vieille bastide richement restaurée, entourée de quelques dizaines d'hectares protecteurs.

Il faut reconnaître que la bastide des de Champavier était un bijou de l'architecture provençale dans une propriété où alternaient de vieux oliviers en restanques, des forêts de chênes et de pins, et quelques prés. Un rêve. Mais quand on est un entrepreneur, la retraite est difficile. L'entrepreneur doit toujours se prouver quelque chose à lui-même. M. et Mme de Champavier décidèrent donc de devenir exploitants agricoles en Provence. Quand on a réussi à Paris, on doit réussir en Provence.

C'est mathématique.

Après avoir embauché non sans mal du personnel peu qualifié pour les travaux agricoles, les de Champavier commencèrent les grands travaux sous la direction de madame : réfection des restanques, taille des oliviers, plantation de vergers et de vignes avec un cépage nouveau, défrichage de la forêt, quelques clôtures et alarmes au cas où. Pendant ce temps, monsieur cherchait les débouchés pour les produits de son terroir en utilisant ses réseaux parisiens. Evidemment, la clientèle visée était « haut de gamme » pour des produits garantis biologiques et également « haut de gamme ».

Mais devant les larcins répétés et la rotation rapide des employés, il fallut trouver un directeur qui soit du pays pour gérer plus efficacement le personnel. Les chasseurs qui à cause des clôtures et du défrichage perdaient des terres de chasse commencèrent à manifester leur mécontentement. On leur répondit par de nouvelles clôtures. Un jour, un feu criminel détruisit les pinèdes d'une colline heureusement isolée et bien défrichée.

Une des employées avait trouvé, dans la propriété, un cabanon isolé, dans lequel elle s'était mise à exercer le plus vieux métier du monde pour arrondir ses fins de mois. Un jour son mari la surprit et une violente rixe s'ensuivit avec un client/amant. L'amant eut des blessures mortelles, ce qui entraîna une longue enquête de la police dans la propriété. Cette histoire fit le tour du village et ternit un peu la réputation de la nouvelle exploitation. On installa des ruches dans la colline ouest, mais cela créa un conflit avec un apiculteur voisin qui se trouvait être un conseiller municipal. Ensuite, même après le retrait immédiat des ruches, les démarches administratives devinrent soudainement et curieusement très compliquées pour les de Champavier. Madame, la première, pourtant en excellente santé, donna des signes de grande fatigue, et je lui suggérai de ralentir ses activités. Elle me déclara que c'était impossible car ils avaient déjà englouti une fortune en investissements. En réalité, ce devait être une bien faible part de leur fortune personnelle, mais lorsqu'on a été gestionnaire et financier toute sa vie, l'idée d'une perte quelconque devient intolérable, même si elle n'hypothèque pas l'avenir. Ils redoublèrent donc d'efforts et d'investissements en mettant eux-mêmes la main à la pâte et en prêtant main forte aux ouvriers. M. de Champavier me consulta en second pour une sciatique paralysante qui faillit terminer au bloc opératoire, mais qui régressa grâce à un repos forcé de six semaines. Leur production ne se révéla pas être autant « haut de gamme » qu'ils l'avaient espéré. Les clients parisiens, même fortunés, n'étaient pas disposés à payer le prix demandé. Les de Champavier durent donc écouler leurs produits au prix du marché, voire en dessous. Le vin fut une piquette, malgré les conseils coûteux d'un œnologue fort connu de Bandol. Les olives subissaient comme les autres la concurrence espagnole. Tous les investissements supplémentaires en personnel qualifié et en outillage n'y changèrent rien. Il fallut se résoudre à cesser les investissements pour éviter d'y engloutir le reste de la fortune. Ils remirent les terres à la disposition des chasseurs, et se gardèrent un petit hectare fortifié autour de la bastide où ils vivent toujours en maudissant la Provence et les Provençaux. La gestion quotidienne de ce paradoxe n'a pas contribué à rehausser le brillant de leur vernis intellectuel. L'âge aussi peut-être. Pourtant je connais nombre de citadins dont la vivacité intellectuelle ne diminue pas avec l'âge.

Tout bien réfléchi, les de Champavier sont comme les Provençaux, les Ouzbeks, les Kirghiz, les Touareg et les Wolofs, ils n'excellent vraiment que dans leur environnement culturel.

Enfin, les villas provençales révèlent parfois des drames bien plus terribles. Je suis intervenu deux fois pour deux enfants morts noyés dans une piscine. L'un avait quatre ans, l'autre dix ans. Insoutenable. Ils étaient en vacances chez leurs grands-parents.

Dans notre Occident gavé, les loisirs tuent plus que la guerre. Je me souviens d'une coïncidence médiatique cocasse. Le jour de l'invasion terrestre dans la guerre du Golfe, il y a eu un seul blessé parmi les soldats, un orteil écrasé. Ce jour-là dans les Alpes, il y a eu quatorze morts par accidents de ski et avalanches, trente morts sur les routes et un pendu dans une villa.

Sale guerre.

14 – Enfances

La beauté de l'enfance se discerne encore derrière le visage crispé de Bakou. Elle a quatre ans. On vient de l'admettre dans notre service avec le diagnostic de tétanos. La maladie est hélas avancée car la route a été longue pour venir du fin fond de la brousse. Nous voyons souvent des tétanos, nous arrivons à en sauver plus d'un sur deux. Avec l'infirmière, notre interrogatoire est bien rodé pour essayer d'en chercher la cause. On ne pose jamais la question au sujet de l'excision, car la vérité est toujours dissimulée. Comme si au Burkina, on avait honte de l'excision tout en continuant à la pratiquer. En brousse, ces excisions sont parfois faites avec n'importe quoi : couteaux rouillés ou couvercles de boîte de conserve. Cette tradition est préservée autant par les hommes que par les mères ou grand-mères. Stupide conservatisme par peur de contrarier les anciens.

On regarde la vulve de Bakou.

La plaie est encore là, saignante, infectée. Je crie, je hurle, l'infirmière essaie de me calmer, j'insulte le père, la mère, la grand-mère, présents autour de l'enfant. Je suis conscient de ma conduite, relent de colonialisme, j'ai tort de m'immiscer dans l'intimité d'une tradition. Je m'en fous, cette tradition est stupide, je le leur dis en criant encore plus fort pour être certain que tout l'hôpital va m'entendre. Comme ça on parlera longtemps de la colère du médecin blanc, ça servira de média pour soulever le problème. C'est ma modeste contribution à une cause humaine. J'essaie alors d'expliquer aux parents que ma colère n'est pas raciste, il y a de bonnes et de mauvaises coutumes dans chaque pays et chaque culture. Il faut se battre sans arrêt contre la stupidité. Les parents de Bakou écoutent toute ma tirade sans rien dire, les yeux fixés sur le plancher.

Nous n'avons pas pu sauver Bakou.

Elle est décédée deux jours plus tard. J'ai convoqué toute sa famille. Je les ai regardés dans les yeux. Sans colère cette fois, je leur ai dit posément en essayant de parler dans leur langue avec l'aide de l'infirmière :

— Votre fille est morte à cause de vous, à cause de vos coutumes stupides. N'oubliez jamais que vous l'avez assassinée. Il est inutile de faire d'autres enfants maintenant, puisque vous continuerez à les assassiner tant que vous n'aurez pas le courage de changer votre coutume.

— Mais les vieux du village nous disent de respecter la coutume.

— Si vous n'êtes pas capables de protéger vos enfants contre de vieux assassins, ça veut dire que vous n'avez aucun avenir. Donc je vous confirme qu'il est inutile de faire d'autres enfants.

Je suis pleinement conscient de l'extrême méchanceté de mes propos. Je l'assume, je martèle chaque mot en les faisant bien répéter et corriger par l'infirmière pour m'assurer qu'ils comprennent tout.

Je ne sais pas si j'ai vengé Bakou, je ne suis pas certain que mes mots arriveront jusqu'au fond de la brousse. Mais je sais qu'il ne m'était pas possible de faire autrement.

Parfois, lorsque l'aspect trop marchand de la mondialisation m'inquiète, il m'arrive d'émettre des idées conservatrices. Je pense alors à Bakou et je redeviens soudain plus progressiste en tous points. Espérant que la mondialisation, malgré le fléau du mercantilisme sauvage, saura faire disparaître d'autres archaïsmes anthropologiques. A moins que les sectes, qui vont fleurir sur le fumier du grand marché, nous reprennent nos enfants pour leur exciser le clitoris et le cortex. Ce jour-là, j'ai peur de n'avoir plus la force d'une telle colère.

J'en demande pardon par avance à mes enfants.

José Loringuez était un charmant petit garçon de six ans qui avait la malchance d'avoir de l'asthme. M. Loringuez, son père, avait un peu d'asthme aussi. La mère se portait bien, mais c'était une femme inquiète, angoissée, qui semblait toujours être en attente d'une catastrophe.

L'asthme est une maladie bizarre, c'est une maladie fonctionnelle due à une contraction des bronches. Cette maladie est sans doute un peu héréditaire, un peu allergique, un peu psychosomatique, bref, comme beaucoup de maladies, elle est multifactorielle. En clair, compliquée à comprendre. La notion d'hérédité d'une maladie est elle-même assez difficile à affirmer, car on ne sait jamais si l'enfant a de l'asthme parce qu'il imite son père ou sa mère, ou s'il a de l'asthme à cause des chromosomes hérités de ses parents. Concluons provisoirement qu'il doit y avoir un peu des deux. Mais comme les médecins demandent toujours s'il y a des asthmatiques dans la famille, ils ont réussi à convaincre tout le monde que l'asthme est une maladie purement héréditaire.

Mme Loringuez, elle, était vraiment convaincue que l'asthme est héréditaire. Elle me disait toujours :

— Ce n'est pas étonnant que le petit fasse de l'asthme, parce que mon mari en a fait et il en fait encore.

— Vous savez, madame, l'hérédité de cette maladie n'est pas aussi systématique que vous le croyez.

— Oh si ! parce que dans la famille de mon mari, ils en font tous, c'est bien le fils de son père.

Lorsque j'étais appelé le soir ou la nuit au chevet de José parce qu'il faisait une crise d'asthme sévère, il se passait toujours à peu près la même chose. La mère et l'enfant étaient paniqués et le père essayait de les calmer tous les deux. José semblait respirer en effet assez mal. A y regarder de plus près, l'asthme de José était un mélange, assez bizarre, d'asthme, de dyspnée laryngée et d'angoisse.

Comme c'était le cas avec beaucoup d'enfants, j'arrivais à diminuer la crise, avant même l'inhalation des médicaments, en lui parlant calmement, en le rassurant, en lui disant que ce n'était jamais grave, qu'on ne risquait pas d'en mourir. Il était parfois utile aussi de faire sortir de la chambre les parents trop inquiets.

— Vous voyez, docteur, les crises qu'il me fait. Un beau jour, il va finir par s'asphyxier.

— Calmez-vous, madame Loringuez. Plus vous inquiétez votre enfant, plus sa crise est grave. Les enfants sont bien plus inquiets qu'on ne le croit. Quand ils voient l'angoisse de leurs parents, ils se mettent eux aussi à paniquer.

— Mais docteur, c'est difficile de se calmer quand on le voit dans cet état.

Pourtant, Mme Loringuez ne me semblait pas si inquiète que ça, en tout cas pas plus que d'habitude. Et la vie passait de crise en crise, dans cette famille subnormale comme toutes les autres. Un jour, je reçois en consultation Mme Loringuez, elle était visiblement plus nerveuse que d'habitude, on sentait qu'elle avait besoin de parler.

— Docteur, avec les prises de sang, quelqu'un peut savoir si un enfant est bien à lui ?

— Vous voulez parler du père, je suppose, parce que la mère, on sait toujours, dis-je légèrement sur le ton de la plaisanterie.

Mme Loringuez n'avait absolument pas envie de plaisanter.

— Docteur, quand on était encore jeunes mariés avec mon mari, j'ai un ancien ami d'enfance qui est resté quelques jours à la maison.

— Oui.

— Eh bien, voilà, on a un peu recommencé, docteur, si vous voyez ce que je veux dire.

— Oui, je vois.

— Vous savez, docteur, c'est grave. José, je ne suis pas certaine qu'il est bien le fils de mon mari et j'ai peur que mon mari l'apprenne avec une prise de sang. Le petit va rentrer à l'école primaire, on va bien chercher son groupe sanguin et on va voir que ce n'est pas le bon.

— Non, ce n'est pas obligatoire, et il y a peu de cas où l'on peut être absolument certain de cela avec le groupe sanguin, et puis, votre mari est peut-être le père.

— Non, docteur, je suis bien certaine que José, il n'est pas de lui.

— Comment pouvez-vous en être certaine ?

— J'en suis certaine, les femmes savent bien cela. J'ai peur pour mon mari, il est si gentil, il ne le supportera pas. Je n'arrive plus à garder ce secret pour moi toute seule, et j'ai aussi peur pour le petit, j'ai peur que son père ait un doute, j'ai peur qu'il ne l'aime pas comme les autres.

Pauvre femme, elle portait depuis six ans un secret terrible, insupportable, et je n'avais aucun conseil sensé à lui donner. Je pouvais juste souhaiter, comme elle, que le résultat n'apporte aucune évidence au père.

— Mais, madame, votre mari ne connaît pas les groupes sanguins, et il ne se posera jamais ce genre de question s'il n'a pas de doute.

— Vous croyez, docteur ? J'ai quand même peur qu'il ait un doute. Remarquez que le petit, il a de l'asthme comme son père, ça on peut dire que ça tombe bien.

C'était donc ça. Tout devenait lumineux.

La mère avait dû remarquer un jour de légers troubles respiratoires chez l'enfant et avait dû insister lourdement en disant qu'il avait la même maladie que papa. L'enfant était donc presque contraint au choix de l'imitation absolue. L'angoisse de la mère devait aggraver les crises. Peut-être même avait-elle inconsciemment remarqué cette aggravation et la provoquait-elle sans le vouloir tout à fait. Il est possible que, d'une certaine façon, ces crises aient été perçues comme un bénéfice, tant par la mère et l'enfant que par le père, dont le doute, s'il en avait un, pouvait diminuer.

J'avais en tout cas un moyen précieux de soigner le pseudo-asthme de cet enfant. Je conseillai à Mme Loringuez de faire faire une prise de sang à José sans en parler à son mari, dans un premier temps, puis nous aviserions ensuite.

Le groupe de José comparé à celui de son père ne permit pas de tirer la moindre conclusion sur la paternité et je conseillai vivement à Mme Loringuez de faire tout son possible pour oublier cette affaire. J'insistai même en lui disant que cet enfant pouvait bien être celui de son mari. Sur ce point, je ne semblai pas la convaincre.

Après quelques séances de rééducation de José, de sa mère et de son père lors des crises suivantes, l'asthme diminua beaucoup, pour disparaître complètement en dix-huit mois. Le père me fit remarquer un jour que son asthme à lui aussi avait diminué avec l'âge.

Il y a de pieux secrets et de pieux mensonges. Le secret médical doit rester une forteresse imprenable.

Jeudi, quatorze heures.

— Docteur, il faut venir tout de suite, il y a le petit qui me fait un quarante.

Combien de fois, lors de tels appels, j'ai eu envie de répondre tant mieux et de raccrocher. En faisant cela, je risquais trois choses ; la première, de passer pour un médecin cynique et inconscient, mauvais pour ma réputation ; la seconde, de perdre toute ma clientèle enfantine, désolant pour ma passion pour la pédiatrie ; la troisième, de finir par perdre tous mes clients, gênant pour la survie de ma famille.

— Ne vous inquiétez pas, donnez le bain, comme je vous l'ai appris. J'arrive sans tarder.

Je viens, l'enfant n'est toujours pas dans le bain. Je

constate qu'il a une température à trente-huit degrés et huit dixièmes. Grosse différence.

— Avez-vous acheté un thermomètre pour l'eau comme je vous l'ai dit la dernière fois ?

— A vrai dire, le petit a été mieux et on n'y a plus pensé.

Je demande à la mère de faire couler de l'eau pour un bain, je teste moi-même la température de l'eau avec le coude. J'y baigne l'enfant une dizaine de minutes, Je le sors et je l'essuie. Il est calme et bien plus guilleret. Je le rends aux parents en leur disant :

— Croyez-vous qu'il faut être médecin pour savoir faire cela ?

Jeudi soir, vingt heures

— Docteur, il faut venir voir le petit, la fièvre est remontée.

— Combien exactement ?

— Trente-neuf degrés.

Je constate qu'ils sont déjà plus modestes que lors du premier appel, le chiffre est plus près de la réalité.

— Eh bien, redonnez un bain comme je vous l'ai appris, la fièvre ne va pas disparaître en une demi-journée, il faut laisser à l'organisme le temps de réagir.

Je ne me déplace pas.

Jeudi, la nuit, vingt-trois heures trente.

— Docteur, il faut venir, le petit ne va pas bien.

— Qu'est-ce qu'il a ?

— Il est chaud, il tremble, j'ai peur pour les convulsions.

Ah les sacro-saintes convulsions ! Toutes les études confirment qu'elles sont assez rares, peu évitables et jamais suivies de séquelles. Il est urgent de les dédramatiser.

— Mais non, s'il avait dû faire des convulsions, il en aurait déjà fait. Les convulsions se produisent seulement en cas d'augmentation très brutale de la température, mais rarement lorsque la fièvre est déjà installée.

— Mais, il n'est pas bien, il faut venir le voir.

Je reviens donc. Je trouve l'enfant dans le même état que l'après-midi, il a manifestement très soif, je lui donne à boire, il est trop couvert, je le découvre, sa chambre est trop chaude, j'ouvre les fenêtres, je recommence la cérémonie du bain. Je repars en laissant l'enfant en bonne forme.

Vendredi matin, sept heures.

— Docteur, il faut revenir voir le petit, la fièvre est forte.

— Recommencez le bain et faites-le bien boire.

— Non mais je préfère que vous veniez le voir, il a plus de trente-neuf.

Je reviens le voir à dix heures après avoir volontairement attendu, l'enfant a trente-neuf exactement, il supporte très bien sa température, il n'a toujours pas de symptômes à part une légère rougeur des gencives bien normale à neuf mois.

— Vous croyez que c'est grave, docteur ?

— Madame, même le plus grand professeur de pédiatrie ne peut jamais faire aucun diagnostic précis chez un nourrisson qui a de la fièvre depuis moins d'un jour. Je pense que ce n'est pas grave, peut-être simplement ses dents.

— Mais pourquoi il a tant de fièvre ?

Et je répète mon explication pour la millième fois.

— La fièvre est un symptôme utile qui permet la lutte contre l'infection. L'enfant peut aussi avoir de la fièvre même sans infection car il ne sait pas encore bien régulariser la température de son corps. Il est en train d'apprendre à le faire.

— Oui, mais quand même, ça m'inquiète

Je dois absolument arriver à faire tenir la mère jusqu'au lendemain, je ne sais plus quoi inventer. Je compte sur ma réputation en pédiatrie. Pour éviter que les parents n'emmènent l'enfant à l'hôpital ou n'appellent le SAMU, je leur dis que je repasserai voir l'enfant. Je n'ai rien à reprocher ni à l'hôpital ni au SAMU, mais ils ont bien mieux à faire que de soigner cet enfant en parfaite santé.

Vendredi soir, dix-huit heures.

Je passe voir l'enfant, il a encore trente-huit degrés et cinq dixièmes, il va bien. Il boit et mange bien. Je ne facture pas ma visite. Je dis à la mère que je reviendrai voir l'enfant sans qu'elle m'appelle.

Samedi matin, onze heures.

Je reviens, l'enfant va bien. Après une journée et demie de fièvre, tout a disparu. J'avoue n'avoir pas toujours agi ainsi. J'ai souvent cédé en donnant des antipyrétiques associés à quelques médicaments inutiles. La pharmacopée n'en manque pas, qui a bien prévu ce genre de situations. Parfois, j'ai aussi donné des antibiotiques pour rassurer, en sachant que c'était contraire à tous mes principes. Mais je n'avais pas envie de discuter. Et puis, il y avait toujours une oreille rouge qui justifiait la prescription. Pourtant, je sais bien que les oreilles rouges ou gorges rouges ne nécessitent des antibiotiques qu'une fois sur dix. Je n'ai pas fait mieux que les autres. Hélas. Moi aussi je suis aspiré dans le cercle vicieux angoisse-démission-surconsommation.

Nos grand-mères attendaient trois jours avant d'appeler le médecin, nos mères, deux jours, nos épouses, un jour, nos filles une demi-journée, et nos petites-filles, demain, une heure. Cette tendance à la surconsommation médicale est largement favorisée par la gratuité des soins (fausse gratuité en réalité) ; elle est aussi favorisée par de nombreux autres facteurs dont le plus important est la lacune éducative dans l'apprentissage de la gestion des angoisses.

L'angoisse est certainement le plus gros générateur de profit pour tous les métiers de la santé, même si tous les professionnels concernés n'en ont pas une conscience claire et n'en tirent aucun profit calculé ou cynique. Reconnaissons tout de même que plus de la moitié des actes pédiatriques pourraient être évités si l'on apprenait aux parents à gérer leur angoisse et à attendre au moins quarante-huit heures devant une fièvre inexpliquée chez le nourrisson. Sans parler de tous les excès de médicaments inutiles qui engendrent à leur tour des maladies dites « iatrogènes ».

Ma salle d'attente est pleine. Il est seize heures. Des voisins alertés viennent me chercher. Un enfant en vélo vient de se faire renverser dans la rue principale. Il va mal. J'arrive. L'enfant n'a pas été déplacé, j'évalue son âge à douze ans, il est dans un coma léger. La fracture du crâne est visible. Pas de sang. Examen neurologique rapide. Il s'enfonce assez vite. Je crains l'hématome extradural. J'en avais déjà vu quelques-uns lors de mon stage en neurochirurgie. La mort survient en moins de six heures. On a donc six heures au maximum pour transporter, ouvrir, opérer, refermer.

Dans ces cas-là, on devient autoritaire, intransigeant, militaire. La mécanique médicale se met en route toute seule, on oublie tout le reste, seul compte l'enfant. La plupart des médecins n'aiment pas les urgences, ça perturbe l'emploi du temps, on y travaille toujours dans l'approximatif, on se trompe de diagnostic ou de pronostic une fois sur deux, on n'a jamais exactement tout ce qu'il nous faut sous la main. Non, le médecin n'aime pas les urgences, mais il s'y sent investi, il sait qu'il n'a jamais le droit de se dérober, il a été au moins programmé pour cela. Alors que tous les patients de la salle d'attente sont là pour le petit commerce quotidien, pour la routine alimentaire, l'urgence, au contraire, redonne la raison du choix initial de la médecine, elle absout tous les actes mercantiles, elle les transforme en actes d'attente, annonciateurs du jour de l'urgence, actes ainsi lavés de leur vénalité. Quand l'urgence est un enfant, quand le diagnostic est un hématome extradural, quand l'intervention médicale répond à la loi du tout ou rien, c'est-à-dire mort ou vie sans séquelles, alors, le médecin a le droit de jouer au héros et d'être d'un autoritarisme absolu.

Je demande, j'exige un hélicoptère des pompiers. Période estivale dans le Midi, les hélicoptères n'arrêtent pas de tourner, on ne peut m'envoyer qu'un VSAB (véhicule de secours aux asphyxiés et aux blessés). D'accord mais très vite. Immédiatement. J'espère simplement que l'hélicoptère n'a pas été déplacé pour une entorse de la cheville, car on risque de m'entendre !

Nous voilà partis. Le choix s'est porté sur le service de neurochirurgie de l'hôpital de Nice. Ils sont avertis, ils nous attendent. En route, on prépare le patient à l'intervention, on demande au chauffeur de ne pas traîner, la circulation est dense l'été sur la route de Nice. Le chauffeur demande l'assistance de quatre motards pour dégager la route. Je n'ai plus rien d'autre à faire que d'attendre, j'ai fait ce qu'il fallait pour cet enfant, il est intubé, il a une perfusion et de l'oxygène. Je n'ai plus qu'à regarder la route en surveillant l'enfant du coin de l'œil.

Il s'enfonce.

Vite. Merde, elle n'en finit pas cette route. Qu'est-ce qu'ils font tous ces gens dans leur bagnole ? Ils feraient mieux de rester chez eux.

Alors, le spectacle des motards commence. Un des plus spectaculaires que j'ai vus. Sirènes hurlantes, ils font dégager les voitures. Si une voiture se dégage trop lentement à leur gré, ils passent à côté et donnent un magistral coup de pied dans la portière. Généralement, ça ne traîne pas, les voitures sautent sur le côté et montent sur le trottoir s'il le faut. Cinquante kilomètres à l'heure, quarante, on n'avance pas assez vite, mais on avance. Les motards se régalent devant. Ils ont bien compris que leur action était vitale. Trois heures que l'accident a eu lieu, l'état de l'enfant est stationnaire, son coma est assez profond. On a moins de trois heures pour tout faire. Les coups de pied des motards fusent de toutes parts, les automobilistes comprennent encore plus vite qu'avant. On y sera.

On y a été.

L'enfant a été radiographié et opéré immédiatement. C'était un hématome extradural. Deux jours après l'opération, il savait qu'il avait eu un accident parce qu'on le lui disait, et il était impatient de partir.

La vie est belle.

J'ai compris pourquoi tous les enfants du monde ont envie un jour d'être pompier ou motard. Heureusement qu'il y en a qui restent enfants assez longtemps. Merci à eux. Je n'ai aucune honte d'avoir été un médecin enfant pendant ce voyage où j'ai vu les Porsche et Ferrari de la promenade des Anglais se prosterner pour nous laisser passer.

Dix jours, plus tard, l'enfant quittait l'hôpital. Sa famille habitait la ville voisine. Je ne les connaissais pas. Après quelques hésitations, je n'ai pas pu m'empêcher d'aller leur rendre visite pour prendre des nouvelles. Le motif réel n'était que de me faire plaisir en allant naturellement cueillir mes lauriers et serrer la main de cet enfant. C'était pourtant facile à comprendre. Les parents n'ont pas compris, l'enfant n'était pas là, ils m'ont dit qu'il allait bien, ils ne savaient pas exactement tout ce qui s'était passé, ils m'ont demandé s'ils me devaient quelque chose. Oh non ! Tant pis, je suis reparti, héros discret et penaud.

Ma salle d'attente attendait mon commerce quotidien.

Martin Gasparini mourait doucement de sa leucémie. Il avait huit ans. Il luttait depuis trois ans. Pourtant, depuis quelques semaines, son corps avait décidé de cesser le combat. M. Gasparini était maçon d'origine piémontaise, barbu, assez rude, presque brutal. Mme Gasparini faisait quelques ménages pour arrondir les fins de mois, elle avait des formes généreuses, pas encore pléthoriques. La sœur aînée, Marie, était à l'âge de la puberté, ses seins pointaient sous le pull, mais depuis trois ans, ils avaient cessé de pousser, ils devaient attendre eux aussi le dénouement. Toute la famille luttait depuis trois ans.

L'exercice médical fait côtoyer la misère et la souffrance de façon si permanente, que le médecin construit progressivement une cloison étanche entre ses émotions et son exercice, afin, simplement, de survivre. Je me suis parfois étonné de constater avec quel détachement je supportais la souffrance des autres. Je m'en blâmais pour me forcer à être plus compatissant. La souffrance des autres peut inspirer un mélange étonnant de sentiments où se mêlent la pitié, le refus, le cynisme, la cruauté, le voyeurisme, le dégoût et sa propre souffrance. En voyant souffrir un adulte, on se surprend même parfois à penser odieusement qu'il l'a mérité, souffrance expiatoire.

Je ne me suis toujours pas habitué à la souffrance des enfants. Cinq ans d'Afrique où elle était quotidienne ne m'ont pas immunisé, cela a pesé très lourd dans ma décision de quitter ce continent. Terrible constat d'impuissance médicale. Vingt-cinq ans de médecine n'ont pas mieux fait, je ne supporte toujours pas la souffrance spontanée d'un enfant. Ma raison peut même vaciller quand je pense aux souffrances d'enfants provoquées par un adulte. Je dois aller relire les écrits de M. Badinter, pour laisser cet homme admirable me convaincre que l'abolition de la peine de mort était un choix qui nous rapprochait de l'humanité.

Le lion qui dévore des lionceaux pour s'accaparer la femelle-mère est un barbare animal. Monsieur Badinter, aidez-moi à trouver une animalité au barbare qui détruit des enfants d'homme pour rien.

Je souffrais avec Martin Gasparini et avec toute sa famille. Je n'étais plus le médecin. La médecine avait tout essayé. Il fallait en finir vite. Mais on ne peut même pas abréger les souffrances d'un enfant. Un corps neuf, ça lutte longtemps, la morphine semble avoir moins d'impact. Et puis tout nous interdit de faire quoi que ce soit qui puisse abréger encore d'une seconde une vie déjà si courte. C'est vraiment con, un médecin, devant un gosse qui meurt.

La médecine ne m'impressionnera jamais plus, même avec ses lasers, ses greffes, sa micro-chirurgie, sa thérapie génique et tout son arsenal du troisième millénaire. Un jour peut être, elle empêchera de mourir les enfants leucémiques, mais il est trop tard pour dire cela à la famille Gasparini.

Martin Gasparini habitait une maison voisine et je pouvais voir les fenêtres allumées le soir jusque tard dans la nuit. Pendant que Martin mourait, un soir, des amis d'enfance sont venus nous rendre visite. La soirée a été animée, cordiale, arrosée. Deux d'entre eux ont un peu dépassé la dose conviviale ; en partant, ils ont chahuté bruyamment dans la rue. Je n'avais pas prévu cela, j'ai aperçu les lumières de la famille Gasparini ; j'ai alors fait taire mes amis avec une autorité si brutale qu'ils sont partis penauds sans rien comprendre. Je ne les ai plus revus.

Je n'avais pas le droit, personne n'avait le droit de s'amuser pendant que Martin mourait.

Quentin, trois ans, vient, accompagné de sa mère.

— Docteur, je viens un peu pour moi et un peu pour lui.

Quand ça commence ainsi, on est à peu près certain de l'échec des deux consultations. Elle veut commencer par elle, je lui suggère de commencer par l'enfant. Elle parle de l'enfant tout en l'empêchant de toucher les objets sur le bureau, objets qui sont pourtant destinés à cela. Les pleurs commencent, l'enfant s'agite et court dans tous les sens, la mère s'énerve en continuant à me parler de lui et aussi un peu d'elle, car tout semble être amalgamé dans sa tête. Je lui demande de cesser un instant pendant que je vais saluer l'enfant, puisque c'est bien de lui dont nous allons parler.

Je m'accroupis à la hauteur de l'enfant, mes yeux sont au niveau des siens, il tient une peluche en forme de lapin.

— Bonjour, Quentin.

— Dis bonjour au docteur, Quentin.

— Madame, puis-je vous demander de ne pas du tout intervenir, laissez-lui le temps de me répondre. Bonjour, Quentin.

Quentin ne me répond pas, en guise de bonjour, il me tend son lapin.

— Bonjour le lapin, c'est toi qui es malade ou bien c'est Quentin ?

— C'est le lapin, répond une petite voix.

— Eh bien ! On va l'examiner, ce lapin.

Commence alors un examen rigoureux du lapin, otoscope pour les oreilles, lampe dans les yeux, stéthoscope sur le cœur. Quentin regarde un peu surpris, un sourire au coin des lèvres.

— Il a aussi mal au ventre.

Je palpe alors consciencieusement le ventre du lapin. Le silence est total dans le cabinet médical. Nous venons de rentrer dans le monde de Quentin, il est devenu une personne à part entière, il existe dans le monde des adultes. Sa mère ne s'interpose plus entre lui et le monde. Ça marche.

Quentin se laisse ensuite examiner de la tête aux pieds sans dire un seul mot et tout en tenant son lapin. Nous passons ensuite à l'interrogatoire de la mère pendant que Quentin s'amuse avec les objets sur le bureau sans que sa mère n'ose l'en empêcher.

Cette consultation idéale m'a demandé deux minutes supplémentaires pour calmer la mère et rentrer dans le monde de l'enfant. Mille fois, je l'ai répétée, mille fois ça a marché. La mécanique relationnelle d'un enfant est si simple que l'on se demande pourquoi tant de personnes en ont perdu la clé.

Soyons honnête, plusieurs fois, le contexte social particulièrement difficile a fait échouer toutes les tentatives de conciliation avec l'enfant. Enfant déjà trop grand avec une turbulence « enkystée », enfant inexaminable, pleurs incoercibles.

Xavier était de ceux-là, ses pleurs ne cessaient qu'à la sortie de mon bureau pour reprendre dans la rue lorsque son père lui donnait la fessée pour le punir d'avoir tant pleuré. Dans ces cas, c'est déjà trop tard, peu d'espoir. Si l'on croit au ciel, il ne reste qu'à prier pour que les fesses restent l'unique cible des colères paternelles.

Si l'on n'y croit pas, on peut prier aussi, le résultat sera le même.

La scène se passe en Afrique, quelques années plus tôt.

— Docteur, je viens vous voir parce que j'ai du retard.

— Vous rappelez-vous la date de vos dernières règles ?

— Ça fait un mois à peu près.

— Ah bon ! Vous n'avez donc pas de retard, elles vont revenir bientôt.

— Oui, elles sont revenues aujourd'hui.

— Alors, je ne comprends plus, si vos règles sont revenues aujourd'hui, vous n'avez pas de retard.

L'infirmière qui accompagne la consultation s'étonne alors de ma stupidité de médecin blanc et me dit :

— Elle ne parle pas du retard de ses règles, mais du retard pour être enceinte.

La patiente renchérit alors :

— Oui, ça fait déjà six mois que mon dernier ne tète plus et je ne suis pas encore enceinte.

Tout devient simple pour moi, il ne s'agit que d'un changement de paradigme. « Avoir du retard », pour une femme européenne, est le signe d'une probable grossesse, mais pour une mère africaine, cela signifie exactement l'inverse. C'est peut-être pour cela que l'angoisse d'une mère européenne est souvent forte devant cet enfant si rare, alors que la seule angoisse d'une mère africaine est de ne plus pouvoir remplacer celui qui demain peut-être mourra.

En France, les enfants ne meurent presque plus ou alors beaucoup plus tard. Je viens d'apprendre qu'un de mes anciens petits patients vient d'être tué, lors d'un accident de la route du week-end. Sa mère ne pourra plus avoir d'enfants, c'est trop tard.

A chacun son tiers-monde.

Dans notre service de pédiatrie de l'hôpital de Libreville au Gabon, nous avions plusieurs salles : la réhydratation, les grands malades, la salle des épidémies, le service de jour et de consultations externes. J'ai eu la lourde charge de m'occuper de ce service pendant un an. Souvenirs mitigés de joies et de moments d'abattement.

Martha, une jeune femme, venait de temps en temps le matin au service de jour. Les infirmières la connaissaient bien. J'observais toujours le même scénario : Martha parlait cinq minutes avec les infirmières puis repartait avec un enfant qu'elle attachait dans son dos avec un pagne. Elle ramenait l'enfant une ou deux heures plus tard. Je suis resté longtemps sans poser de question, car je pensais que Martha travaillait pour une crèche, un hôpital de brousse ou un autre organisme. Je restais généralement très discret sur les habitudes de travail locales et je faisais une confiance absolue aux infirmiers et infirmières qui m'ont toujours beaucoup appris sur la médecine en Afrique. Mais ce manège me paraissait plus inhabituel que les autres et je priai mon assistante de m'expliquer qui était Martha car je devais tout de même montrer un peu mon autorité.

La réponse fut surprenante.

Le Gabon, à cette époque, avait un assez grave problème de santé publique qui était la stérilité primaire des femmes. Causes multiples : liberté des mœurs, infections gynécologiques, et bien d'autres, mal expliquées. Il faut avoir vécu en Afrique pour comprendre ce que peut être une femme sans enfant. Certainement la pire des calamités sociales et biologiques. Toute Gabonaise aurait échangé sans hésiter sa stérilité contre un autre handicap physique même assez lourd. Sans parler de l'inévitable suspicion d'un passé douteux pesant sur ces femmes. Celles qui avaient un enfant l'arboraient fièrement sur leur dos ou à leur sein en faisant leur marché.

Martha n'avait pas d'enfant.

Alors, tous les matins, elle venait « emprunter » un enfant pour compenser son dénuement avant d'aller se montrer au marché.

15 – Vieux couples

M. Rivert ne parlait pas, il n'avait ni aphasie ni une quelconque malformation du larynx, non, il ne parlait jamais, c'est tout. Je savais qu'il n'était pas muet parce que, deux ou trois fois, je l'avais entendu répondre « oui » ou « non » à quelques-unes de mes questions insistantes.

— Est-ce que vous toussez beaucoup le matin ?

Silence de dix secondes.

— Monsieur Rivert, je vous demande si vous toussez le matin ?

— Oui.

Je tentais l'aventure de lui poser une question impliquant une réponse qui ne soit ni oui, ni non, ni monosyllabique.

— Vous toussez un peu ou beaucoup, longtemps ou pas longtemps ?

Silence de dix secondes.

— Vous avez bien compris ma question, toussez-vous beaucoup ?

— Non.

Je m'étais fait piéger moi-même, la réponse à ma question reformulée pouvait être monosyllabique. Savait-il dire autre chose que oui ou non ? Certainement, puisque Mme Rivert, qui, elle, était très bavarde, m'expliquait en détail tout ce que son mari lui avait dit, la veille ou pendant la nuit, au sujet de son mal.

— Voilà, docteur, il me dit que quand il tousse, ça lui fait mal là et que ça le brûle beaucoup, mais il arrive bien à cracher et ça le dégage. Il a recommencé à tousser depuis une semaine, mais c'est bien plus vert que la dernière fois. Il n'a pas de fièvre aujourd'hui, mais hier il en avait un peu. Il me dit aussi qu'il a parfois mal à la tête le soir.

Mme Rivert continuait à énumérer les symptômes et les plaintes de son mari. M. Rivert écoutait sans rien dire, sans opiner de la tête, sans regarder sa femme. Il avait une interprète qui traduisait en différé tout ce qu'il avait dit dans les jours précédents, il n'avait rien à rajouter.

C'était un gros fumeur toujours accroché à son mégot, cause d'une bronchite chronique qui commençait à être préoccupante. Sa vie de retraité s'écoulait entre ses mégots, son interprète de femme et la pêche. Si la pêche est une activité de silence, il devait être le meilleur pêcheur de Provence.

Pas de risque qu'il dérange les poissons.

— Ah ! s'il n'avait pas sa pêche, il serait bien malheureux mon bichon, c'est sa vie ; il a aussi sa petite femme, mais je crois que c'est la pêche qui compte le plus, disait Mme Rivert en riant de tout cœur et en regardant son bichon d'un œil complice.

Le bichon tirait sur son mégot entre deux quintes de toux, sa femme continuait à parler pour lui, en lui tapotant l'épaule :

— Je lui dis bien de ne pas autant fumer, mais c'est une vraie tête de mule, il ne veut rien entendre.

Je pensais alors que ça devait tout de même être difficile pour la femme du bichon d'avoir un muet qui en plus ne voulait rien entendre.

Pas du tout, car Mme Rivert continuait à raconter avec jovialité et avec moult détails tout ce qu'ils s'étaient dit la veille :

— Hier, il était content, il a fait une bonne pêche, et il a moins toussé.

Je me suis toujours demandé si M. Rivert parlait vraiment à sa femme lorsqu'ils étaient tous les deux ou si Mme Rivert inventait des dialogues dont elle rêvait. J'ai eu la réponse un jour, car ils habitaient un rez-de-chaussée et depuis la rue, je l'ai vu parler à sa femme. Ça n'avait pas l'air d'être une conversation animée, mais ils parlaient bien alternativement. Dès que j'entrais, elle se mettait alors à me résumer leur conversation qui tournait autour de ses symptômes, car ils attendaient ma visite et avaient révisé ensemble tout ce qu'elle devait me dire. Elle devait être capable de me le retranscrire fidèlement car elle n'aurait pas de souffleur. Mme Rivert était l'interface entre son mari et le reste du monde. Tous deux s'accommodaient fort bien de cette situation.

M. Rivert n'avait de relation directe qu'avec ses mégots et sa canne à pêche.

Les vieux couples ne sont pas tous aussi caricaturaux, mais ils forment souvent à deux une nouvelle entité biologique dont la relation à l'environnement, c'est-à-dire la fonction écologique est répartie entre les deux individus qui, pris isolément, seraient comme des invalides. Un peu comme l'ouvrière de la fourmilière, qui n'aurait plus de relation au monde et périrait, sans le soldat ou la reine.

Certains, comme le couple Guarneri, partageaient même les fonctions sensorielles. Mme Guarneri avait beaucoup d'humour ; elle me posait souvent des questions espiègles du genre :

— Alors, docteur, vous êtes allé rendre visite à ma petite voisine, elle est jolie, hein !

Ce à quoi, je me devais de répondre par une boutade pour éviter une deuxième question plus inquisitrice :

— Oui, mais bien trop jolie pour moi.

Ou bien elle changeait de sujet pour aller fouiller une autre parcelle de ma vie :

— Docteur, j'ai vu vos enfants hier à la sortie de l'école, ils ont de beaux yeux comme vous.

Je devais alors invariablement répondre :

— Comme ça, je suis bien certain que ce sont les miens.

Cela permettait de mettre l'ambiance cordiale de la visite où ils allaient m'expliquer toutes leurs petites misères et me demander de renouveler leurs médicaments.

M. Guarneri, lui, n'était pas là. Enfin si, il était physiquement là, mais absent en réalité car il était sourd comme un pot. Il n'avait évidemment rien entendu de nos échanges espiègles du début, mais nous ayant vu rire, il souriait à son tour en concluant logiquement que ça devait être amusant. Il pouvait rester ainsi quelques minutes à essayer de lire sur nos lèvres, il connaissait le rituel de la visite, il savait ce qui allait se passer et il y participait donc sans quitter son monde de silence absolu.

Tout à coup, il se tournait vers sa femme et lui demandait :

— Qu'est-ce qu'il dit, le docteur ?

Une scène extraordinaire se déroulait alors.

Mme Guarneri approchait sa bouche à moins d'un centimètre de l'oreille de son mari et lui parlait calmement, sans crier ni élever le ton. Il comprenait absolument tout et pouvait répéter mot à mot ce qu'avait dit sa femme. J'ai souvent été si stupéfait que j'ai, plusieurs fois, essayé moi-même de lui parler à l'oreille pour vérifier ce phénomène, mais il n'a jamais pu entendre un seul mot de ce que je disais. Je criais même parfois, mais sa femme me disait que ça ne servait à rien, car il n'entendrait pas de toute façon. Et c'était vrai. Elle seule, à force de pratique, avait trouvé le ton, la fréquence et le débit de parole corrects. La marge de manœuvre était très étroite.

Mme Guarneri avait eu un grave accident qui lui avait laissé deux séquelles, une déformation des hanches et du bassin et une anosmie, c'est-à-dire une perte totale de l'odorat. Ce sens est moins indispensable que d'autres, mais avec la cuisine provençale et les herbes aromatiques, il peut faire défaut. M. Guarneri était un grand amateur de champignons, il avait un odorat très développé. Il devait donc régulièrement prêter son nez à sa femme pour la cuisine et le dosage des arômes.

Ainsi Mme Guarneri était l'oreille de son mari, lequel à son tour était le nez de sa femme. Les organes sensoriels de l'entité biologique Guarneri fonctionnaient à perfection, du moins suffisamment pour ne pas altérer l'écologie du couple.

Le couple stable est assez peu répandu dans la nature, on le rencontre chez quelques oiseaux et mammifères dits supérieurs. Cette stabilité est relative, car elle ne dure jamais toute une vie, mais seulement une ou quelques saisons de reproduction. Le comportement sexuel (et matrimonial) des animaux est programmé génétiquement ; la part du choix et de l'apprentissage y est nulle, cette part existe faiblement chez certains primates. La primatologie est une science encore taboue qui balbutie depuis une vingtaine d'années. Etrangement, chez les primates anthropoïdes on rencontre à peu près tous les comportements. La polygamie des babouins dominants avec un accès aux femelles pratiquement interdit à vie chez les dominés, le nomadisme sexuel des chimpanzés, la proximité des bonobos et les monogamies ou « paucigamies » relativement stables des gorilles.

Chez l'homme, la déprogrammation génétique par le fait culturel révèle tous les comportements possibles : monogamies stables, monogamies à vie, polygamies sous forme de polygynie en Afrique et au Proche-Orient, polygamie sous forme de polyandrie de certains peuples chinois, homosexualité, proximité, abstinence à vie, nomadisme sexuel.

Dans le monde occidental où j'écris ces coquines nouvelles médico-éthologiques, la plupart des sociétés ont choisi, avec un certain succès, la monogamie stable à vie ou à très long terme. La contrainte culturelle imposée par ce choix matrimonial très rare dans la nature est partiellement levée par le choix fréquent d'un double mode matrimonial. Le mode officiel du groupe est la monogamie stable à vie, tandis qu'au niveau individuel coexistent d'officieuses ou secrètes polygamies (polygynie et polyandrie). Ce double choix a généré une nouvelle complexité sociale, donc culturelle. Il est l'un des thèmes centraux des arts : peinture, théâtre, cinéma, littérature dont il a favorisé l'explosion.

Et cela est un vrai bonheur culturel.

Le très vieux couple de sapiens est donc l'improbable vainqueur de toutes ces contraintes de l'évolution génétique et culturelle. Il est une fascinante réalité sociale et biologique, sujet passionnant d'études, sommet de la complexité des relations interindividuelles.

Cerise sur le gâteau de Darwin.

Je n'ai connu à ce jour que deux couples parvenus à leur soixante-cinquième anniversaire de mariage. Jeanne et André Monthieu m'y ont invité, ils formaient un extraordinaire couple d'artistes musiciens. Hélas, pour quelques monogamies sublimes, comme celle des Monthieu, il y en a beaucoup de médiocres, forgées dans les renoncements et les conventions, imposées par les contraintes matérielles ou sociales, destructrices de personnalités, voire franchement pathologiques.

M. Meursant venait de prendre sa retraite.

Il avait consacré sa vie à son entreprise de fabrique d'engrenages. Et la vie le lui avait rendu puisque les affaires avaient été prospères et que ses deux fils avaient pris sa suite dans l'entreprise. Mme Meursant avait dû être une belle femme en son temps.

Un temps lointain.

L'homme, à l'instar de la plupart des animaux, n'est pas fait pour l'abondance. Le besoin favorise l'éveil nécessaire à l'adaptation évolutive. Les niches d'abondance offertes à certains hommes par le travail des autres sont généralement destructrices pour les bénéficiaires. Comme beaucoup d'Homo sapiens, Mme Meursant n'avait pas su gérer l'abondance. Il y a des gens qui mangent tant qu'ils ont à manger. Ils n'ont pas ou mal appris à utiliser les mécanismes culturels de contrôle alimentaire mis en place après la révolution néolithique. Il ne s'agit pas d'une boulimie aiguë par trouble psychiatrique, mais d'une boulimie chronique par handicap culturel. Leur pouvoir d'ingurgitation de nourriture particulièrement grasse et sucrée devient quasi illimité. Cela donne les obésités monstrueuses bien connues outre-Atlantique et parfois aussi en Europe, comme chez Mme Meursant. L'obésité est la cause de nombreuses pathologies que Mme Meursant avait toutes : hypertension, angine de poitrine, dyspnée au moindre mouvement, problèmes dermatologiques dus aux mycoses des plis de ses bourrelets graisseux, arthrose diffuse, transpiration excessive. Avait-elle été une enfant adulée ou une femme choyée ? Je ne le sais pas, mais elle se comportait comme une femme-enfant gâtée. C'était insupportable pour tous.

Pas pour son mari.

M. Meursant — voulait-il se faire pardonner les années de travail pendant lesquelles il l'avait peut-être négligée ? — accourait à la moindre plainte, accédait à tous ses caprices. Il m'appelait dès que sa femme lui signalait le moindre symptôme, courait à la pharmacie pour lui acheter ses médicaments, notait sur un carnet si elle avait pris correctement tous ses comprimés, bien passé toutes ses pommades. Il me montrait la nouvelle rougeur apparue sous le sein monstrueux qu'il soulevait avec délicatesse, se mettait aux genoux de sa femme pour enlever ses pantoufles et me signaler un nouveau gonflement du pied, la déshabillait pour que je l'examine.

Si Mme Meursant avait été une personne d'un aspect et d'un commerce agréables ou si elle avait montré de la gratitude pour tous ces soins, on aurait pu comprendre qu'elle suscitât tant d'attention, mais elle était égoïste, revêche et d'une laideur aggravée par sa mauvaise humeur. Il devait y avoir un formidable secret dans ce couple car monsieur s'acquittait de sa tâche avec bonne humeur et même un plaisir certain. Une femme de ménage s'occupait de la maison, mais M. Meursant faisait les courses et la cuisine en demandant chaque jour à sa femme ce qu'elle désirait. Jamais il ne lui fit la moindre remarque sur ses excès alimentaires. Un auteur de roman policier aurait affirmé qu'il était tranquillement en train de l'assassiner par la bouffe, mais je lui aurais rétorqué qu'il ne l'aurait pas soignée avec autant d'attention par ailleurs.

En vérité, M. Meursant, dont la personnalité se confondait avec celle de sa petite entreprise, n'a plus eu de personnalité de rechange au moment de la retraite et il a disparu sous celle, tonitruante, de sa femme. Il était devenu, comme dans la chanson, son ombre, son chien, l'ombre de son chien. L'histoire ne dit pas s'ils avaient encore des rapports sexuels ou depuis combien d'années ils n'en avaient plus. Mais les histoires ne disent jamais tout.

Et les médecins, qui en voient déjà trop, ne sont pas des voyeurs.

J'avais vu Mme Anglade, une pimpante mamy de quatre-vingt-deux ans, deux ou trois fois pour des petits symptômes sans gravité. J'avais également dû voir son mari une fois pour une vétille. M. Anglade avait trois ans de plus que sa femme, mais toujours un bon état général. Un ancien résistant du Vercors.

Mme Anglade vient me consulter, maquillée, cheveux teintés, coquette.

— Docteur, j'ai un petit problème urinaire, ça me brûle un peu.

— Lorsque vous urinez ?

— Non pas toujours, des fois même quand je n'urine pas.

Je sens Mme Anglade légèrement hésitante et un peu gênée. On ne rougit plus à cet âge. Mais, il n'y avait pas besoin de nombreuses années d'expérience pour comprendre que le problème n'était pas urinaire, mais gynécologique. Par principe, je ne laisse pas passer une opportunité d'examen gynécologique, car les patientes hésitent souvent longtemps, et l'occasion peut tarder à se représenter.

— Le plus simple est de regarder tout de suite ce qu'il y a.

Un examen gynécologique à quatre-vingt-deux ans n'est jamais une chose aisée. Il faut du temps pour le déshabillage, la position gynécologique avec les pieds dans les étriers est déjà inconfortable et gênante pour une jeune femme, elle l'est beaucoup plus pour une vieille personne pleine d'arthrose et pas forcément très fière de se montrer. Le médecin doit être alors patient et courtois.

Mme Anglade avait une légère sécheresse vaginale normale à son âge, mais pas d'atrophie irrémédiable. Une petite descente de la vessie avec une irritation normale du méat urinaire. La vessie et les reins étaient indolores. Rien de bien extraordinaire.

Je la laisse tranquillement se rhabiller.

— Ecoutez, madame, il faut m'expliquer en détail ce qui ne va pas, car je ne vois rien de bien spécial à vous dire.

— C'est-à-dire que je ne sens rien…

— Expliquez-moi, je ne comprends pas bien.

Elle devait penser que j'étais complètement bouché ou stupide. Elle avait raison, je l'étais, car je ne m'attendais pas à la suite.

— C'est-à-dire qu'avec mon mari, je ne sens plus rien.

C'était donc ça.

Une consultation pour frigidité à quatre-vingt-deux ans. La première de ma carrière, la seule. Mme Anglade avait bien eu des orgasmes jusqu'à quatre-vingt-deux ans et depuis quelques mois, ça ne fonctionnait plus. Elle aimait pourtant toujours beaucoup son mari et elle craignait qu'il en arrive à penser qu'elle ne l'aimait plus. Tout le reste de ma journée s'est déroulée dans la bonne humeur.

L'amour existe, je l'ai rencontré.

Au cours de mes obsessions d'ethnologue en herbe, j'ai fait une classification des vieux couples :

1. les rares monogamies stables avec maintien des deux personnalités dans l'amour,

2. les monogamies stables avec maintien des deux personnalités dans l'habitude,

3. les monogamies stables avec asservissement de la femme,

4. les monogamies stables avec asservissement de l'homme.

Les féministes me reprocheront de ne pas avoir inversé les troisième et quatrième catégories. Probable machisme résiduel. Mais ces deux dernières catégories sont des échecs de la monogamie stable. Donc, peu importe.

M. Chardet s'était, lui aussi, mis au service de sa femme. Elle avait une polyarthrite chronique rhumatoïde qui la déformait et la faisait souffrir. Mais elle avait trouvé un moyen de diversion en traitant son mari comme un larbin qui accourait au moindre mot. Elle l'insultait, le méprisait et s'abstenait de tout sourire ou remerciement. Le sexe avait évidemment déserté le couple depuis longtemps. Plus elle exerçait une autorité méchante et ingrate, plus il s'aplatissait.

Mais qu'avait donc à expier M. Chardet ?

Rien je pense, hélas !

A l'inverse, Mme Baudron était devenue l'humble servante d'un mari polytechnicien et obsessionnel qui faisait de l'aéromodélisme, de la radio amateur, de l'informatique, de l'astronomie et exigeait que personne ne le dérange pendant la pratique de ces hobbies. Les repas de M. Baudron étaient prêts à la minute désirée, son linge repassé et plié selon des règles militaires. Mme Baudron n'avait pas d'emploi du temps personnel, elle avait celui de son mari. Je suppose qu'elle attendait le moment des caresses avec une montre dans la main. J'imagine qu'une frigidité silencieuse devait lui être imposée, mais il est possible que, sans preuves sur ce point, je me trompe. La physiologie d'un couple est si bizarre.

Mais qu'avait donc à expier Mme Baudron ?

Rien je pense, hélas !

Le couple Villepin était sublime. Classe des monogamies stables avec maintien des deux personnalités dans l'amour. Je fus donc surpris de voir Mme Villepin, alors âgée de soixante-seize ans, se mettre en ménage avec un de leurs amis, quelques mois après le décès de son mari.

Elle devança toutes mes questions en me confiant un jour :

— Vous savez, docteur, ne me reprochez rien, j'ai besoin d'un homme dans mon lit.

— Mais je ne vous reproche rien, madame, je ne suis pas un censeur.

Elle continua malgré tout, car elle avait besoin d'expliquer, de me parler encore de son mari décédé.

— Mon mari me faisait souvent l'amour, ce n'était plus très extraordinaire, ni pour moi ni pour lui, mais on en avait besoin tous les deux ; c'était pour la tendresse.

Que c'était rafraîchissant pour moi d'entendre cela ! Heureux d'avoir une nouvelle preuve vivante de la permanence du sexe et de l'amour. Peu importait l'intensité de l'orgasme, seule importait la tendresse. Je me mis à disserter sur l'orgasme qui est une grosse tendresse et sur la tendresse qui est un petit orgasme. Merci madame Villepin pour cette leçon d'éducation sexuelle et amoureuse.

Elle continua ensuite car elle voulait me parler aussi de son nouvel amant, comme pour s'excuser ou se justifier :

— Je le connais depuis longtemps, mais il n'y a jamais rien eu entre nous.

— Mais, madame Villepin, je vous répète que vous n'avez pas à vous justifier ; je n'ai jamais douté de la loyauté de votre couple.

Mais elle ne pouvait s'empêcher de continuer, ça la soulageait de me parler :

— Je sais, mais tant que mon mari était là, je n'aurais même pas pensé à mal ; lui (le nouvel amant) non plus, il ne m'a même jamais fait du pied sous une table.

C'était encore plus rafraîchissant d'entendre cela. Qu'il soit encore possible, à soixante-seize ans, d'évoquer une gaminerie courtisane comme un pied égaré sous une table.

J'allais encore être de bonne humeur pour toute la journée.

Mme Villepin avait donc un amant potentiel, un homme de rechange. Elle voulait me parler comme à un confesseur pour que je lui pardonne cet amant potentiel, car s'il ne lui était jamais venu à l'idée de tromper son mari de son vivant, elle devait probablement se reprocher ce nouvel amant qui représentait une certaine continuité entre le « potentiel » d'avant et le « réel » de maintenant.

J'ai signifié à Mme Villepin qu'elle n'avait rien à se faire pardonner, son couple avait été irréprochable et le resterait dans le souvenir de tous, quoi qu'il arrive.

Je n'ai pas dit à Mme Villepin de se laisser aller à la tendresse, car j'ai pensé que ce nouvel amant ne pourrait lui apporter ni grosses tendresses ni petits orgasmes. C'était trop tard, il n'y aurait plus que des succédanés d'orgasmes et de tendresse. On dit qu'une expérience est scientifiquement exacte lorsqu'elle est reproductible.

Le vieux couple n'est pas scientifiquement exact.

M. et Mme Vanspel avaient une fille atteinte d'une de ces rares maladies génétiques portant le nom des découvreurs : Spelmeyer et Vogt. Ces maladies que la nature sauvage sait éliminer dès la naissance, par la sélection naturelle. Ces maladies terribles que l'homme, au contraire, intègre et assume douloureusement. La culture est si indispensable à la survie des hommes, qu'ils maintiennent en vie le plus longtemps possible les individus atteints de ces redoutables maladies, comme s'ils représentaient un réservoir de nouvelles combinaisons génétiques susceptibles de produire le génie qui sortirait définitivement Sapiens de sa condition animale.

Le couple Vanspel avait construit toute sa dynamique vitale

autour du maintien en survie de cette jeune fille de dix-huit ans, grabataire, aveugle, insuffisante respiratoire, spastique, incontinente urinaire, muette.

Tous les pronostics l'avaient condamnée avant l'âge de dix ans.

Les Vanspel étaient fiers de l'avoir menée à dix-huit ans. Ils surveillaient la moindre escarre, épiaient la moindre grimace qui pût être confondue avec un sourire de remerciement. Ils essayaient de distinguer parmi les cris et grognements ceux qui pouvaient être de satisfaction de ceux qui pouvaient être de souffrance. Le couple, qui n'avait évidemment pas voulu avoir d'autres enfants, ne semblait pas avoir de vie en dehors de cette fille. C'était comme si les Vanspel, couple de sapiens, dont la fonction programmée, comme celle de toutes les espèces, était la reproduction d'individus susceptibles de prolonger, à leur tour, la survie de l'espèce, se sentaient investis de la tâche de maintenir en vie cette nouvelle combinaison génétique, improbable réserve de gènes pour un saut évolutif. Je ne pouvais m'empêcher de trouver cette tâche noble et profondément humaine au sens le plus culturel du mot « humain ». Les Vanspel prenaient même du plaisir à cette tâche ingrate. Ils avaient transcendé les notions de couple et d'humanité. Pour eux, l'avenir de l'humanité se trouvait là, tout entier concentré dans le corps déformé de leur fille.

Mlle Vanspel est morte à vingt ans, soit dix ans après le pronostic le plus favorable. Le couple Vanspel a volé dix ans à l'outrecuidance de la science matérielle. Seul un couple de sapiens pouvait faire cela.

Qu'il soit remercié au nom de notre espèce chétive pour sa contribution à la recherche de son surpassement.

M. et Mme Louveze étaient unis depuis trente-cinq ans. Très fortunés, ils recevaient beaucoup et comptaient tous les notables de la région au nombre de leurs hôtes. La vie les avait manifestement choyés. Mme Louveze prodiguait à son corps des soins quotidiens qui auraient dû lui donner la double beauté conférée par une bonne naissance et par tous les progrès de la cosmétologie, du bodybuilding et de la chirurgie esthétique. Hélas, le résultat de ces manipulations corporelles diverses est généralement tellement visible qu'il annule, par son aspect ridicule, les restes de la première beauté et les effets de la seconde. La beauté initiale, naturelle, incontestable chez Mme Louveze finissait par disparaître sous la trivialité de la beauté d'emprunt.

Tous ces efforts de reconstruction seraient émouvants et pardonnables si leur objet était la séduction d'un mari ou d'un amant devenu distant. Mais d'amant, pas le moindre, car les Louveze ne se quittaient jamais. Et de mari, pas davantage, car M. Louveze me confia un jour son désespoir de n'avoir pas pu toucher sa femme depuis plus de vingt ans. Il la désirait toujours et elle se refusait obstinément à lui. Ils faisaient effectivement chambre à part. J'ai longtemps pensé que M. Louveze exagérait, sa femme devait céder parfois, mais certainement pas assez souvent à son goût. Non, car j'eus la confirmation par l'autre camp qu'il en était bien ainsi. Mme Louveze, un jour de détresse, me confia en effet leur abstinence perpétuelle :

— Docteur, je ne supporte pas que mon mari me touche. Je sais qu'il en souffre, mais je n'arrive même plus à en supporter l'idée. Je lui dis même d'aller voir ailleurs, je fermerais les yeux, mais il s'accroche à l'espoir de me reconquérir. Je ne m'aime plus et je ne veux pas qu'il m'aime.

C'était donc vrai, un couple pouvait cohabiter vingt ans sans sexe.

Les soins apportés par Mme Louveze à son corps en devenaient encore plus ridicules et incompréhensibles. Les marchands de ces soins argumentent l'autoséduction. Mme Louveze pourtant ne s'aimait plus.

J'eus la tristesse de constater que le lien social des couples est parfois l'unique à subsister, et que le marché de la séduction, comme les autres marchés, avance tout seul, en marge de l'amour.

En marge du plaisir.

16 – Troubles

— Mon mari, il est bien porté.

Mme Charbin me parlait de son mari qui ne pensait qu'à lui faire l'amour ou à « la prendre » comme elle disait. Ce jour-là, j'appris qu'être « bien porté », c'est l'être sur la « chose ». Il suffisait de le savoir.

Pire encore, cet hyperhormonal de mari courait sans hésiter vers tout ce qui portait jupon. Mme Charbin était une grenouille de bénitier et elle en avait les apparences. Comment pouvait-elle avoir épousé un mari « bien porté » ? Cela fait partie des énigmes des couples. Car s'il est un secret bien gardé, c'est celui des choses du sexe. On en parle peu ou bien on dissimule, on déforme, on fanfaronne.

Il fallait être un génie, obsessionnel, méticuleux et à l'esprit scientifique rigoureux comme l'était Kinsey pour nous donner une première idée de la vie sexuelle de Sapiens. C'était il y a quelques décennies. On osait dire ce que l'on savait déjà, le sexe pouvait s'affranchir de la reproduction pour n'être qu'un facteur de plaisir, de promotion sociale, d'enrichissement culturel. Notre espèce au sexe énorme, aux mâles en rut permanent, aux femelles toujours disponibles, a réussi à porter le sexe à son apogée en le mettant au centre de sa vie sociale et culturelle. Sapiens est un être naturel, sexuel et culturel.

Mais pourquoi diable a-t-il fallu constamment brimer ce sexe, inventer des vœux de chasteté, des circoncisions et des excisions ? Jusqu'au grand Freud lui-même qui a pratiqué une véritable excision culturelle en excluant le clitoris des organes du plaisir adulte. Prouvant, si besoin était, que l'énormité des stupidités écrites est souvent à la hauteur de l'énormité du génie.

Il y a au moins deux réponses d'ordre darwinien à la brimade culturelle permanente de notre sexualité impétueuse. La première est une pression sélective négative sur le nomadisme sexuel qui favorise des maladies sexuellement transmissibles, dangereuses pour la reproduction. La deuxième est la pression sélective positive sur la fidélité des géniteurs/éducateurs pendant toute la longue phase d'apprentissage indispensable à la survie des petits d'homme.

Mais dame nature est toujours là, prête à libérer ce sexe dont elle nous a si bien pourvus. Et c'est bien l'un des spectacles les plus cocasses des gesticulations hominiennes, que cette lutte désordonnée entre le sexe libre et le sexe brimé.

Qu'elle serait triste notre planète, sans la gestion de ce paradoxe.

Que serait triste et vide le cabinet médical sans les éclats anecdotiques de cette ambivalence.

M. Charbin était « si bien porté » qu'il fit une rupture d'anévrisme, en plein coït adultérin. Son hypertension avait dû entraîner une hypertrophie cardiaque, puis amoureuse avec de splendides érections. Mais je m'égare loin de la science. Bref, notre homme fut paralysé à vie.

Adieu le sexe.

L'histoire fit le tour des chaumières mais Mme Charbin n'en fut pas dérangée, car pour ce « bien porté », tout le village était déjà au courant. Cela ne fit qu'officialiser la rumeur. En devenant officielle, une rumeur perd tout son charme et finit par s'éteindre. Je connaissais quelques-unes des bénéficiaires des largesses érectiles de M. Charbin, mais le secret médical étant une chose sacrée, la plupart d'entre elles ont échappé à toute suspicion. Elles ont même pu continuer à vaquer à leurs adultères, car ce pauvre M. Charbin avait de nombreux suppléants.

M. Pontarles était un « honnête homme », haut fonctionnaire, type dix-neuvième siècle, costume trois-pièces sombre, port altier, ton sec et froid. Sous cet aspect d'inébranlable probité, on percevait parfois un rictus malin, un sourire qui laissait sourdre l'âme. Il en avait donc une. J'appris aussi qu'il avait un sexe, puisqu'un jour il vint m'en confier la secrète existence :

— Docteur, il me faudrait un fortifiant.

— Ah bon, vous êtes fatigué, monsieur Pontarles ?

— Pas vraiment, c'est un peu plus délicat, c'est au sujet de mon activité sexuelle.

Je réalisai alors avoir stupidement négligé le fait que M. Pontarles pût avoir une activité sexuelle. Pourtant, cet honnête homme était le père de trois enfants qu'il avait dû concevoir in vivo, puisque à cette époque la fécondation in vitro en était encore à ses balbutiements.

— Vous savez, il arrive à tous les hommes d'avoir des petits passages à vide.

— Je sais mais ce n'est pas exactement cela. Je n'ai pas vraiment de passage à vide, j'ai une maîtresse dont je suis très amoureux et que je vois tous les jours.

J'étais stupéfait, non seulement M. Pontarles avait une maîtresse mais il en parlait avec flamme ; le rictus et le sourire devenaient nettement visibles. M. Pontarles était amoureux et il honorait sa maîtresse tous les jours. Son problème, qu'il m'exposa longuement, était d'avoir de plus en plus de difficultés à honorer également sa femme. Il craignait qu'elle s'en étonne et le suspecte.

Je me demandais comment Mme Pontarles pouvait suspecter un aussi honnête mari. Mais, Mme Pontarles connaissait certainement mieux que quiconque le fort tempérament de son mari, tempérament sans « difficultés passagères ».

Depuis, je regarde différemment les hauts fonctionnaires ou hommes d'affaires aux costumes sombres. Leur cravate, ce pénis social, peut dissimuler, tel un leurre, son homologue érectile et tempétueux qui attend, sournoisement tapi sous le pantalon.

Ah, la fonction publique et la fonction privée !

Nous sommes en juillet, la population de mon village a doublé, les estivants viennent en troubler l'ordre serein de leurs tenues légères et de leurs gestes libérés du carcan de la ville. Ma salle d'attente est pleine, je fais entrer le patient suivant. C'est une patiente.

Je retiens ma respiration pendant deux dixièmes de seconde, rien de perceptible, un médecin quadragénaire ne doit pas se laisser troubler. La jeune femme d'environ vingt-cinq ans qui pénètre dans mon cabinet est d'une extraordinaire beauté. C'est une couverture de magazine qui vient de rentrer debout dans mon univers, c'est Hollywood au beau milieu de mon bureau. Inutile de décrire sa poitrine ou ses jambes, vous les avez vues mille fois sur les écrans publicitaires des savons et eaux de toilette. Elle est pieds nus, cheveux défaits, regard pétillant, provocante. Elle est irréprochablement splendide.

Elle le sait.

Que peut donc venir faire une santé aussi resplendissante dans un cabinet médical, provençal certes, mais néanmoins rural et besogneux ? J'attends la réponse. Elle se met à me parler de sa fatigue, de ses insomnies, de ses parents divorcés, des garçons qui ne pensent qu'à ça (comme je les comprends !). Elle se complaît encore à me parler de sa difficulté à être, du regard des autres sur son corps.

Je l'arrête.

Je crois qu'elle joue à séduire, qu'elle triche. Je pense que je ne peux vraiment rien pour elle. J'ai envie de lui dire que si elle ne veut pas qu'on lui pisse dessus, il ne faut pas qu'elle se déguise en arbre, mais ce serait vraiment très méchant. En plus ce serait inexact, car elle est vraiment très belle même sans fard et même dans une tenue modeste. Tout son drame est sa beauté et le désir omniprésent des hommes qui l'entourent. Elle en déprime. J'ai de la peine à croire à sa sincérité, elle sait qu'on ne la croit jamais quand elle tient ces propos. Elle finit par partir en disant qu'elle aurait réellement voulu être laide.

Chienne de vie !

Je fais rentrer le patient suivant, il vient pour le traitement de son épilepsie.

Enfin un peu de calme !

La plus amoureuse, la plus romantique de toutes mes patientes a incontestablement été Nadège. Nadège était une jeune fille atteinte de débilité légère, de graves troubles visuels et de troubles de l'humeur. Elle était colérique et parfois très agressive avec son entourage. Ses parents me l'amenaient en consultation car j'avais, paraît-il, le don de la calmer pour longtemps. Dès que Nadège entrait dans mon cabinet, c'était le miracle, elle devenait calme, elle me fixait intensément de ses yeux brillants et buvait toutes mes paroles. Elle soulignait chacun de mes propos d'un hochement de tête approbateur. Elle était la plus assidue de mon club de fans, la plus énamourée de mes groupies. Je devais probablement la rassurer de ma voix et de toute mon autorité médicale.

Ses parents me confièrent un jour leur inquiétude car elle allait dans un centre de rééducation où elle rencontrait des garçons atteints des même troubles. Le personnel du centre avait averti les parents du risque de grossesse et avait vivement conseillé un moyen de contraception. Nadège avait jeté les ordonnances de tous les gynécologues qui lui avaient prescrit la pilule que, de toute façon, elle n'aurait pas prise. Elle refusait de se laisser examiner par un quelconque gynécologue et refusait l'idée même d'un stérilet. Les parents redoutaient la catastrophe d'une grossesse dont ils auraient été les seuls à assumer les conséquences. Ils me demandèrent de poser moi-même un stérilet en prétextant un examen gynécologique quelconque. Ils étaient certains que leur fille accepterait si cela venait de moi, en raison de l'amour immodéré qu'elle me portait. Je posai donc ce stérilet avec le consentement écrit de la mère et en sa présence. Cette jeune fille était vierge. Elle accepta sans broncher le spéculum d'acier, puis le stérilet. Bien qu'il s'agît d'une stérilisation non définitive, j'éprouvais un certain malaise à faire ceci à l'insu de la patiente. Cela me rappelait mes lectures sur le passé peu glorieux de l'eugénisme, lorsque dans certains pays on stérilisait les femmes de façon définitive sur des critères arbitraires d'intelligence ou de comportement social. L'horreur. Ce fut le premier et le dernier que je posai à une nullipare, vierge de surcroît et à son insu.

L'histoire d'amour ne s'arrête pas là, car dix ans après mon départ, elle retrouva ma trace et mon adresse et m'écrivit une belle lettre d'amour qui a rejoint ma collection de bribes d'humanité. Elle y déclarait sa flamme sans ambiguïté. Les années lui avaient donné un peu plus de maturité et d'audace. J'étais dans l'obligation de lui faire une réponse afin de ne pas la laisser fantasmer trop longtemps. Ma lettre très doctorale et très amicale, sans aucune ambiguïté, a dû la ramener douloureusement à la réalité. Je ne serais jamais que son médecin et rien d'autre. Je lui ai souhaité bonne chance dans sa vie et dans ses amours. J'espère que ma réponse lui a tout de même fait plaisir. Ça lui fera aussi une lettre à garder dans son trésor personnel.

Pardonne-moi, Nadège, d'être un adulte aussi peu romantique.

Cet ancien banquier colonial, baroudeur et fortuné, vivait isolé au fond de la forêt avec sa nouvelle femme officielle, la sixième. Quant aux femmes de passage, il ne savait plus très bien. Il avait consacré sa vie à les courtiser. Je crois qu'il les avait toutes aimées passionnément. Il confessait lui-même avoir laissé des enfants dans plusieurs pays. Il ne savait plus très bien non plus. Il n'y avait aucune fanfaronnade dans ses propos, car son trouble réel se percevait dès qu'il évoquait le moindre souvenir. L'amour et le sexe n'avaient pas été ses seules activités, mais ils avaient conditionné toutes les autres. Il acceptait sa condition de don Juan sans gloire ni honte. Il pouvait en parler sans aucune gêne devant sa femme actuelle, qui évidemment savait. Comment ne pas savoir ?

Un jour il me confia qu'il aurait tout laissé pour une femme, même sa vie.

— Je suis tombé follement amoureux d'une femme dont tous les amis m'avaient dit qu'elle était syphilitique. Elle était belle à damner un saint. Il me fallait cette femme avec ou sans sa maladie, c'était devenu une obsession. J'ai vécu une passion de trois mois avec elle, je n'ai pas pensé une seule fois à sa maladie. Ce n'est qu'après que j'ai eu peur, j'ai fait tous les tests, je n'avais rien.

Je lui fais alors l'observation suivante :

— Cette femme devait sans doute être guérie de sa syphilis, elle n'était plus contagieuse. Ce serait très différent aujourd'hui avec le sida qui est toujours incurable.

Il me répond alors sans hésiter :

— J'aurais alors eu le sida et j'en serais mort car rien ne pouvait m'empêcher de posséder cette femme.

Les maladies sexuellement transmissibles ont encore de beaux jours devant elles.

Nicole, dix-huit ans à peine, rentre dans mon bureau en tortillant son foulard entre ses doigts.

— Docteur, hier j'ai été avec un garçon.

— C'était la première fois ?

— Oui, j'ai peur, je voudrais la pilule.

— Mais Nicole, c'est trop tard pour la pilule, il fallait y penser auparavant, dis-je en voulant l'effrayer un peu pour essayer de la responsabiliser.

— On m'a dit que ce n'était pas trop tard, il y a des pilules que l'on peut prendre après.

La pilule du lendemain existait déjà depuis longtemps mais elle n'était pas officielle. On n'en parlait nulle part. Comme les rumeurs circulaient, Nicole devait savoir que je pouvais lui épargner tout risque de grossesse.

— Est-ce que tu te souviens de la date de tes dernières règles ?

— Il y a deux semaines à peu près.

— Mais enfin, Nicole, tu n'es donc pas au courant des périodes à risque ?

— Si, un peu, mais je n'y ai plus pensé. C'était trop tard.

Il est évident qu'il faut à tout prix éviter une grossesse non désirée chez une jeune fille de cet âge. Je donne à Nicole les quatre comprimés qui lui épargneront toute grossesse. Elle me remercie et s'en va, soulagée. Cette anecdote sans importance s'est répétée des centaines de fois. Je n'ai pas de commentaires à faire sur la pilule du lendemain qui n'est qu'un moyen de contraception de plus. La limitation des naissances est une donnée universelle dans les espèces animales. Sapiens n'est pas une exception, mais sa disponibilité sexuelle permanente et sa position dominante dans la hiérarchie animale l'ont rendu si prolixe qu'il est le seul mammifère à se compter en milliards. La contraception est le seul moyen d'empêcher que la limitation des naissances ne nous soit imposée par des méthodes naturelles non maîtrisables telles que la baisse de la fécondité ou les épidémies.

Mais, dans l'histoire de Nicole, ce qui me désole, c'est le retour du sexe sur la place publique. L'hominisation se caractérise entre autres par la dissimulation de l'ovulation, l'intimité du coït, la construction du couple à l'écart du groupe social. Toutes ces dissimulations, toute cette intimité sont un corollaire de l'amour, véritable spécificité d'Homo sapiens.

A l'inverse, Nicole a dévoilé l'intimité de son couple. Elle a parlé à sa mère et à son médecin de sa première étreinte amoureuse. La société lui a délivré la pilule d'un lendemain de copulation. Le sida met le sexe et le préservatif sur nos écrans de télévision. Le porno fait de l'éducation sexuelle avant l'âge de la réceptivité à cette éducation. Mais où est donc passée l'intimité du sexe que l'évolution a mis des millions d'années à élaborer ? Lorsque le sexe n'est plus intime, il s'animalise. Mais comme on ne peut pas effacer d'un seul coup ces millions d'années, l'imbroglio qui en résulte risque de faire perdre la clé du sexe. Voilà donc de belles pathologies en perspective dont le marché pourra s'emparer goulûment. Le marché a déjà presque tout investi, le sexe est sa dernière conquête : pilules contraceptives, pilules de l'impuissance redoutée ou réelle, pilules des effets supposés ou réels de la ménopause, préservatifs aujourd'hui obligatoires. Oserais-je dire que le marché avait déjà investi le sexe des hommes politiques puisqu'il les tient depuis longtemps « par les couilles » ?

Trop tard, j'ai osé.

Certaines des stupidités que l'on entend tous les jours ont la vie dure. Celle qui consiste à soutenir que les hommes trompent davantage leur femme ou sont plus attirés par le sexe n'est pas des moindres. L'amour se faisant à deux, je n'arrive pas à cerner la règle mathématique qui dénombrerait plus de coïts chez les hommes que chez les femmes.

Seuls les viols, la prostitution et l'homosexualité peuvent biaiser les statistiques, mais malgré leur large écho médiatique, ils restent une minorité. Les couples d'adultes consentants qui se forment en dehors de ces trois situations mettent mathématiquement hommes et femmes à égalité devant le sexe. On peut objecter que l'homme est plus souvent l'initiateur d'une relation, certes, mais si la relation n'est pas consommée, elle ne change rien à la statistique.

Après ces considérations à haute valeur poétique, je voudrais évoquer le souvenir de mes patientes les plus « portées ».

Mme Ferrandez, verte septuagénaire, avait déjà enterré un mari et deux amants. La solitude lui étant difficile, elle cherchait son prochain amant avec méthode en dépouillant les petites annonces. Un jour, elle me demanda simplement :

— Docteur, si dans votre clientèle, vous avez un homme seul qui cherche une compagne, faites-le-moi savoir.

Le métier de médecin mène à tout, mais je n'avais pas encore imaginé devenir entremetteur. Je remerciai Mme Ferrandez de tout l'honneur qu'elle me faisait en m'accordant une telle confiance, mais je ne pouvais accéder à sa demande sans courir le risque majeur de me tromper. Quoi de plus tragique en effet que de favoriser la naissance d'un couple raté ? Je laissai donc Mme Ferrandez se débrouiller seule. A chacune de mes visites, elle me racontait ses rencontres loupées, et c'était à chaque fois un régal et une bouffée d'air frais de découvrir jusqu'à quel âge l'amour et la bagatelle tenaillent le cœur et le ventre des sapiens femelles et mâles.

— Figurez-vous que j'ai eu la réponse d'un homme marié qui voulait que l'on se voie de temps en temps, il me proposait des promenades coquines dans les bois. Vous pensez bien que j'ai refusé, je ne suis plus une adolescente.

J'imaginais mal en effet Mme Ferrandez en amante furtive, mais l'idée d'un « cinq à sept » sylvestre de septuagénaires m'amusa beaucoup.

Mme Ferrandez finit par dénicher la perle des perles en la personne d'un jeune maçon retraité, de dix ans son cadet. Le nouvel amant se conduisait en amoureux éperdu.

Le bonheur total.

Josiane Delaigue avait épousé un ami d'enfance dont elle découvrit très vite qu'il ne serait pas à la hauteur de ses aspirations sentimentales et sexuelles. Elle me confiait ses difficultés de couple avec beaucoup de spontanéité. Elle habitait une maison peu éloignée de celle de ses parents dont j'étais aussi le médecin. Je soignais également un voisin, jeune veuf qui faisait du commerce international. C'est en confident naturel de tous ces voisins que j'appris la liaison secrète de Josiane et du jeune veuf avec la bénédiction des parents qui étaient aussi dans le secret. Je puis affirmer avec du recul que le secret était bien gardé car je n'ai jamais entendu la moindre rumeur, ni perçu le moindre trouble à l'évocation du couple Delaigue. La mère de Josiane me confia un jour le plaisir qu'elle avait à voir sa fille enfin heureuse avec son amant sans avoir eu à quitter le père de ses enfants. Elle était d'une famille très catholique où le divorce ne s'évoque même pas.

Il ne faut pas mélanger le respect de l'amour et le respect des traditions.

Mme Million continuait à avoir une activité partielle à Paris pendant que son mari plus âgé jouissait de sa retraite en Provence. Dans la capitale, elle vivait avec son amant également plus âgé, et elle rejoignait son mari en Provence au cours de quelques week-ends prolongés. L'été, l'amant parisien venait aussi vivre avec le couple dans la grande propriété provençale. Véritable ménage à trois. Un été, j'ai été appelé en urgence au chevet de l'amant pour un infarctus auquel il n'a pas survécu. Quinze jours plus tard, Mme Million m'appela, pour son mari cette fois. C'était un accident vasculaire cérébral auquel il n'a pas survécu non plus.

J'ai déploré cette double catastrophe médicale laissant Mme Million deux fois veuve, mais j'ai été ému par la cohésion de ce ménage à trois où le mari n'a pas survécu à la mort de l'amant.

M. Landier m'appelait environ deux fois par mois en pleine nuit pour les crises de sa femme, douleurs lombaires avec contractures majeures. Il s'agissait en fait de véritables crises hystériques que seule une injection intraveineuse de Valium pouvait soulager. Mme Landier, grimaçante et tendue sur son lit, réclamait l'injection salvatrice pendant que son mari assistait anxieusement et silencieusement à la scène selon un rite immuable. Ces visites de nuit me fatiguaient, elles étaient stériles et ridicules et le Valium toxique. Je devais les faire cesser par tous les moyens. Il me fallut quatre années pour dénouer l'intrigue ; à force de questionner indépendamment le mari et la femme, leur histoire déplorable et dramatique m'était progressivement révélée. Depuis longtemps, Mme Landier se refusait régulièrement à son mari, lequel continuait cependant à tenter sa chance dont certaines fois avec plus d'insistance. C'était au cours de ces nuits-là que se déclenchaient les crises d'hystérie. Après cette confession, le couple Landier ne m'a plus jamais dérangé la nuit, mais j'ignore si M. Landier a abandonné ou si Mme Landier a cédé.

Je leur laisse leur pitoyable intimité.

Plusieurs couples moins caricaturaux que celui-ci ont osé me confier leur histoire. Très souvent, la frigidité de l'épouse était une des causes ou des conséquences de la désunion. Le plus souvent, en fouillant bien, on dévoilait l'incapacité du mari, exceptionnellement une impuissance, rarement une éjaculation précoce, mais essentiellement une méconnaissance de l'anatomie féminine. Freud a nié le clitoris, les livres d'anatomie en font une mention discrète, les films érotiques l'ont oublié, pourtant, je témoigne qu'il est présent chez toutes les patientes que j'ai examinées.

17 – Folies

Il fait nuit, il fait froid en ce mois de février. Le téléphone sonne, je n'ai pas envie de sortir de mon lit. Je n'aime vraiment pas les visites de nuit. Aucun médecin ne les aime. Neuf fois sur dix, elles sont injustifiées. Mais on ne peut pas en vouloir aux patients de croire à l'urgence, puisque la médecine elle-même, largement relayée par les médias, cultive ce concept avec soin. Le médecin peut ainsi justifier tous ces retards à ses rendez-vous par un « j'étais à une urgence » qui interdit toute contestation. La télévision abonde de séries à l'eau de rose traitant de l'urgence de nuit. Pourtant, on peut, sans trop exagérer, dire qu'à l'exception des accidents traumatiques et d'une partie de la cardiologie, l'urgence n'existe pas.

L'urgence est toujours plus sociale et morale que médicale.

Mes souvenirs de garde d'externe et d'interne à l'hôpital sont pleins de ces pseudo-urgences que j'appelais « médecine contemplative ». Nous entassions les patients dans les couloirs du service en attendant de les rendre à la vie après la classique « période d'observation ». Délires aigus, bouffées d'angoisse, comas éthyliques, rixes de bistrot, de couple ou de voisins, douleurs ubiquistes, crises d'hystérie, simulations, syncopes, « étouffements », œdèmes et allergies étaient les témoins de la rupture temporaire du cours de leur physiologie. Le médecin devait alors en rétablir la continuité. On observait, on faisait des examens et la nature faisait le reste. Ne rien faire était souvent le meilleur choix. *Primum non nocere* (d'abord ne pas nuire). Apprenons à nos enfants que le garant d'une bonne santé à long terme est de savoir attendre à court terme.

Je laisse encore un peu sonner le téléphone en me demandant quelle détresse se trouve à l'autre bout du fil. Mais on n'échappe pas à son devoir, il faut bien finir par répondre :

— Oui, j'écoute.

— Venez vite au café de la place, docteur, il y a une agitée qui insulte et bouscule tout le monde et qui dit n'importe quoi.

— Êtes-vous bien sûr que c'est le médecin qu'il faut appeler ?

— On a appelé les gendarmes, mais ils ont dit que ça devait être médical.

Décidément, les gendarmes non plus n'aiment pas les urgences de nuit.

L'urgence psychiatrique est la pire de toutes car le patient n'est pas coopérant et son entourage est souvent inefficace. Le médecin est seul encore une fois. Le généraliste évidemment, car le psychiatre ne se déplace pas la nuit. C'est une des caractéristiques de la médecine occidentale, les spécialistes sont des spécialistes diurnes alors que les généralistes sont des spécialistes nocturnes. La spécialité est une question de nycthémère, je suis un polyspécialiste nocturne et un généraliste diurne ou un spécialiste hémi-nycthéméral, comme l'on voudra. Bref, je suis en colère. Je m'habille sans me presser, l'agitée peut attendre.

Les gendarmes avaient raison, c'était bien médical, délire aigu chez une schizophrène connue. Un délire théâtral, somptueux, sans doute aggravé par un peu d'alcool.

Me voyant arriver, elle m'interpelle violemment :

— Espèce de porc.

Après une telle flatterie au saut de mon lit, je me sens peu enclin à une psychothérapie douce, et qui plus est à une « psychothérapie de comptoir » en public, dans ce café où les clients ont levé leur regard lourd, de leurs bocks de bière, pour le poser, interrogateur et amusé, sur notre agitée.

— Calmez-vous, lui dis-je un peu sèchement, convaincu de l'inutilité de mes paroles.

Elle reprend ses injures et ses bousculades sur les clients dont aucun n'ose riposter. La galanterie ne se perd pas en France même la nuit au fond des bouges. Je commence à m'impatienter et suggère que deux gaillards maintiennent la patiente pendant que je lui injecterai un neuroleptique.

— Espèce de porc communiste.

Le ton de l'injure monte, on aborde la politique, sujet de délire courant dans un pays à haut niveau d'éducation civique. Quand le cerveau se fêle, la fracture suit les grandes lignes culturelles : politique, sexe, argent, amour, travail, religion sont les grands thèmes du délire.

— Espèce de porc communiste, va te faire enculer.

Quand je vous dis que ce sont toujours les grands thèmes fondateurs de l'humanité.

— Mandarin sacerdotal.

On aborde maintenant les thèmes du pouvoir et de la religion qui ne sont pas des moindres.

Ma seringue est remplie, deux ou trois gaillards maintiennent la patiente qui se débat de plus en plus, l'urgence va frapper une nouvelle fois, j'en suis le héros nyctalope.

L'extraordinaire se produit alors.

Notre agitée, voyant cela, se calme tout net, ne dit plus un mot, ferme les yeux, devient molle comme une chiffe, au point de glisser des mains de ses porteurs. Je deviens soudain ridicule avec ma seringue pointée vers ce corps sans défense. Catatonie, hystérie, catalepsie, simulacre ou simplement grande fatigue. Je laisse aux psychiatres le soin d'affiner au grand jour le diagnostic de la nuit. L'ambulance alertée arrive, les ambulanciers sont surpris du calme de l'agitée.

Ma seringue est restée pleine, les clients sont retournés à leur bock, j'ai plié ma petite valise pour rejoindre le lit que je n'aurais jamais dû quitter.

L'urgence avait encore frappé.

M. Brindat était fou.

Honte à moi d'utiliser un terme diagnostique aussi peu médical. Je ne connais toujours pas la définition médicale de la folie. Seule la définition populaire me paraît correcte. « Fou à lier » me semble donc être d'une grande exactitude.

La folie de Sapiens est fréquente, car la genèse du cerveau est infiniment plus complexe que tous les processus génétiques qui ont fabriqué l'organe cérébral lui-même. C'est le premier organe pour lequel on peut réellement parler d'épigenèse, car sa maturation se fait en grande partie après la naissance, pendant la longue phase d'apprentissage caractéristique de notre espèce. Imaginez les dégâts que peut causer notre environnement complexe sur un organe en phase de fabrication.

Les généticiens anglo-saxons chercheront encore longtemps les gènes de la folie comme ils ont cherché ceux du crime ou de l'homosexualité. Ils en trouveront, les journaux en parleront. Puis on démentira. Jusqu'au jour où l'on sera enfin convaincu que la génétique ne répond pas à une logique mécanique. L'équilibre entre les gènes est plus subtil. Il y a des gènes qui permettent à d'autres de s'exprimer ou non. Ces gènes régulateurs sont également soumis à d'autres gènes régulateurs et ainsi de suite. Nous venons juste de terminer la cartographie du génome humain. Magnifique victoire scientifique. Mais, nous connaissons les lettres des alphabets depuis moins de cinq mille ans et personne n'a encore compris tous les textes de toutes les langues qui les ont utilisées. Les lettres de l'alphabet génétique écrivent des textes depuis cinq milliards d'années. Alors, il nous faudra encore un peu de temps pour trouver la clé de nos gènes, de notre cerveau épigénétique et de notre folie sociale.

M. Brindat mâchonnait sa pipe du matin au soir, parfois prostré sur une chaise dans sa cuisine, parfois tonitruant dans sa cage d'escalier. Il ne répondait jamais aux questions posées sauf par des métaphores incompréhensibles. Le geste n'accompagnait jamais la parole mais il la précédait ou la suivait.

Même la gestuelle était folle.

M. Brindat ne devait pas avoir toujours été aussi fou, car il avait réussi à épouser une Piémontaise qui lui avait fait deux enfants. J'ai toujours été étonné de la capacité des psychotiques à se marier. La folie avant de trouver son expression définitive peut passer par des périodes d'irrésistible séduction dont il faudrait se méfier. Mais peut-on décemment dire à une jeune amoureuse de se méfier du charme extraverti de son fiancé, car ce charme risque de se transformer en psychose maniacodépressive ? Et peut-on honnêtement dire à un jeune amoureux de prendre garde au charme lascif de sa bien-aimée, car ce charme peut devenir hébéphrénie ?

Pauvre Mme Brindat. Au bout de quelques années, elle avait bien dû se rendre à l'évidence, son mari était irrémédiablement fou. Comme il n'était pas dangereux, il était soigné à domicile à fortes doses de neuroleptiques. Incapacité de travail définitive. Prise en charge à cent pour cent. La vie pouvait suivre son cours. L'intégration de la folie de M. Brindat dans la vie quotidienne de sa famille était quelque chose d'assez fascinant. Les enfants élevés énergiquement par la mère avaient trouvé leur voie, l'un dans le sport à outrance, l'autre dans l'informatique, la mère travaillait aussi, et tous se retrouvaient avec plaisir le soir à la maison autour du père qui faisait, en quelque sorte, partie des meubles. On le chahutait un peu sur toutes les bêtises qu'il disait, il en souriait avec un sourire décalé. Il se rendait utile à de menus travaux ménagers qu'il accomplissait méticuleusement. Quand il rentrait dans une phase tonitruante, sa femme m'appelait, j'augmentais provisoirement la dose de neuroleptiques et tout rentrait dans l'ordre après quelques jours. M. Brindat semblait content, tous semblaient heureux. Tout cela était parfois si étonnant que je me suis souvent demandé si je n'étais pas devenu le complice d'une lourde machination familiale destinée à mettre le père hors jeu. Je pris soin de vérifier mes doutes le plus discrètement possible. Rien. Il n'y avait pas d'héritage faramineux, pas de harcèlement moral, pas d'amant caché. Tout semblait normal.

J'étais en présence d'un cas de folie intégrée.

Comme il y a des plans inclinés aménagés pour les handicapés moteurs, la famille Brindat avait aménagé un environnement familial incliné, pour handicapé mental.

Leur nom de famille était « Maudit », comment peut-on survivre à un tel nom ? Ils y avaient mal survécu. Le fils unique, le père et la mère étaient si gravement névrosés que j'avais fini par avoir peur de leur rendre visite. Leur maison était une lugubre villa des années trente entourée de troènes et de buis, elle sentait le moisi. Le fils attardé au foyer parental bricolait sa voiture du matin au soir, cette voiture était la seule chose qui avait grâce à ses yeux, il considérait que tous les êtres de la terre étaient malveillants et plus particulièrement à son égard. La mère expliquait le monde en fonction de la forme des nuages, des signes du zodiaque, des vapeurs s'échappant de ses casseroles, de la couleur du premier chat aperçu le matin, ou de la forme de sa queue. Tout pour elle était signe, symbole, présage. Le père se plaignait de tous les maux de la terre et les faisait convertir en arrêts de travail mis à profit pour classer d'énormes dossiers qui encombraient son bureau. Dossiers hérités de ses parents également Maudit. Cette famille avait déjà épuisé une quinzaine de médecins, je devais être le seizième à négocier chaque symptôme du père et chaque arrêt de travail. Aucun des trois membres de cette famille n'avait de rapport avec les voisins, lesquels se gardaient bien d'approcher la maison Maudit.

Le plus étonnant était la relative harmonie dans laquelle évoluaient ces trois névroses, assez indépendamment, sans agressivité mutuelle et sans trop d'épisodes critiques, véritables névroses enkystées, asociales, lugubres mais discrètes.

Depuis quelque temps cependant, le père se plaignait davantage, la mère en était agacée et le fils partait plus souvent faire des essais avec sa voiture. Je devais négocier un peu plus durement les jours de congé du père en arguant que son administration allait être alertée par ces congés répétés ; mais apparemment, son administration avait, depuis longtemps, baissé les bras. Le père avait des maux de tête de plus en plus fréquents, que sa femme attribuait aux influences magnétiques. Je le calmais par des antalgiques divers afin d'éviter de nouvelles journées d'arrêt de travail. Il fallait se rendre à l'évidence, depuis six mois environ, tout allait de plus en plus mal. Le père se plaignait de plus en plus, la mère me disait qu'elle ne supportait plus les plaintes de son mari et le fils commençait à tenir des propos agressifs dont je fus une ou deux fois le destinataire. J'avais l'impression de ne plus pouvoir les maîtriser. Je devais absolument réagir pour ne pas me laisser déborder par cette famille de névrosés. Il fallait éviter le drame qui rôdait déjà dans cette lugubre villa. Ma proposition de consulter un psychiatre fut refusée violemment, le fils me traita même d'incapable.

La famille Maudit était en train d'épuiser son seizième médecin.

Un matin, le père m'appelle pour des maux de tête accompagnés de vomissements. Cette fois, les vomissements m'inquiètent un peu. Certes, je n'y ai pas assisté et j'évoque encore un possible simulacre. Mais, ne sachant plus quoi faire pour M. Maudit, je lui propose un scanner, histoire de lui prouver qu'il n'a rien. Ce jour-là, j'ai dû être inspiré par la forme de la queue du chat de Mme Maudit, car on a découvert une volumineuse tumeur dans le crâne de son mari. Un énorme adénome de l'hypophyse, tumeur bénigne heureusement. M. Maudit a été hospitalisé et traité médicalement et chirurgicalement sans aucune séquelle. En quelques mois, les trois névroses ont repris leur cours tranquille. Névroses enkystées mais calmes.

Le diagnostic chez les névrosés est un art très difficile. J'ai regretté que Mme Maudit n'ait pas décelé l'adénome auparavant en regardant la forme des nuages et la couleur des chats et je me suis reproché de n'avoir pas fait ce diagnostic plus tôt. Je suis resté le seizième médecin des Maudit et je regarde toujours très attentivement la queue des chats.

On n'est jamais trop prudent.

Si la famille est parfois délétère pour un patient psychiatrique, les paranoïaques et les maniacodépressif sont dangereux pour leur famille. M. Badon avait déjà fait deux faillites retentissantes au moment où je l'ai connu. Grand, sportif, séducteur, élégant, il s'était entouré d'une foule d'amis dans toutes les sphères de la politique et de la finance en leur organisant des rencontres dans sa propriété. J'appris, par Mme Badon, qu'il avait fait également quelques dépressions sévères dont certaines avec hospitalisation et cures de sommeil. Toute la personnalité du brillant M. Badon me faisait évoquer le diagnostic de psychose maniacodépressive. Il est impossible de convaincre de tels patients de consulter un psychiatre en dehors des phases dépressives de la maladie. Le diagnostic me fut confirmé par un ami psychiatre qui le connaissait.

M. Badon était sur un nouveau projet d'entreprise de construction de piscines individuelles avec une technologie prétendue révolutionnaire. Ce projet était si grandiose par rapport au marché local qu'il était évident que M. Badon entrait dans une nouvelle phase maniaque. Pour Mme Badon, qui était en train de revivre l'enfer qu'elle avait déjà connu, cela ne faisait aucun doute. M. Badon passait cent coups de fil par jour, dormait trois heures par nuit, organisait des soirées grandioses, convoquait la presse pour commencer à communiquer sur son projet. Même les banquiers l'avaient suivi dans ce projet, car ils sont, comme les autres, sensibles à la séduction et ne savent pas faire le diagnostic de psychose maniacodépressive. Le projet semblait sur le point d'aboutir. Mme Badon et ses deux fils étaient exténués par l'hyperactivisme du père, par ses colères subites et ses monologues interminables. Ils redoutaient le pire, mais se laissaient encore parfois aller à l'espoir devant les démonstrations brillantes et convaincantes du père.

L'échec fut retentissant.

Des millions de dettes, des lettres d'insultes. Déménagement en catastrophe suite à la saisie de la maison hypothéquée. M. Badon pouvait alors rentrer dans sa phase dépressive. La dépression fut terrible et après deux tentatives de suicide, il finit par se tuer avec sa voiture de sport sur une petite route de montagne.

Dans les sociétés de primates, pour qu'un mâle soit dominant, il faut l'acceptation de cette domination par les autres mâles et femelles et la certitude du dominant quant à son statut. Toutes les conditions étaient requises pour que M. Badon soit dominant, femmes, politiciens, banquiers avaient accepté sa domination. C'est donc bien lui qui, contrairement au primate dominant, n'était pas mûr pour ce statut.

Sans compter que chez les primates, il n'y a ni banquiers ni voitures de sport.

Mme Badon est venue me voir par la suite, car elle avait lu que la psychose maniacodépressive était héréditaire. Elle était inquiète pour ses deux fils. Que pouvais-je lui répondre ?

Sinon de ne pas croire tout ce que disent les livres.

Si l'héroïsme est proportionnel à la peur vécue, j'ai été héros au moins une fois. Un patient, diabétique insulino-dépendant, suivait mal son traitement et sa maladie se « déséquilibrait » parfois comme on dit dans le langage médical. Sa tête par ailleurs n'était pas fort bien équilibrée non plus, mais cela paraissait plus largement congénital. Malheureusement, sa tête se déséquilibrait toujours un peu plus que son diabète. Le symptôme essentiel en était de redoutables colères qui redoublaient dans l'adversité.

L'adversité, sensation pourtant fort commune, lui fut un jour particulièrement pénible, car il surprit sa femme en flagrant délit d'adultère avec un voisin du camping où ils logeaient de façon permanente. On pourrait reprocher à l'épouse et à son amant un manque de discrétion et à la femme du voisin d'avoir volontairement averti son alter ego cocu pour déclencher la colère attendue et vengeresse. Mais mon propos n'est pas de faire le procès des uns ou des autres, les hommes sont faibles, donc mes patients aussi, auxquels je pardonne toujours tout d'avance.

Voilà notre homme entrant dans une colère folle, saisissant sa femme violemment, prenant ostensiblement sa carabine de chasseur et allant s'enfermer avec elle dans leur caravane où se trouvaient leurs deux enfants. La meilleure idée du gardien du camping fut de m'appeler, tout simplement, puisque j'étais le médecin traitant de tous les acteurs de ce fait divers. Dans pareils cas, d'autres auraient appelé la police ou la gendarmerie, mais il ne faut ni chercher une logique de l'appel urgent ni vouloir délimiter l'immense champ d'action du médecin rural qui peut être appelé pour une insomnie, un conseil, une vache vêlant, un chien dépressif, un fou errant, une pendaison, une main tremblante, une rougeur cutanée, un assassinat, une verrue, une pilule d'urgence, une passion amoureuse, et qui sait, peut-être un jour, pour un raton laveur. Merveilleux métier qui égrène l'humaine diversité sur le chapelet des jours.

Et plus encore !

Me voici donc à la porte de la caravane allumée où l'on aperçoit des ombres agitées et d'où s'échappent des cris d'enfants et des hurlements mâles et femelles. La logique eût voulu que je répare l'erreur du gardien et que j'appelle la police, mais allez savoir pourquoi je me suis englouti à mon tour dans cette incohérence. J'ai brutalement ouvert la porte de la caravane en demandant expressément à mon homme de se calmer pour ne pas aggraver son déséquilibre glycémique. Mots que son état lui empêchait sans doute de comprendre mais qui eurent l'effet, par leur soudaineté, de faire cesser tous les cris, pendant une demi-seconde. Demi-seconde dont profita notre épouse volage pour s'enfuir en courant et en hurlant à l'assassin.

Me voilà, seul, impromptu, acteur de fait divers, entre un père armé en furie et ses enfants muets de terreur.

— Ah, vous avez voulu vous en mêler, docteur, eh bien c'est vous que je vais tuer, dit-il en pointant sa carabine à cinquante centimètres du bout de mon nez, qui quoique gros, n'avait jusqu'à ce jour jamais autant attiré l'attention sur lui.

Hurlement des enfants.

Ce n'est qu'à cet instant et pendant quelques secondes que j'ai réalisé ma folie stupide et suicidaire. Il était dix heures du soir, j'étais fatigué, j'avais envie de terminer rapidement ma journée, j'espérais en finir avec cette visite au plus vite et j'avais sans doute dû ouvrir cette porte sans hésiter. Successions d'actes plus irréfléchis qu'héroïques qui m'avaient conduit à me trouver dans cette situation à la fois dramatique et grotesque.

Les flots d'adrénaline entamaient déjà une longue série de tours de piste, et mes jambes me firent l'effet de ne pas vraiment profiter de ce surplus hormonal. C'est étonnant comme l'on sent bien circuler l'adrénaline dans son corps en pareil cas. On pourrait énumérer un à un tous les organes qu'elle franchit. Mais on a tout de même la désagréable impression que cette hormone, supposée stimuler la merveilleuse machine métabolique de l'organisme en danger, a une action assez désordonnée.

Aucun cri ne sortit de ma glotte. Je ne fis aucun mouvement brusque ou irréfléchi. Simplement, en poussant très délicatement le canon de son fusil, je lui dis d'une voix calme et chuchotante :

— Calmez-vous, votre santé est fragile, je vais vous aider à vous en sortir.

Je ne sais pas pourquoi ça a marché, sans doute parce qu'il ne devait pas vraiment avoir envie de me tuer. Il est redevenu calme et s'est mis à pleurer sur son sort de mari malade et trompé. Il avait retrouvé sa place de patient devant un médecin déterminé à le soigner.

C'est surprenant comme la vie peut redevenir tranquille lorsque ses acteurs restent dans le rôle qu'elle leur a attribué.

On pourrait croire que l'histoire est finie, loin s'en faut, les faits divers sont largement aussi riches en rebondissements inattendus que les thrillers qu'ils inspirent.

Me voilà donc enfermé dans la caravane avec les deux enfants atterrés et notre homme qui manifestement faisait un début d'hypoglycémie. Une demi-heure de discussion pour essayer de lui contrôler sa glycémie, de lui faire une injection pour le calmer. Je réussis à lui faire admettre de poser sa carabine, je lui demande l'autorisation de la jeter par la fenêtre afin de prouver à sa femme qu'il accepte de discuter avec elle.

J'ignorais à ce moment-là qu'il acceptait cela à dessein, pour faire revenir sa femme. Rassuré, mais sans quitter la caravane, car les enfants y étaient encore, je demande aux gardiens du camping et aux badauds attroupés à l'extérieur de retrouver sa femme afin qu'elle vienne récupérer les enfants. La manœuvre sera sans danger puisque son mari n'a plus d'arme. J'ignorais aussi que cet homme était un collectionneur passionné d'armes à feu.

En attendant le retour de l'épouse volage, je constate à regret que son hypoglycémie s'améliore. Il eût en effet été préférable qu'elle s'aggrave pour lui retirer ses dernières forces afin de mieux pouvoir l'hospitaliser.

Longs palabres tant à l'intérieur qu'à l'extérieur de la caravane, vingt, trente minutes, comment se souvenir. Enfin la femme adulée et haïe revient, apeurée...

Je n'ai rien vu, rien compris, en une demi-seconde, il avait ressorti une nouvelle arme d'un placard mural, un pistolet cette fois, et l'avait braqué sur sa femme en l'insultant à pleins poumons. Manifestement prête à toute éventualité, sa femme a encore plus vite fait de disparaître que la première fois.

Bis.

Me voici à nouveau devant le canon d'une arme à feu. La routine.

— Vous voyez, docteur, vous ne pouvez rien faire pour m'empêcher de tuer qui je veux, même vous, dit-il avec un air menaçant.

Hurlements des enfants.

Cette fois, j'ai peur, bien plus que la première fois. C'était donc possible d'avoir encore plus peur que ça. Alors, ma réaction est bien différente, inattendue, inconsciente. Ce n'était sans doute pas moi qui parlais, mais un double enfoui au fond de moi, prêt à surgir pour l'urgence et le drame.

Je deviens d'une subite sévérité doctorale :

— Je ne peux vraiment vous faire aucune confiance, vous cassez toujours tout, vous avez abusé de ma patience, vous refusez mon aide, je m'en vais.

Tout en hurlant ceci et ce disant, je prends les deux gosses par la main et je sors précipitamment de la caravane.

Il a dû lui aussi rester médusé quelques secondes avant de comprendre, car une fois sorti, j'ai encore eu le temps de courir planquer les gosses et de dire aux badauds d'en faire autant. Les gendarmes, appelés entre-temps, arrivaient à ce moment même. Partir.

Quitter ce lieu était mon idée fixe. Mes réserves d'adrénaline étaient épuisées. Je ne voulais même pas connaître le dénouement de l'histoire. Une maison chaleureuse avec femme et enfants m'attendait. Les retrouver à tout prix.

Vite.

L'homme a sans doute dû se calmer et prendre peur, car j'ai appris par la suite qu'il avait été facile de le capturer et de l'hospitaliser. Il s'est enfui de l'hôpital le lendemain et je n'en ai plus entendu parler.

Sylvie Marchand était une femme brune très agréable à regarder dans son ensemble. Dès qu'on l'approchait, toute la séduction fondait d'un coup parce que le regard était terne, la parole monotone, l'âme absente. L'absence d'étincelle annule d'un coup toute la beauté. Schizophrène comme sa mère, elle avait épousé un homme qui n'en revenait toujours pas d'avoir une si belle femme et ne connaissait pas le prix qu'il aurait à payer pour cela. Ils eurent un fils. Les rapports de la mère et de l'enfant étaient catastrophiques, sans âme, sans lien, sans prégnance. Le père ne comprenait rien. J'essayais de lui expliquer l'urgence de participer activement à l'éducation de son fils et de se faire aider de sa famille. Le père se doutait que quelque chose n'allait pas très bien dans son couple, mais il s'enfuyait dans le travail. On ne peut pas tout réussir. Et puis, un travail pour le jour, une femme pour la nuit, un fils entre les deux. N'est-ce pas une réussite conforme à tout ce qu'on lui avait appris ? Le fils est devenu schizophrène, ses gènes avaient conçu un cerveau apte à la schizophrénie, son éducation et l'épigenèse de son cerveau avaient fait le reste. Les chances de ce fils étaient faibles. Le père n'a toujours rien compris.

Il travaille toujours beaucoup

Sylvie Marchand avait une sœur, Corinne, beaucoup moins belle. Corinne avait trois enfants. Dans son regard, on retrouvait l'absence d'étincelle, mais la parole était un peu moins monotone, Corinne avait un soupçon d'âme, la vie l'avait retenue par la manche juste au bord du gouffre de la schizophrénie. Le mari de Corinne me parlait souvent de ses inquiétudes au sujet des antécédents familiaux de sa femme. Je le rassurais, je lui demandais d'être présent, tout le temps, sans interruption. Il comprenait l'importance de son rôle. Les enfants de Corinne vont bien, leur épigenèse a corrigé l'héritage maternel.

Tout n'est pas toujours si simple. On dissertera encore longtemps dans les universités sur l'inné et l'acquis. Pendant ce temps, sur le terrain de l'épigenèse, des parents pragmatiques et des soignants besogneux gagneront des batailles.

Pour rentrer dans la maison du couple Charval, il fallait se frayer un chemin dans le jardinet entre toutes les œuvres artistiques en fers soudés que fabriquait M. Charval. Œuvres modernes de ferraille et d'objets de récupération assemblés pour former des statues monumentales ou des inventions utilitaires comme cette éolienne destinée à remonter l'eau du puits ou cet ascenseur externe pour élaguer les arbres. M. Charval était un maniaque compulsif du bricolage exubérant et de l'invention inutile. Mais c'était bien peu de chose en comparaison de son épouse qui collectionnait tout ce qui passait entre ses mains et l'entassait à l'intérieur de la maison.

Après avoir traversé dangereusement le jardin, il fallait donc franchir la porte d'entrée qui ne pouvait s'ouvrir que des quelques centimètres suffisants pour s'y immiscer en rentrant le ventre, car tous les objets en attente de classement définitif se trouvaient derrière cette porte. Une fois entré, on pouvait distinguer la collection d'abat-jour amoncelés en haut du buffet, la collection de bouteilles en plastique sur les rayonnages du hall, la collection de figurines en plâtre sur des rayons haut placés près du plafond et faisant le tour de toutes les pièces de la maison, la collection de porte-clés sur un panneau d'environ trois mètres carré dans le séjour. Les boîtes de conserve en métal s'accumulaient dans l'escalier qui mène à la cave, alors que l'escalier montant aux chambres laissait un étroit passage de moins de vingt centimètres de large entre des bibelots aussi divers que des animaux empaillés, des lanternes en papier, des bronzes, des jéroboams de vin vides, des sabots de bois, des fers à cheval et tous les objets que mes yeux n'ont pas vus. Bref, tout ce qui se trouve dans une décharge publique, à l'exception des denrées périssables, se trouvait là, chez Mme Charval. Mais là, c'était ordonné. Il y avait le tas des chausse-pieds, le tas des boîtes d'allumettes, le tas des capsules de bière, le tas des *Paris-Match*, le tas des sacs en plastique. Le mari me disait bien que sa femme gardait beaucoup de choses à la maison, mais pouvait-il reprocher quelque chose à cette épouse qui risquait sa vie chaque

…s le jardin en passant sous les machines infernales de …ari ?

…s deux folios névrotiques seraient amusantes si l'on s'ar-… à la description anecdotique de ce capharnaüm. Hélas les perturbations cérébrales étaient plus profondes et plus anciennes. Les Charval avaient un fils qui portait les séquelles d'un traumatisme crânien dont la cause était obscure. Officiellement, c'est en jouant avec le bébé à le faire sauter en l'air qu'il aurait cogné une poutrelle métallique. Le traumatisme avait été si violent qu'il avait entraîné un coma de deux jours. Le fils Eric avait vingt-six ans quand j'ai connu la famille Charval, il faisait des crises d'épilepsie régulières en relation avec son traumatisme et exerçait le métier de berger. Eric Charval, en ayant appris son histoire, et découvert sa famille, avait choisi délibérément la compagnie des moutons. Il avait aussi choisi l'alcool, hélas incompatible avec l'épilepsie. Eric s'est tué en voiture à l'âge de trente ans. L'histoire ne dit pas si c'était l'alcool, l'épilepsie ou simplement l'abandon, trente ans trop tard, d'une vie que ses parents n'avaient pas réussi à détruire du premier coup trente ans plus tôt.

Comme tous mes confrères, j'avais mon lot d'obsessionnels incurables, ceux qui présentaient les fameux TOC (tics obsessionnels compulsifs) un peu mieux soignés de nos jours grâce aux nouveaux antidépresseurs.

Miracle de la chimie qui tartine les synapses des cerveaux déréglés.

M. Marquay se lavait les mains plus de cent fois par jour en essuyant méthodiquement chaque doigt, la face interne, la face externe, le dessous, puis le dessus en vérifiant qu'il ne restait aucune trace d'humidité. S'il apercevait la moindre tache résiduelle, il recommençait l'opération, lavage, essorage, séchage. Aucune autre activité ne pouvait être entreprise avant que le rite ne se soit accompli jusque dans ses moindres détails.

M. Dufour, lui, se rasait le crâne régulièrement, cela lui permettait de se remettre à travailler sur le manuscrit du livre qu'il écrivait depuis vingt ans. A l'inverse de Samson, lorsque les cheveux dépassaient le centimètre, l'inspiration diminuait, il fallait déchirer le manuscrit et recommencer.

M. Rouillat mettait deux heures pour laver la salade feuille par feuille en vérifiant chaque repli du végétal jusqu'à le rendre flétri par la manipulation.

Les enfants de Mme Drevet ne pouvaient pas entrer dans la maison sans s'être entièrement déshabillés afin d'éviter l'introduction de tous les microbes extérieurs. Mme Drevet se nettoyait souvent les mains à la javel jusqu'à provoquer de graves brûlures.

A l'exception des repasseuses ou des javellisantes compulsives, les obsessionnels sont presque toujours des hommes. Leurs épouses ne supportent pas très longtemps de tels fardeaux et s'enfuient soit avec un amant de passage, soit pour toujours. Les maris sombrent alors dans une dépression qui aggrave le TOC.

La nature avait-elle prévu de telles déviations ?

Est-ce l'accumulation d'objets artificiels comme les timbres-poste ou de concepts nouveaux comme les microbes qui dérangent l'homme au point de l'empêcher d'avancer dans sa propre vie ? Heureusement, l'homme est un être charitable qui n'abandonne pas ses obsessionnels dans leurs TOC, il les soigne, les met en invalidité permanente et leur donne des médicaments. C'est encore la chimie qui va nous éviter de chercher à savoir si la cause du TOC est une éducation tortionnaire, un élitisme autoritaire, une brimade, un traumatisme télévisuel, une école inadaptée aux garçons ou une autre cause à découvrir.

La boucle est bouclée, on a un diagnostic : le TOC, une solution provisoire : le médicament, une solution finale : l'invalidité.

Ça, c'est de la bonne gestion.

— Docteur, il faut venir voir mon mari, il dit n'impor quoi.

Mme Pivort n'a pas l'habitude d'appeler pour rien. Avec so mari, ils gèrent leur petite société d'horticulture, ils travailler dur et ne s'en plaignent pas.

— Qu'est-ce qui lui arrive ?

— Je ne sais pas, je ne le reconnais plus, je me demande s'il n'a pas trop bu.

Je connais bien M. Pivort, je ne le classe pas dans la catégorie des buveurs excessifs occasionnels. Aurait-il un très gros problème de couple ou de travail ?

Il faut aller voir ça.

— Bonjour monsieur Pivort, qu'est-ce qui ne va pas ?

— Ils ne me bousculent pas, ça va arriver, ils ne me bousculent pas, ça va arriver, ils ne me bousculent pas, ça va arriver.

— Calmez-vous et essayez de m'expliquer ce qui va arriver.

— Ils ne me bousculent pas, ça va arriver, ils ne me bousculent pas, ça va arriver, ils ne me bousculent pas, ça va arriver.

Mme Pivort intervient et essaie de secouer son mari en lui disant d'arrêter de dire des bêtises

— Ils ne me bousculent pas, ça va arriver, ils ne me bousculent pas, ça va arriver, ils ne me bousculent pas, ça va arriver.

— Allons monsieur Pivort, ayez confiance, je suis là pour vous aider, détendez-vous et expliquez-moi ce qui s'est passé ; avez-vous eu un choc, une émotion ?

— Ils ne me bousculent pas, ça va arriver, ils ne me bousculent pas, ça va arriver, ils ne me bousculent pas, ça va arriver.

Mon diagnostic était déjà fait, M. Pivort était en train de faire une bouffée délirante, une vraie, la plus spectaculaire que j'aie eu l'occasion de voir chez un homme apparemment non prédisposé au délire. Ni sa femme ni moi-même n'avons pu l'empêcher de poursuivre sa litanie, il a continué à dire des centaines de fois :

— Ils ne me bousculent pas, ça va arriver, ils ne me bousculent pas, ça va arriver, ils ne me bousculent pas, ça va arriver.

Il y avait parfois des petites variantes, dans la reprise du souffle ou dans la longueur des pauses entre deux phrases ou entre deux mots. Il y avait parfois des inversions du genre, « ça va bousculer » ou « ça n'arrive pas » ou « ça ne va pas arriver », mais il se rétractait alors et reprenait inlassablement sur le même ton :

— Ils ne me bousculent pas, ça va arriver, ils ne me bousculent pas, ça va arriver, ils ne me bousculent pas, ça va arriver.

Il fallait lui injecter un neuroleptique avant de l'hospitaliser en urgence en psychiatrie. Il a très peu réagi quand je lui ai fait l'injection, sa femme pleurait, elle vivait le drame intense de ne pas reconnaître son mari, d'avoir perdu le contact avec lui. Rien n'est pire que cette séparation des esprits lorsque les corps sont là bien vivants. On imagine difficilement la douleur des proches lorsque le cerveau de l'être aimé ne répond plus aux signaux élémentaires de la vie ensemble. C'est pour cela que la maladie d'Alzheimer, les schizophrénies, les délires sont une douleur terrible pour les proches qui n'arrivent ni à comprendre ni à admettre.

Je n'ai jamais su si cette bouffée délirante avait été déclenchée par un excès de pastis, par un joint de hachisch, par un choc émotionnel ou autre chose. Les psychiatres affirment que cela peut arriver sans raison ; j'ai toujours de la peine à le croire. Ils affirment aussi qu'une seule bouffée délirante dans la vie suffit à porter le diagnostic de schizophrénie. Est-ce pour cela que j'ai appris dans mes livres que la schizophrénie était une maladie assez rare qui touchait moins de deux personnes sur mille, et que l'on dit aujourd'hui qu'elle touche deux et demi pour cent de la population, soit dix fois plus ? Aujourd'hui, depuis que l'on a édité le fameux DSM, outil de classification des maladies psychiatriques, on a le diagnostic psychiatrique plus facile. Le DSM est l'outil normatif le plus « délirant » qu'il m'ait été donné de voir. On y trouve une admirable rigueur scientifique, une extraordinaire somme de connaissances accumulées par l'observation minutieuse des comportements de nos contemporains. On y trouve aussi la plus complexe des poétiques médicales et un grand fouillis de termes non maîtrisés. La lecture en est cependant captivante et très instructive. Ce livre est abondamment cité par tous les visiteurs de l'industrie pharmaceutique, car il est le livre le plus producteur de malades, et rien n'est plus efficace que la création de malades pour générer la vente de médicaments. Le DSM est un merveilleux outil pour les médecins et un extraordinaire instrument marketing pour l'industrie pharmaceutique. La consommation de psychotropes ne fait qu'augmenter dans nos pays dits développés, car tout est prétexte à faire un diagnostic psychiatrique. Les pleurs après un deuil ou un échec amoureux sont une dépression, le conflit avec son patron est une paranoïa, la scène de ménage est un délire de jalousie, la timidité est une inhibition psychotique. Même à l'école, les instituteurs ou les parents demandent des consultations spécialisées pour toutes les têtes qui dépassent ou qui penchent du mauvais côté. Pour tous ces « cas », il est inutile de chercher le remède social par l'amitié, la solidarité, le sport ou le travail puisque l'on a toujours le remède pharmaceutique adapté.

A prendre à vie de préférence.

M. Pivort a été hospitalisé, il est ressorti avec le diagnostic de schizophrénie aiguë et une liste impressionnante de médicaments. J'ai approuvé, car un médecin ne peut pas se permettre de contredire la faculté. Il n'en a ni les compétences ni le droit ni la possibilité intrinsèque puisqu'il fait partie de ce tout médical omnipotent. Seul le patient a le droit de contredire la faculté et je l'encourage vivement à le faire car le patient a tous les droits, toutes les compétences sur son corps. Avec ma bénédiction, M. Pivort n'a jamais pris ses médicaments, il n'a jamais refait de bouffées délirantes, Mme Pivort n'a jamais su ce qui s'était passé.

Moi non plus.

En Provence, on appelait cela « péter les plombs ». M. Pivort a donc pété les plombs.

Mais il avait des fusibles de rechange.

A Bobo-Dioulasso passait le RAN ou Rail Abidjan-Niger, ce train coloré qui relie Abidjan à Niamey et par lequel transitent toutes les poules et tous les cochons du Sahel. De nombreux Burkinabés quittent leur village et utilisent ce train pour aller chercher fortune dans la riche capitale ivoirienne. Lorsque ces travailleurs rentraient au pays avec les poches pleines d'argent et de cadeaux pour la famille, ils s'interrogeaient sur leur vie. Pourquoi aller chercher de l'argent à Abidjan alors que la vraie vie est au pays ? Pourquoi gagner de l'argent qui ne sert qu'à acheter des tas de choses que l'on devra donner à la famille nécessiteuse ? Pourquoi partir chercher la fortune puisque la famille va tout nous reprendre ? Mais comment se passer de retourner voir la famille à qui l'on doit tout ? Devant toutes ces questions existentielles et sans réponse, le cerveau des travailleurs fatigués déconnectait parfois d'avec cette dure réalité. Ils faisaient alors des bouffées délirantes, évacuées sur l'hôpital de Bobo où mon confrère psychiatre les recevait. Nous appelions ces délires la « psychose Abidjan-Niger ». Nous avions constaté que les sorciers et guérisseurs maliens ou burkinabés avaient d'aussi bons résultats sur ces patients que nous-mêmes avec nos médicaments psychotropes. Les sorciers utilisaient tous les artifices de leur métier d'illusionniste pour simplement ramener les patients dans la mémoire de leur enfance, dans leur culture. Car on ne s'évade pas de sa culture sans grandes douleurs.

Par contre, si l'on veut s'évader du DSM et des psychotropes, ils nous rattraperont toujours, car les sorciers « chimiâtres » et les gourous pharmaciens ont une force de conviction bien plus grande que les sorciers burkinabés.

Moins poétique certes, mais financièrement plus efficace.

Mme Verdon était la plus grande hystérique du département, les psychiatres la connaissaient bien, aucun ne l'avait maîtrisée.

Si la folie nous fascine, c'est parce qu'elle ouvre la porte sur l'inconnu, ce monstre cérébral que n'aurait jamais pu inventer aucune fiction. Seul le bricolage de l'évolution pouvait aboutir à une telle instable complexité. Mais c'est aussi parce que la folie est souvent théâtrale, voire distrayante, tache rouge sur le gris de la dérision quotidienne.

Mme Verdon avait une véritable hystérie comme on n'en voit plus depuis les fabuleuses descriptions du docteur Charcot. Ce n'était pas une hystérie de supermarché avec des évanouissements mesquins et dépourvus d'intensité dramatique. Non, Mme Verdon avait de vraies pertes de connaissance à faire pâlir les jeunes internes du service des urgences. Ils me téléphonaient, lorsqu'ils découvraient mon nom de médecin traitant dans son calepin.

Je me rendais alors aux urgences, et tel un dieu de l'Olympe, je prononçais le mot qui réveillait la morte. Ce n'était pas un mot magique, mais des phrases de la plus consternante banalité : « J'ai eu des nouvelles de votre amie Béatrice, elle va bien » ou bien « J'ai vu votre chien sur la route l'autre jour » ou encore « On m'a dit que vous aviez mis le feu à votre cuisine ». J'ignore si c'était le son de ma voix ou l'évocation des petits faits de sa vie quotidienne qui ramenait Mme Verdon à la réalité, mais le truc marchait toujours et les internes me considéraient avec un mélange de mépris pour mon empirisme et d'admiration pour ma sérénité.

Mme Verdon avait une véritable paralysie des deux membres inférieurs qui pouvait durer des mois. Elle utilisait une chaise roulante que je lui avais prescrite cérémonieusement. Je n'essayais même pas de la faire marcher, car toutes mes tentatives avaient lamentablement échoué. Je pouvais la sortir de son coma, mais pas de sa paralysie. Mme Verdon avait trouvé un mode de relation au monde et à la médecine qui lui convenait. Il aurait sans doute fallu faire revenir Freud pour la soigner, car elle refusa toutes mes propositions d'autres psychanalystes. Ce n'était tout de même pas ces petits psychiatres de quartier qui allaient résoudre son drame personnel.

Mme Verdon n'était pas n'importe qui.

Bengala mendiait devant le bureau de poste de Bobo-Dioulasso. « Bengala », en bobo, ça veut dire « pénis ». Il devait son surnom à cette manie qu'il avait d'exhiber son énorme sexe à tous les passants. Parfois, le sexe était mal dissimulé sous un pagne déchiré, parfois, il s'exhibait, mais sans véritable ostentation. Les passants lui jetaient une pièce de temps en temps, ils riaient sans méchanceté. Quelques femmes parfois l'engueulaient en lui disant de cacher son sexe qui faisait peur aux enfants. La police le laissait en paix, les médecins l'ignoraient. Le cerveau de Bengala s'était débranché depuis longtemps, son unique lien social consistait à trouver assez d'argent pour manger. Dès qu'il l'avait trouvé, il cessait toute activité et il attendait que le temps coule dans son corps sans le déranger. Dès que son corps avait faim, le cerveau de Bengala lui disait de retourner mendier.

Bengala était-il fou comme un animal qui n'utilise son cerveau qu'à sa survie ou sage comme un homme qui refuse le superflu ?

J'ai fait l'expérience un jour de lui donner assez d'argent pour qu'il ait de quoi manger pendant huit jours. On ne l'a pas vu devant le bureau de poste pendant huit jours.

Il était donc aussi sage qu'un animal qui n'utilise son cerveau qu'à sa survie et aussi fou qu'un homme qui refuse le superflu.

Ou l'inverse, peu importe.

Epilogue

Je viens de réaliser un rêve d'enfant.

Le loup de Tasmanie, l'un des rares marsupiaux carnivores de la création, a disparu définitivement, il y a environ un demi-siècle. Enfant, dans mes livres d'animaux, il y avait des photos de cet animal mythique. Ces photos me faisaient rêver, ce loup bizarre, au pelage rayé, vivait dans le pays le plus éloigné du nôtre, la Tasmanie. Pays inaccessible, animal presque disparu dont certains pensaient qu'il pouvait rester encore quelques spécimens. Enfant, je rêvais d'être un jour l'explorateur découvrant ce pays et cet animal.

J'arrive de Tasmanie.

Nos amis rencontrés en Afrique quelque vingt ans plus tôt étaient souvent venus nous voir en France, mais nous n'avions jamais fait le voyage pour leur rendre visite. L'envie de garder intact mon rêve d'enfant.

C'est devenu presque trop facile d'aller en Tasmanie. J'ai pris l'avion plus de cent fois. Je ne m'habitue pas, je reste fasciné comme un enfant par cette prouesse technique qui consiste à faire décoller une masse métallique de plusieurs tonnes, gavée de kérosène, avec une sécurité quasi absolue pour les trois cents passagers à bord. Nous avons revu nos amis tasmaniens avec un immense plaisir. Les merveilles technologiques comme le téléphone, le fax, l'e-mail vont protéger notre amitié internationale.

J'ai réalisé un rêve d'enfant.

Je suis devenu médecin. Mais le rêve n'est pas encore achevé.

Sylvianne Marguet revient me voir.

Elle a les résultats de son IRM. Je suis fasciné. L'intérieur de son corps et les détails de son cerveau m'apparaissent avec plus de précision que sur les dessins de mes livres d'anatomie. J'avais suspecté une sclérose en plaques. L'image par résonance magnétique de son cerveau confirme, hélas, le diagnostic. On voit réellement les plaques qui sont en train de ronger son système nerveux. La technologie de l'IRM est stupéfiante.

Sylvianne Marguet regarde les images avec moi. Elle me demande si sa maladie est très grave, si elle est très évoluée, comment cela a pu arriver, pourquoi à elle, si elle souffrira, si le pronostic est mauvais, si elle peut encore avoir des enfants, si les traitements sont efficaces, si on a découvert de nouvelles choses sur cette maladie, où se trouve le meilleur spécialiste, si les traitements vont la fatiguer, si elle doit continuer à travailler, si elle peut continuer à vivre à Lyon, si elle doit aller dans un pays plus ensoleillé, si on est vraiment bien certain du diagnostic, s'il n'y a pas de nouveaux médicaments aux Etats-Unis qui ne sont pas encore commercialisés en France, si c'est dû à un virus, si c'est un cancer...

Sylvianne Marguet attend mes réponses.

Je tiens encore les images magnifiques de son cerveau dans mes mains. Je réalise que je n'ai aucune réponse précise à lui donner, je n'ai sincèrement plus rien de vraiment sensé à lui dire. J'étais pourtant si content d'avoir une confirmation de mon beau diagnostic grâce à ces images parfaites, fleuron de la technologie moderne. Les progrès scientifiques et techniques des hommes sont si stupéfiants que j'ai aussi failli me laisser griser sans réfléchir.

L'Airbus qui m'a conduit en Tasmanie a très bien rempli son contrat pour m'apporter le confort dans ma recherche de plaisirs superflus. La parfaite IRM de Sylvianne Marguet n'a rempli qu'une toute petite partie du contrat dans la recherche d'une indispensable vérité.

Là se situe l'essentiel de la problématique du progrès médical. Le corps et l'esprit, le « soma » et la « psyché » ne sont pas encore réductibles à la technique comme le sont la pesanteur et les distances.

Il faut à tout prix aider Sylvianne Marguet.

Je l'adresse à un éminent spécialiste. Dans sa détresse, Sylvianne a besoin d'autorité. Ce professeur saura la rassurer, il sera plus péremptoire, plus dogmatique. Je réalise pourtant qu'il ne pourra même pas répondre au quart des questions de Sylvianne. Mais ce professeur a l'interféron dans sa poche. L'interféron, c'est l'espoir, c'est la révolution du jour, c'est la clé d'une possible guérison. L'interféron n'est pas seulement le secours de Sylvianne, c'est le soutien moral du professeur et de ses élèves, car sans sa foi en la science omnipotente, le professeur n'aurait plus de raison d'être.

Moi non plus.

Avec la même fascination que pour le décollage de mon Airbus, je regarde passer les antibiotiques, le scanner, la cortisone, l'IRM, l'interféron, la carte génétique, les greffes, les angioplasties, l'endoscopie, les nouveaux antiviraux, les prothèses, l'anesthésie péridurale. J'ai bien acquis la certitude que ces progrès de géant ont aidé des individus et retardé des morts individuelles.

Puis je prends ma calculette de petit gestionnaire et je compte.

Chaque année, des dizaines de milliards de plus investis dans la santé.

Chaque année, une progression impressionnante de la tuberculose, des troubles psychiatriques, de l'addiction. L'émergence de nouveaux virus (hépatites, sida). La naissance d'une nouvelle classe d'agents pathogènes (prions). L'explosion des allergies et des maladies respiratoires. La constance des cancers. La progression de la pathologie iatrogène.

Enorme progression des investissements et des frais de fonctionnement pour une santé publique qui ne progresse plus, voire qui se dégrade. Aucune entreprise ainsi gérée ne survivrait. Jamais elle ne serait cotée en Bourse.

Une première erreur courante est de désigner la médecine comme responsable des progrès passés de la santé et de la longévité. Mais ce serait une deuxième erreur de la désigner comme coupable de la progression de la morbidité que je viens d'évoquer. Alors, la médecine n'aurait-elle aucune influence sur les fluctuations de la morbidité, de la mortalité et de la longévité ? Je pense que c'est presque vrai. A l'exception des vaccins, la médecine a eu très peu d'influence sur la santé publique et elle continue à en avoir très peu. Ce sont les progrès techniques, les progrès d'hygiène et de modes de vie qui ont augmenté la longévité et le niveau général de santé. Ce sont les progrès techniques, les modes de vie, les évolutions démographiques et écologiques qui vont façonner le futur de la santé publique.

Mais qu'a donc fait la médecine ?

La médecine a créé le fabuleux marché de la santé individuelle avec ses immenses succès et plaisirs individuels. Le même plaisir que celui que j'ai à prendre mon avion pour aller rejoindre mes amis en Tasmanie. Je suis un heureux consommateur du marché des voyages et des communications aériennes.

La médecine va peut-être soulager ou guérir Sylvianne Marguet de sa sclérose en plaques, j'en serai heureux pour elle et sa famille, elle sera une heureuse consommatrice de la médecine. Ça me fascinera comme le décollage de l'Airbus, mais ça ne m'impressionnera pas, tant que tout un pan de la médecine, celui de la santé publique, sera négligé.

Que faire de plus pour réorienter la médecine vers la santé publique, sinon de l'écrire pour alerter les bobologues et leurs patients.

Il est illusoire de vouloir réformer significativement un système en marche, c'est le système lui-même qui est lentement autoréformateur ou autodestructeur. L'évolution des sociétés et des cultures suit des lois darwiniennes. Le cheminement des sociétés ne se calque jamais sur les cheminements intellectuels des grands réformateurs. Seuls les patients sauront décider de leur propre avenir.

Puisque ce sont déjà eux qui m'ont tout appris.

Kalumba m'a appris que l'on peut parfois décider de ne pas mourir. La voisine aux chats m'a appris que le malheur se transmet souvent, mais le fils Charzelle m'a appris qu'avec une volonté farouche, on pouvait en rompre l'hérédité par la résilience. M. Lassale m'a appris à interroger le silence. Rose Dalband m'a démontré qu'aucun savant (même de Marseille) n'était maître du pronostic de la stérilité. L'enfant mort-né de Mme Lucenet et la vessie de M. Lornant m'ont révélé la douloureuse solitude du médecin. Le cas du docteur X m'a confirmé que les patients ont bien la médecine qu'ils choisissent. La famille Desautier m'a révélé que l'humanité n'est pas encore prête pour le grand pas de l'euthanasie. M. Barbier m'a enseigné le traitement pataphysique. J'ai découvert grâce à Mme Fantoni, que la science traumatologique de Cro-Magnon était peut-être déjà efficace. Mes ivrognes pathétiques m'ont montré le difficile combat contre l'angoisse existentielle. Le père Daubert m'a fait croire en la résurrection des corps hystériques. Mme Bergasse n'a pas réussi à me faire lever le soleil, mais à mieux le considérer. Pauline Reboulet et Mathilde Brochot m'ont rappelé la diversité de l'espèce. Les poissonniers m'ont enseigné la psychothérapie sociale. Le chef du clan Degaltieche m'a troublé dans mes convictions. Mme Duvergne m'a révélé ma patience, un diabétique armé, mon héroïsme.

J'ai découvert l'asthme grâce à José Loringuez, la colère impuissante devant la mort de Martin Gasparini, la sagesse grâce à Bengala et à toute l'Afrique, la baguette magique grâce à M. Terneuf, la mort lucide grâce à un Hollandais. J'ai reconsidéré les accidents de la route grâce à Manuel Spica et la retraite au soleil grâce au couple Joyeuse et au couple Carret.

Les de Champavier et une Américaine en Chine m'ont appris la force biologique de l'enracinement culturel. Les réalités éthologiques des vieux couples m'ont démontré une possible monogamie sociale. La famille Maudit m'a appris à regarder la queue du chat. Monsieur Pivort et sa famille m'ont appris la fragilité et la docilité du cerveau de Sapiens. Raoul Destournes, le forgeron, m'a convaincu de l'impérieuse nécessité de se dire « bonjour » tous les jours. M. Friedrich et Alice ma remplaçante m'ont appris l'insidiosité de la mort. Une mère piémontaise et son monotest m'ont appris la pédagogie primaire.

Je dois tant à mes patients et à leur histoire vraie qu'il me faut aussi les emmener sur l'île déserte hypothétique de l'essentiel médical. J'avais déjà mentionné les vaccins et la chirurgie traumatologique (celle de Cro-Magnon suffisait peut-être). Avant la médecine, il y a eu l'hygiène qui peut se résumer à l'eau et au savon. Il ne manque plus que de quoi calmer les douleurs et l'agonie avec l'une des plus extraordinaires découvertes de la médecine qui est la morphine. Donc, c'est bien décidé, sur mon île déserte avec ma famille et mes amis, je n'emmènerai que l'indispensable médical : le savon, les vaccins, la traumatologie de Cro-Magnon, la morphine et l'histoire de mes patients.

Mais ce serait me faire un injuste procès que de me reprocher de rayer d'un trait tout le reste de l'histoire de la médecine et de la santé. Le reste est indispensable, mais pas à la santé, seulement à l'histoire des hommes condamnés au progrès, des hommes condamnés à la croissance et à la consommation, condamnés à la science par la fragilité de leur corps et l'hypertrophie d'un cerveau bricolé pour y remédier.

Cette histoire m'est tellement indispensable que j'espère que Sapiens n'abandonnera jamais son bobologue.

Je remercie Marie Marthe Montignies, Suzanne Carle, Odile, Yvonne Feleppa, Yannick Bonzom, Robert Leins, Maxime Berrée, Max Lafont et Manz'ie pour leur relecture.

L. P.

Table

EXTRAIT DU CATALOGUE

Matthieu Baumier	*Une matinée glaciale*
François-Xavier Bellest	*L'amour caméléon*
Eric Bénier-Bürckel	*Un prof bien sous tout rapport*
Valérie Clo	*Papa bis*
Jean-Christophe Dollé	*L'oreille absolue*
Olivier Dony	*Léon tête de con*
Jean-Claude Emion	*Un père... et manque*
Frédéric Garrigoux	*Impérial !*
Amor Hakkar	*La cité des fausses notes*
Béatrice Hammer	*Cannibale Blues* *Lou et Lilas*
François Labraise	*Le festin des langoustes*
Eric Le Braz	*L'homme qui tuait des voitures*
Manz'ie	*Répertoire pour un Piaf masculin*
	En bas de la mer
Pierre Pelot	*La piste du Dakota*
Luc Perino	*Le bobologue*
Franck Resplandy	*Ex Corpore*
David Rimbault	*Skelly*
Patrice Robin	*Graine de chanteur*
Marc Salbert	*Compte à rebours*
Marie-Ella Stellfeld	*Plastic instinct*
Elodie Thivard	*Tous des anges*
Alain Wegscheider	*Mon CV dans ta gueule*
	Ni Dieu ni Coca

www.editionspetrelle.fr

Matthieu Baumier, *Une matinée glaciale*

1946 : l'Allemagne nazie a gagné la guerre. Le monde nouveau n'est plus une chimère mais une réalité en construction. La doctrine de la lutte des races est un rouleau compresseur qui annihile le passé et l'homme nouveau. Le général von Harlo nous guide, l'espace d'une matinée, à travers les sordides arcanes d'un univers glacial. Il gère, réorganise, le territoire dont il est le gouverneur après la Grande Décision. Sans voir ce qui se profile à l'horizon... Il est aussi père de famille... Une nouvelle génération de jeunes cadres apporte des idées neuves... Peut-on se taire quand l'Humanité ne se méfie pas assez des lendemains qui déchantent ?

L'auteur : *Matthieu Baumier, né à Paris en mai 68, est enseignant et a publié de sombres nouvelles dans différentes revues littéraires.* Une matinée glaciale *est son premier roman.*

François-Xavier Bellest, *L'amour caméléon*

Franck est nègre. Son talent lui permet de transcrire, avec le vocabulaire de l'auteur, les désirs des uns et des autres. Devant ce tempérament de caméléon, un de ses éditeurs lui demande de travailler principalement pour Alexandre Dupuis, auteur à succès. Franck écrit aussi pour son propre plaisir. Il soumet son manuscrit à Alexandre qui s'approprie le roman, fiction sentimentale de la vie de Franck. Après avoir fait le deuil de sa disparition, il apprend que l'auteur est homosexuel et amoureux de lui. De rage, il décide d'aimer Alexandre pour récupérer son texte. Franck pénètre un monde étrange, accaparant et envoûtant, et découvre à son tour l'amour.

L'auteur : *François-Xavier Bellest, né à Rouen en 1961, a été le nègre de grands auteurs dont on ne peut révéler les noms. Il signe ici son premier roman.*

Eric Bénier-Bürckel, *Un prof bien sous tout rapport*

« ... Et l'air de rien, continuant à débiter son baratin sur Spinoza, je m'approche d'elle, promenant discrètement mon regard sur ses deux roberts monstrueux qui me narguent depuis le début du cours. Ils écrivent sous ma dictée, main écrasée sur le cahier, stylo qui court à toute vitesse sur le papier, ils ne me regardent pas, je suis tout près d'elle, je me penche légèrement. Hume son parfum sucré, ambré, Trésor de Lancôme sans doute, ça daube, je ferme à moitié les yeux, je renifle, je soupire, je sens une vague érection m'étreindre la bite, je ne me rends même pas compte que j'ai cessé de parler, ils lèvent les yeux, ils me regardent comme si j'étais une bête curieuse, comme s'ils me voyaient pour la première fois, elle me regarde aussi, je souris vaguement, elle ne sourit pas, je pense : salope... » La tête dans la philo et les mains dans le sang, ainsi est le personnage de ce récit halluciné à l'écriture clinique et explosive.

L'auteur : *Eric Bénier-Bürckel est né en 1971. Il confesse un goût prononcé pour la musique techno et les nuits festives.* Un prof bien sous tout rapport *est son premier roman.*

Valérie Clo, *Papa bis*

« Aujourd'hui est un grand jour. J'ai rendez-vous avec mon nouveau père... De loin, je vois l'homme, brun, adossé à une BMW jaune canari. Je comprends alors le choix de ma robe. Je suis assortie à la voiture de mon nouveau père et ça nous fait, du coup, un sacré point en commun. Il me dit que j'ai une robe terrible et des yeux... Malgré les compliments, ma mère ne semble pas du tout détendue... Sans rire, il faut toujours qu'elle trouve des situations pas possibles à m'imposer. Après tout, ça existe des femmes sans hommes... » Valo, ado fragile qui se trouve moche et peu aimée, entraîne tambour battant le remplaçant indésiré dans une danse du chat et de la souris.

L'auteur : *Valérie Clo effectue ses premiers pas professionnels dans l'audiovisuel. A trente ans, elle publie* Papa bis, *son premier roman.*

Jean-Christophe Dollé, *L'oreille absolue*

Sans mère, obèse et sensible, Romain n'est évidemment pas un garçon heureux. Méprisé par les autres enfants et choyé par sa famille, il se réfugie à l'intérieur de son propre univers : un monde dans lequel les sons fabriquent des images. Et puis un jour, son oncle musicien comprend qu'il possède un don exceptionnel, l'oreille absolue, et lui apprend le solfège. Alors, quand Romain devient sourd, seul le pouvoir de son imaginaire et la musique qui l'habite lui permettent de s'évader. A sept ans, il compose son premier opéra et devient, plus tard, un chef d'orchestre fascinant... inspiré par la muse de son enfance. Son salut passera par un acte de folie à la démesure de son génie intuitif.

L'auteur : *Jean-Christophe Dollé a vingt-neuf ans. Il partage sa vie entre Paris et la Drôme. Comédien, il écrit aussi pour le théâtre.* L'Oreille absolue *est son premier roman.*

Olivier Dony, *Léon tête de con*

Asocial, anar, misanthrope, mauvais fils, amoureux déçu, amant invivable, ami irascible, débiteur chronique, gastronome colérique, desperado authentique... oui, Léon est un peu tout ça. Une vraie tête de con, qui râle, qui gueule, qui engueule, qui dénonce, qui fustige. Il n'aime plus la vie, il a raté la sienne ? Qu'à cela ne tienne, un beau matin il se lance et balance à la face du monde son ultime défi : réussir sa mort. Pris d'une frénésie boulimique et ravageuse, il écrit coup sur coup les dix-neuf lettres qui lui permettront de tirer sa révérence la conscience légère et le cœur libre. Sa mère, ses amis d'enfance, la femme qu'il a fait avorter, son banquier, les pâtes alimentaires (son plat préféré !) ... nul n'est épargné.

L'auteur : *43 ans à l'état civil, 25 ans d'âge mental, Olivier Dony s'est juré de vivre 150 ans pour réaliser tous ses projets. Architecte de formation, il passe dans l'audiovisuel dix années qui se soldent par un gigantesque ras-le-bol. S'ensuivent chômage, RMI, colères, idées noires : bref, tous les ingrédients pour qu'il signe aujourd'hui* Léon tête de con, *son premier roman.*

Jean-Claude Emion, *Un père... et manque*

Je m'appelle Miller et j'ai été mis en examen. Une sale affaire. Surtout pour la carrière de mon procureur de père. Je trouve la psy que le juge d'instruction a désignée assez plaisante. Malgré mes réticences du début, j'en suis arrivé à apprécier nos entretiens. Elle prétend que je suis un client difficile. Mais je finis par lui raconter ma vie. Tout ce que j'ai sur le cœur ; depuis mon enfance, tout y passe, et les personnages respectables de mon entourage se retrouvent à barboter dans un monde qui est loin d'être aussi propre qu'ils aimeraient le faire croire...

L'auteur : *Jean-Claude Emion est scénariste et dialoguiste. Son film* Crazy Jungle *a été diffusé sur Canal +. Il signe ici son quatrième roman.*

Frédéric Garrigoux, *Impérial !*

Mais qu'est-ce qui pousse Curtis à braver les puissants, à se battre contre la Flotte espagnole, à parcourir les océans ? Le goût du danger, l'amour de l'aventure et l'amour tout court ! ! ! Joueur de cartes le plus doué de sa génération, Curtis quitte Londres pour fuir le puissant sir Thomas, déshonoré publiquement lors d'une partie truquée. Il laisse derrière lui Emily, l'amour de sa vie. Devenu en quelques années le contrebandier et le flibustier le plus redouté du Golfe du Mexique, Curtis se retrouve face à son grand ennemi dont la fille Emily est mariée et mère d'un enfant : le sien. Une guerre personnelle entraîne les deux hommes à la vie à la mort, car l'ancien petit voyou au grand cœur a pris fait et cause pour sa Reine, alors que sir Thomas, traître sans âme, abandonne la Couronne pour sa seule gloire et fortune... Récit de la quête d'un amour et finalement du salut dans l'aventure ; passionné, rebelle, impérial, Curtis traîne derrière lui une odeur de poudre à canon.

***L'auteur :** Frédéric Garrigoux, 24 ans, est étudiant en droit et lauréat du Concours du premier roman d'étudiant francophone 2000.*

Amor Hakkar, *La cité des fausses notes*

Père, pousseur de brouettes de sable. Mère, artiste de couscous et faiseuse de gosses à répétition. Amor apprend la vie du haut de ses dix ans. Quand il rencontre Denis, un gosse d'une autre cité, ils tirent des cagettes et fabriquent ensemble des vélos pour aller plus loin que le bout du chemin qui conduit à l'école ou au tiercé... Arabes, gitans, Français se côtoient sur une partition métissée où seules les notes de la joie de vivre ne sont pas faussées. La générosité, Amor la découvre sous le corsage des filles. Eveil à la sensualité, *La cité des fausses notes* est le roman d'un berbère franc-comtois.

***L'auteur** : Amor Hakkar est né en Algérie en 1958. Il a grandi et vit toujours à Besançon. Il s'intéresse au cinéma pour lequel il écrit de nombreux scénarios et réalise* Sale temps pour un voyou, *son premier long métrage.* La cité des fausses notes *est son premier roman.*

Béatrice Hammer, *Cannibale blues*

Mais qui est Joseph, ce docteur en sciences politiques, fils de ministre assassiné, qui se fait embaucher comme boy par Ramou, jeune Français fraîchement débarqué en Afrique ? Que cherche-t-il en s'introduisant ainsi dans le petit monde des coopérants ? Travaille-t-il pour la Sûreté, comme on le murmure sur la colline ? Poursuit-il des desseins plus personnels ? A quel jeu cruel va-t-il se livrer sur son « petit maître », dont l'enthousiasme et la naïveté le ravissent ? C'est ce que Fortunata, la « Vénus africaine », langoureusement installée sur sa banquette du Tam-Tam noir où elle sirote son cocktail préféré, a entrepris de découvrir. Ce portrait au vitriol des rapports entre Occidentaux et Africains est brossé avec autant d'ironie que de bonne humeur.

Béatrice Hammer, *Lou et Lilas*

Lilas vit avec Paul. Elle a trente ans. Elle est heureuse. Un jour, Paul lui dit qu'il souhaite un enfant. Mais Lilas n'en veut pas : elle n'a pas la fibre à ça, sa vie est bien assez remplie. Pourtant, un jour, Lilas changera d'avis...
Lou et Lilas est l'histoire d'une révolution : celle qui survient dans la vie d'un

couple à l'arrivée du premier enfant. Tendre, pudique et touchant, ce récit singulier prend sous la plume de Béatrice Hammer des allures de conte universel. Il bouscule ceux qui rêvent d'être parents et ceux qui se sont juré de ne jamais le devenir.

L'auteur : *Béatrice Hammer partage son temps entre l'écriture et la recherche en sciences sociales. Elle a publié* La Princesse japonaise *(Critérion),* Cannibale blues *(Pétrelle) et* Soleil glacé *(Le Serpent à Plumes).* Lou et Lilas *est son quatrième roman.*

François Labraise, *Le festin des langoustes*

Ce bout de siècle part en eau de boudin : les sans-abri se réfugient dans les palaces, des caméras pirates épient tous vos secrets d'alcôve et la finance internationale investit dans l'industrie de la luxure... Piégé par tout ce fourbi, Bart se voit tromper par sa femme en direct télévisé. Entre « tabouret des bars et canapé des psys », il traîne sa rancœur jusque sur l'île de Caprice, le premier parc d'attractions pour adultes. Sur cette île de tous les fantasmes, la faune locale (lesbiennes sanguinaires, intégristes corrompus, crapules ordinaires et autre tronçonneur de jolies filles) saura lui réserver quelques croustillantes distractions...

L'auteur : *Il y a fort à parier que François Labraise a fait les quatre cents coups avant de risquer celui-ci. Mais aujourd'hui, rangé des voitures, platement monogame et socialement intégré, il mène une vie sans rapport avec ce récit.* Le festin des langoustes *est son premier roman.*

Eric Le Braz, *L'homme qui tuait des voitures*

On l'appelle l'écolotueur, le cyclokiller, le tueur de conducteurs... Mobile et furtif, sur sa monture à deux roues, il sème ses poursuivants et se fond dans la nuit de Paris.
Pour quel motif le grand Nicolas s'en prend-il aux voitures ? Est-ce un vengeur ? Un justicier ? Un monstre ? Flics, journalistes et internautes s'unissent pour abattre la bête qui, jour après jour, inspire des disciples à vélo ou en rollers, manipule les médias, transforme les chasseurs en complices, les complices en délateurs pour, finalement, s'attirer la sympathie des foules. Jubilatoire, ce récit épistolaire et multimédia dérange la conscience des automobilistes que nous sommes.

L'auteur : *Eric Le Braz est né à Paris. Il est directeur de la rédaction du magazine* Rebondir. *Il roule à vélo dans Paris depuis qu'il a perdu son permis de conduire.*

Manz'ie, *Répertoire pour un Piaf masculin*

Voici les textes rêvés d'un chanteur inconnu, arpenteur de bitume à l'identité bancale. Anar poète au cœur trop grand pour la petitesse routinière, il rêve sa vie et vit ses rêves, décroche d'une réalité de carnaval qui ne colle pas à ses désirs. Ivresse, drogue et sexualité sont le pain quotidien de cet homme errant à la recherche de lui-même. Dans une langue française qu'il s'approprie, renouvelle et modèle, le chanteur travesti transcrit la géographie des sentiments de ceux qui peuplent son univers avec une virtuosité proche de l'improvisation des musiciens de jazz. Ce(tte) roman(ce) constitue la profession de foi détraquée et poétique du personnage fondateur qui inspire *En bas de la mer* (Pétrelle) et *La Fille du Grand Rabbin de l'éternité* (Verticales) : vingt ans d'écriture qui bouclent la trilogie « La Fille du Rabbin ».

Manz'ie, *En bas de la mer*

Janvier, l'Asiate ou le Mongol, ainsi se nomme celui qu va nous raconter sa famille hétéroclite, son arche de Noé débraillée où se mélangent en un chœur immense les religions, les sexes et les cultures. La marée, il l'a dans le cœur, inspirée par Saxophone-Sax, le chanteur ami (et compositeur fantoche du *Répertoire pour un Piaf masculin*) qui émerveille la grand-mère et les tantes, le père et les oncles, tous ces déracinés magnifiques de folie ordinaire. Alors, pour faire revivre leurs voix, Janvier se travestit et endosse le rôle des uns et des autres, s'appropriant leur langue pour mieux restituer leur mémoire. Avant de céder la place aux textes de Sax égrenés de bistrot. *En bas de la mer* constitue le deuxième volet de la trilogie « La Fille du Rabbin », née avec le *Répertoire pour un Piaf masculin* (Pétrelle) et achevée avec *La Fille du Grand Rabbin de l'éternité* (Verticales) : vingt ans d'écriture et une œuvre unique.

L'auteur : *Manz'ie a vécu plusieurs vies qui défient toute tentative de biographie. Poète alchimiste et maître absolu de la puissance des mots, il a construit une œuvre singulière et riche fondée sur un style inimitable et des obsessions hors normes.*

Pierre Pelot, *La piste du Dakota*

La guerre de Sécession s'achève. La « reconstruction » commence, difficile et chaotique. Deux mille têtes de bétail quittent les pâturages secs de l'Arkansas du Sud pour le Pays de l'herbe verte du Nord-Dakota. Parmi tous ces sudistes vaincus, Brad le nordiste et son compagnon indien, Attowack, prennent la Piste du Dakota pour conduire cette transhumance infernale et rentrer au pays. Cette chevauchée extrême, dans des paysages grandioses, est rendue plus périlleuse encore par les pièges que leur réservent la nature et les hommes sans parler de ce bétail qu'un rien rend fou. Pierre Pelot, du haut de ses dix-neuf ans, nous donne une belle leçon d'humanité avec ce premier roman. *La Piste du Dakota* plaide en faveur de la fraternité, de l'Aventure et de l'Amitié avec un grand A.

L'auteur : *Pierre Pelot est né et vit toujours dans les Vosges. La conquête de l'Ouest a été l'une de ses premières passions. Ses ouvrages se comptent par dizaines, dans tous les domaines : romanesque, noir, fantastique. Il publie depuis quelques années la saga préhistorique* « Sous le vent du monde ». *Il est aussi l'auteur de* L'Eté en pente douce, *adapté au cinéma par Gérard Krawczyk.*

Franck Resplandy, *Ex Corpore*

Elle est infirmière, fille de mineurs venus de Pologne avant guerre. Il est photographe, parisien, d'origine juive polonaise, et il se passionne pour les anciennes mines. Elle le fascine par son métier, son rapport à la souffrance et à la mort. Il l'impressionne par son aisance, son mystère, sa beauté inquiétante. Le plaisir charnel qu'il lui fait découvrir libère en elle des forces de vie qui l'exaltent, la bouleversent, mais qui ravivent aussi les plaies de sa mémoire. Entre vertiges photographiques et fantômes du passé, le récit glisse sans frein vers les profondeurs psychiques d'une femme blessée en quête de délivrance. Ce premier roman, aux vapeurs d'éther, envoûtant et prodigieusement incarné, entraîne le lecteur dans une expérience émotionnelle hors du commun.

L'auteur : *Franck Resplandy a 39 ans. Après des études d'histoire et une collaboration suivie avec la presse magazine italienne, il se consacre exclusivement à l'écriture. Il est aussi l'auteur d'un " Poulpe ",* Lisier dans les yeux.

David Rimbault, *Skelly*

« Le monde est un arc-en-ciel et moi je suis dedans. Voilà, j'ai dix-sept ans depuis pas longtemps et on m'appelle Skelly. C'est bizarre, mais ça me plaît. Je suis calme. Il pleut souvent où j'habite mais les Gens sont gentils. Pas tous, mais quand même. Je peux pas me plaindre. » Et il y a la maladie mais Skelly n'aime pas trop en parler : il voit des couleurs, beaucoup de couleurs, celles que plus personne ne sait voir, celles qui disent les gens et révèlent les choses. Skelly a les appétits d'un homme, l'âme d'un enfant et deux amours. Alors, si Elodie disparaît sans qu'il comprenne pourquoi, il prend son vélo... Un mélange explosif d'innocence et de réalité : un vrai roman !

L'auteur : *David Rimbault vit à Paris et se consacre entièrement à l'écriture. Il signe, à 27 ans, son premier roman.*

Patrice Robin, *Graine de chanteur*

Vive la mariée ! A coup sûr, on est venu à la noce pour bien manger, bien boire et chanter ! Et l'on ne s'en prive pas. Des assiettes remplies à pleines louches de vie parfois sucrée, souvent dure à avaler. Des destins au menu desquels on trouve également hors-d'œuvre, plats de résistance, rarement un dessert, et toujours l'addition... Des existences qui, accrochées aux chansons d'hier et d'aujourd'hui, tissent le voile de cette nuit de fête. Il y a aussi Luco, futur grand chanteur.
Un roman que l'on quitte étourdi et bouleversé juste après la dernière danse !

L'auteur : *Patrice Robin a passé son enfance et sa jeunesse dans les Deux-Sèvres. Il vit actuellement à Lille et travaille à Paris dans le Cinéma Indépendant.* Graine de chanteur *est son premier roman.*

Marc Salbert, *Compte à rebours...*

Un cocktail, une nuit de plaisir... Eve et Adrien s'aiment. Entre eux, un secret : y penser toujours... et n'en parler jamais. Un pacte les unit : profiter coûte que coûte de cet amour en sursis avec la légèreté et la clairvoyance des joueurs et des risque-tout. Désinvolte et provocant, par petites touches et avec retenue, l'auteur peint ces moments de bonheur en suspens qui conduiront Eve et Adrien jusqu'à...

L'auteur : *Marc Salbert a trente-neuf ans. Il travaille à Radio France et écrit des scénarios pour la télévision* Compte à rebours... *est son premier roman.*

Marie-Ella Stellfeld, *Plastic Instinct*

De mauvais souvenirs amènent de mauvaises actions... dans cette « douce » ville d'Oyonnax, capitale du plastique, au pied du Jura. Gilbert Garant aime trop les belles jeunes femmes dont il conserve un petit doigt : un vieux désir de petit garçon jouant à la poupée... Lorenzo Catta, chargé d'élucider l'affaire, n'a-t-il pas lui-même un passé encombrant dans cette forêt jurassienne ? L'auteur souffle le chaud et le froid, attisant les traumatismes de Garant et de Catta. Une vraie histoire d'hommes.

L'auteur : *Marie-Ella Stellfeld est née dans l'Ain. Six années de percussion classique lui donnent le sens du rythme qu'elle applique à l'écriture.* Plastic Instinct *est son deuxième roman.*

Elodie Thivard, *Tous des anges*

Mathieu en a pris pour six mois. Oh, pas grand-chose, un accident, les potes qu'on suit et qui vont trop loin... A vingt-cinq ans, on ne connaît pas grand-chose à l'amour, on ne sait pas trop de quoi demain sera fait et quand on a pour tout horizon les couleurs et les odeurs métissées de Belleville, six mois, c'est l'enfer. Et l'enfer, c'est pas pour les anges. Mathieu a encore quelques rêves à réaliser... Alors quand le destin lui offre l'occasion de se faire la belle, Mathieu fait le grand saut. Le saut de l'ange. Ange déçu, Mathieu est en cavale. Mathilde l'accompagne ou plutôt l'enlève. Puis c'est au tour de Stan, l'ado en fugue, de rejoindre le tandem, direction le Sud. Mathieu. Mathilde. Stan. Tous des anges, sous le soleil espagnol.

L'auteur : *Elodie Thivard a choisi le journalisme. A vingt-sept ans, elle publie* Tous des anges, *son premier roman.*

Alain Wegscheider, *Mon CV dans ta gueule*

On lui avait promis les gros salaires et les responsabilités. Pas de chance, seul le chômage s'intéresse à Martin et à son diplôme. Le choc est violent. Il s'adapte néanmoins aux nouvelles réalités du marché en acceptant un emploi d'intérimaire. C'est une compromission que Thomas, son ami dans la même situation, n'envisage pas. Pour lui, il est hors de question de renoncer. Il affronte la honte et la pauvreté, mais il refuse les durées déterminées et prêche la révolte. Ses discours sont de véritables appels aux meurtres qui ébranlent les convictions de Martin. Et si Thomas avait raison ? Et si on pouvait trouver du travail en tuant ceux qui sont en poste ?

Alain Wegscheider, *Ni Dieu ni Coca*

On dit qu'ils peuvent te faire acheter ce qu'ils veulent. On dit qu'ils savent manipuler tes désirs. On dit aussi que rien ne les arrête et qu'ils nous réservent une vie conçue dans leur laboratoire ; une vie sans piment, une vie sous contrôle. Et ça, Melissa n'en veut pas : hors de question, ce serait trop triste. Tant pis pour ses employeurs, tant pis pour Mathieu, aussi... Mais lui, de toute façon, depuis qu'un volcan explose dans sa tête...

L'auteur : *Alain Wegscheider, originaire de Rouen, a trente et un ans. Le public a salué, avec enthousiasme,* Mon CV dans ta gueule, *son premier roman. Ses dialogues au vitriol frappent fort et juste pour le plus grand bonheur de tous.* Ni Dieu ni Coca *renouvelle son inspiration et confirme son talent d'écrivain : toujours à l'affût pour croquer les jeunes cadres ambitieux de la nouvelle économie.*

Achevé d'imprimer sur rotative
par l'Imprimerie Darantiere
à Dijon-Quetigny
en mars 2001

Dépôt légal : mars 2001
Numéro d'édition : 28
N° d'impression : 20-1485

Imprimé en France